Ubuntu 18.04
Praxiswissen für Ein- und Umsteiger

Christoph Troche

Ubuntu 18.04
Praxiswissen für Ein- und Umsteiger

mitp

Bibliografische Information der Deutschen Nationalbibliothek
Die Deutsche Nationalbibliothek verzeichnet diese Publikation in der Deutschen Nationalbibliografie; detaillierte bibliografische Daten sind im Internet über <http://dnb.d-nb.de> abrufbar.

Bei der Herstellung des Werkes haben wir uns zukunftsbewusst für umweltverträgliche und wiederverwertbare Materialien entschieden.
Der Inhalt ist auf elementar chlorfreiem Papier gedruckt.

ISBN 978-3-95845-686-0
1. Auflage 2018

http://www.mitp.de
E-Mail: mitp-verlag@sigloch.de
Telefon: +49 7953 / 7189 - 079
Telefax: +49 7953 / 7189 - 082

Lektorat: Sabine Janatschek
Sprachkorrektorat: Renate Feichter
Covergestaltung: Christian Kalkert, www.kalkert.de
Satz: Petra Kleinwegen
Druck: Medienhaus Plump, Rheinbreitbach
Bildnachweis Cover: fotolia.com / julien tromeur

Inhalt

Einleitung

E.1 Linux? Ubuntu?

In dieser Einleitung möchte ich Ihnen einige Hintergründe zu Linux geben. Es ist nicht zwingend nötig, dieses Kapitel zu lesen, um Linux installieren und benutzen zu können, aber es erklärt, warum Linux und damit auch Ubuntu so ist, wie es ist. Und was hier anders ist, als in der gewohnten Windows-Welt. Denn wie fast alle PC-Benutzer kennen und nutzen Sie sicher Microsoft-Windows, erreicht dieses Betriebssystem doch einen weltweiten Marktanteil von über 90 % auf Desktop-PCs und Notebooks. Windows und sein Vorgänger DOS wurden von der Firma Microsoft entwickelt, um damit Geld zu verdienen. Und das funktionierte so gut, dass dessen ehemaliger Besitzer, Bill Gates, einer der reichsten Menschen der Welt wurde.

Aber: Wie alle anderen Nutzer auch sind Sie schon mit den Mängeln und Fehlern dieses Systems konfrontiert worden. Viren und andere Schadsoftware bedrohen Ihre Daten, das System wird im Laufe der Zeit immer langsamer und regelmäßig treten Sicherheitslücken auf, die geflickt werden müssen.

Zudem ist Windows recht teuer. Falls Sie der Meinung sind, Sie hätten es praktisch als notwendige Dreingabe zu Ihrem gekauften Computer erhalten, schauen Sie doch einmal nach, was derselbe PC ohne vorinstalliertes Windows gekostet hätte.

E.2 Linux

Linux' Entwicklung und Selbstverständnis ist demgegenüber das genaue Gegenteil:

Linux ist ein Betriebssystem, das auf dem in den 1960er und -70er Jahren auf Großrechnern führenden UNIX-System basiert. UNIX war im Windschatten des Apollo-Programms entstanden und zu seiner Zeit das State-of-the-Art-System: Es war multiuser- und multitaskingfähig, konnte also mehrere Nutzer mit klar definierten Zugriffsrechten verwalten und mehrere Prozesse gleichzeitig getrennt voneinander ausführen. Darüber hinaus war das System bereits netzwerkfähig und verfügte über eine eindeutige Dateienhierarchie.

Hinweis

Ein Betriebssystem im weiteren Sinne ist eine Sammlung von Programmen, die Sie benötigen, um Programme auf dem Computer überhaupt starten zu können. Das Betriebssystem sorgt dabei dafür, dass Sie die Computer-Hardware, also Tastatur, Maus, Bildschirm ... benutzen können. Ohne dass Sie es merken, verwaltet das Betriebssystem darüber hinaus die Systemressourcen, also die Speicher, die CPU-Auslastung ...

Im Laufe der nächsten Jahre entstand aus einer freien UNIX-Lizenz eine Unzahl verschiedenster Versionen. Eine dieser Versionen war das kostenlose, aber auch nicht besonders leistungsfähige Minix. Der finnische Student Linus Torvalds war Ende der 1980er Jahre im Besitz eines PC mit Minix, das auf seinem 386-PC allerdings nicht zu seiner Zufriedenheit lief. Der Legende nach wollte er im Winter einfach nicht die Wohnung verlassen und begann eine Möglichkeit zu entwickeln, sich mit seinem PC in den Universitätscomputer einzuloggen. Irgendwann erkannte er dann wohl, dass er gerade im Begriff war, ein völlig neues Betriebssystem zu entwickeln. Dies war allerdings bereits in den Anfangszeiten des Personal Computers eine Herkulesaufgabe, die ein Mensch alleine gar nicht bewerkstelligen könnte. So postete er seine Entwicklung im gerade entstehenden Internet und forderte andere Interessierte auf, am System mitzuarbeiten und Verbesserungsvorschläge zu machen (»Nur so als Hobby, es wird nicht groß und professionell ...«).

Weltweit beteiligten sich von Beginn an Enthusiasten auf der ganzen Welt an der Entwicklung, programmierten viele Millionen Seiten Programmcode und brachten die Entwicklung weiter voran.

Open Source

Der entscheidende Schritt in der Entwicklung von Linux war die Idee, den Code unter der sogenannten GNU General Public License (GPL) zu veröffentlichen. Diese Lizenz erlaubt es einem Anwender, eine Software zu nutzen, sie zu studieren, zu verändern und weiterzugeben, solange diese Nutzerrechte ebenfalls weitergegeben werden. Dies bedeutet, dass alle Software, die unter dieser Lizenz vertrieben wird »frei« ist. »Frei« heißt in diesem Zusammenhang nicht unbedingt nur »kostenlos«. Es bedeutet, dass der Quellcode eines Programms offen zugänglich sein muss.

Hinweis

Der Quellcode ist der vom Menschen lesbare Text, den Programmierer eingeben, um einem Computer Befehle zu übermitteln. Diese Befehle werden dann mit einem Compiler in Maschinensprache, die nur aus 1 und 0 besteht, übersetzt. Da diese Übersetzung nur in einer Richtung funktioniert, also ein Rückübersetzen in den Quellcode nicht möglich ist, muss Entwicklern der Quellcode zugänglich sein, um die Software verändern zu können. (»Open Source«).

Das GNU-Projekt unter dem Softwarepionier und -aktivisten Richard Stallman arbeitete damals schon einige Jahre an der Entwicklung eines kostenlosen und freien Systems, das dem von Linus Torvalds ähnelte. Sie hatten bereits eine Reihe klassischer UNIX-Tools so programmiert, dass sie sich auf unterschiedlichen Systemen einsetzen ließen. Zu einem kompletten Betriebssystem fehlte lediglich der Kernel, und den lieferte nun Linus Torvalds.

Ubuntu nutzt diesen Linux-Kern und die Tools und ist damit natürlich ebenfalls ein Open-Source-Projekt. Dies hat zur Folge, dass das gesamte Programmpaket transparent bleibt, es gibt keine versteckten, unliebsamen Überraschungen.

Der Linux-Kernel

Hinweis

Der Kernel ist der innerste Teil eines Betriebssystems. Die grundlegenden Aufgaben, wie beispielsweise die Steuerung der Hardware und des Speichers werden hier erledigt. Während der Kernel von Windows zu den am besten gesicherten Industriegeheimnissen der Welt gehört, enthält der Linux-Kernel keinerlei Geheimnisse, sein Quellcode ist frei zugänglich.

Die GPL-Lizenz war unter anderem auch deswegen nötig, weil die Platzhirsche des boomenden Softwaremarktes immer wieder versuchten, die Ergebnisse der freiwilligen und oft ehrenamtlichen Arbeit der Entwickler in ihren Besitz zu bringen.

Allerdings ist Linux bei Weitem kein Hobby-Projekt mehr. Die großen Firmen der IT-Branche, von A wie Adobe bis Z wie ZTE unterstützen die Linux Foundation, helfen bei der Entwicklung des Kernels sowie anderer Open-Source-Projekte. Dabei verfolgen diese Unternehmen durchaus eigennützige Ziele: Linux hat UNIX längst verdrängt und findet seinen Platz vor allem in der Netzwerktechnologie. Und hier sind die Großen der Branche darauf angewiesen, dass ihre Ideen und Standards mit Linux kompatibel bleiben. Und seit 2016 ist eben sogar Microsoft Mitglied der Linux Foundation.

Die Tools

Nun bringt ein Kernel alleine ein System noch nicht zum Laufen, es werden darüber hinaus noch eine Menge anderer Programmpakete benötigt. Auch diese sind elementarer Bestandteil von Ubuntu. Während Sie als Nutzer mit dem Kernel gar nicht in Kontakt kommen, nutzen Sie diese anderen Programme direkt oder indirekt. Es handelt sich hierbei unter anderem um:

- Den *X-Window-Manager*. Linux kümmert sich eigentlich nicht um die grafische Darstellung, dies übernimmt ein eigenes Grafiksystem, der X-Window-Manager (dies hat nichts mit *Windows* zu tun). X-Window wurde am MIT (Massachusetts Institute of Technology) in Cambridge entwickelt und an Linux angepasst. Ursprünglich war geplant, mit dieser Ubuntu-Version den Nachfolger einzuführen, der X-Window mittelfristig ersetzen soll: der *Wayland-Window-Manager*. Allerdings scheitert dies wohl noch an Kompatibilitätsproblemen, und so wurde die endgültige Einführung erst einmal verschoben.
- Die *GNU Core Utilities* sind eine Sammlung von Befehlszeilenprogrammen, mit denen Sie Linux außerhalb der grafischen Benutzeroberflächen steuern können. Die Programme sind meist sehr klein und beschränken sich auf eine bestimmte Aufgabe.
- Die *Shell*. Diese Befehle müssen außerhalb einer grafischen Nutzeroberfläche irgendwo eingegeben werden. Die Aufgabe übernimmt die Shell. Obwohl es mehrere Shell-Programme gibt, gilt das Programm *bash* (bourne-again shell) als Standard und gehört auch zu Ubuntu. Die Shell ist nicht zu verwechseln mit dem Programm Terminal. Ein Terminal ist nur ein grafisches Programm, um die Shell zu bedienen.
- *GNU Compiler*, um die Quellcodes der benutzten Programme in von Computer lesbare Formate zu übertragen.
- *GNU-Bibliotheken*. Ein Entwickler muss nicht alle Details seines Programms selbst schreiben. Viele Routinen, Abläufe und Dienstprogramme existieren bereits als Module und der Programmierer kann darauf zurückgreifen. Die wichtigste Linux-Bibliothek heißt *glibc*.

Diese Pakete waren im Vorfeld bereits durch die Beteiligten des GNU-Projektes erstellt worden. Am Ende wurde daraus ein Streit, der bis heute andauert: Handelt es sich um ein GNU-Projekt, dem später nur noch der Kernel hinzugefügt wurde, oder ist der Kernel der zentrale Punkt und die GNU-Programme sind nur Beiwerk?

Als Folge dieser Diskussion werden Sie oft den Ausdruck GNU/Linux lesen, als Würdigung der Rolle, die R. Stallman und sein GNU-Projekt bei der Entstehung von Linux spielten.

Freie Software

Stallman und Torvalds sind der genaue Gegenentwurf von gewinnorientierten Unternehmern wie Bill Gates, Steve Jobs und Steve Ballmer, der Linux und die Idee freier Software auch schon mal als ein »Krebsgeschwür« bezeichnete. Für Stallman und Torvalds hingegen sollte Information kostenlos jedermann zur Verfügung stehen können.

Freie Software bedeutet in diesem Zusammenhang allerdings nicht zwingend kostenlos. Auch für freie Software kann eine Gebühr erhoben werden, sofern der Nutzer dieselben Rechte erhält, also das Programm seinerseits weiterentwickeln und verkaufen darf. Sie sollten sich ohnehin darüber im Klaren sein, dass ein Programm, das Sie käuflich zu erwerben meinen, gar nicht Ihnen gehört. Sie erwerben lediglich das Recht zur Nutzung und das zu meist sehr strengen Bedingungen.

Per definitionem ist Software dann frei, wenn der Benutzer vier Rechte erhält:

1. Ein Programm so auszuführen, wie man möchte.
2. Die Freiheit, die Funktionsweise des Programms zu untersuchen und anzupassen.
3. Die Freiheit, das Programm weiterzuverbreiten.
4. Die Freiheit, das Programm zu verbessern und diese Verbesserungen der Allgemeinheit zur Verfügung zu stellen.

Natürlich ist klar, dass auch mit Linux viel Geld verdient wird. Die Firma Canonical, die hinter dem Ubuntu-Projekt steht, bietet Firmen Support und Schulung gegen Entgelt an, und auch ich schreibe dieses Buch gegen ein Honorar.

Sicher

Als Desktop-Anwendung ist Linux mit all seinen Distributionen, im Unterschied zu Windows, fast vollständig frei von Schadsoftware. Dafür gibt es mehrere Ursachen:

- Die meisten Schadprogramme werden für die Windows-Umgebung programmiert. Sie laufen gar nicht in der Linux-Umgebung.
- Selbst wenn sie für Linux programmiert würden: Für jede Systemveränderung müssen Sie sich als Administrator legitimieren, eine heimliche Installation durch die Hintertür ist nicht möglich.

- Da die Quellcodes der Programme offenliegen, werden potenzielle Einfallstore für Schadsoftware besser erkannt und können rechtzeitig geschlossen werden.
- Linux hat einen zu geringen Marktanteil. Damit sich ein Schadprogramm wirkungsvoll verbreiten kann, ist allerdings eine Monokultur nötig. Und die bietet Linux nicht.

Stabil

Der Linux-Kernel ist ein außerordentlich stabiles System. Jeder Netzwerkadministrator wird Ihnen Geschichten von Linux-Servern erzählen können, die jahrelang ohne einen einzigen Absturz liefen. Ähnlich empfinde ich mein eigenes System: Ich kann mich nicht erinnern, dass mein eigener PC in den letzten Jahren vollständig abgestürzt wäre. Dies bedeutet allerdings nicht, dass sich nicht einzelne Programme gelegentlich aufhängen würden. Je aufwändiger und komplexer das benutzte Programm ist, desto höher ist die Wahrscheinlichkeit, dass es seinen Betrieb gelegentlich einmal einstellt. Im Übrigen sind auch Linux-Programme manchmal so schlampig programmiert, dass sie gerne mal den Dienst quittieren. Allerdings wird Linux immer zuerst versuchen, das abgestürzte Programm zu beenden, das übrige Betriebssystem läuft zunächst weiter.

Schnell

Sie kennen vielleicht das Phänomen: Nach einigen Monaten wird ein Windows-Computer immer langsamer. Eine ganze Software-Sparte lebt davon, Programme für die Wartung des Systems anzubieten, der Nutzen ist bestenfalls kurzfristig und überschaubar.

Linux benötigt die Wartungsprogramme nicht: Eine Registrierdatenbank (*Registry*), die sich im Laufe der Zeit aufbläht und die Sie immer wieder aufräumen müssten, existiert nicht.

Während bei Windows die Festplatte oft immer weiter fragmentiert und damit Lese- und Schreibprozesse immer langsamer werden, bleibt die Festplatte bei Linux immer gleich schnell. Defragmentierungen sind überflüssig, und selbst, wenn Sie etliche Programme auf Ihrem System installiert haben, wird es nicht gebremst. Sie brauchen auch keine Dienste abzuschalten, um die Performance zu optimieren.

Außerdem muss im Hintergrund kein Anti-Viren-Programm oder eine Firewall mitlaufen, die Speicherplatz benötigen und die Performance Ihres Computers spürbar verlangsamen.

Benutzerfreundlich

Insgesamt ist der Umgang mit Distributionen wie Ubuntu nicht einfacher oder schwieriger als mit anderen Betriebssystemen. Er ist manchmal nur anders. Eine mögliche Schwierigkeit stellt die Kompatibilität mit sehr neuer Hardware dar. Jeder Hersteller von Hardwarekomponenten stellt selbstverständlich Treiber für den Marktführer Microsoft her, doch auch im Open Source-Bereich hat sich die Hardware-Erkennung im Laufe der letzten Jahre massiv verbessert. Sie sollten jedoch beim Nachkauf und geplanten Einbau einer Grafikkarte weiter Vorsicht walten lassen.

Die Firmen *Nvidia*, *ATI/AMD* und *Intel* bieten gute Unterstützung an, die es Ihnen ermöglicht, auch High-End-Karten unter Ubuntu zu nutzen. Bei allen anderen Hardware-Produkten gilt: Ruhig einige Monate alte Hardware verbauen, dann ist die Wahrscheinlichkeit sehr groß, dass Sie die auch mit Linux nutzen können. Dies gilt vor allem für Drucker.

Distributionen

Wenn Sie es möchten, über sehr viel Zeit, eine tolerante Familie und das nötige Know-how verfügen, können Sie sich Ihr eigenes Linux mitsamt aller nötigen Tools und Ihrer gewünschten Arbeitsoberfläche selbst maßschneidern.

Vielleicht möchten Sie als Einsteiger allerdings viel lieber ein System von der Stange haben, ein System, an dem Sie nicht herumzuschrauben brauchen, sondern das zunächst einfach funktioniert und mit dem Sie arbeiten können. Dann sollten Sie ein vollständiges Linux-Paket, genannt *Distribution*, installieren. Denn die Arbeit, ein gut funktionierendes System zusammenzustellen ist nicht so ganz einfach.

Ubuntu ist eine von buchstäblich Hunderten Linux-Distributionen, die im Internet kursieren, sie dürfte allerdings die bekannteste sein. Ubuntu kommt dabei sicherlich der Verdienst zu, Linux aus der Nische des Nerd-Spielzeugs befreit und zu einem anwenderfreundlichen System mit hochwertigem Office-Programm, einfacher Netzanbindung und einer Vielzahl von Programmen für den täglichen Gebrauch gemacht zu haben.

E.3 Ubuntu

Ubuntu ist zunächst einmal ein traditionelles afrikanisches Konzept und beschreibt das soziale Miteinander in der Gemeinschaft, in der das Verhalten des Einzelnen alle Mitmenschen beeinflusst. Die Initiatoren von Ubuntu haben sich diesem Konzept verschrieben:

Hinter dem Projekt steht die Firma *Canonical* des südafrikanischen Unternehmers Mark Shuttleworth. Sein Ziel war es, die Schwächen von Linux anzugehen und ein wettbewerbsfähiges, einfaches und freies System zu erstellen und zu verbreiten. Dazu wurde das sogenannte Ubuntu-Versprechen als Leitbild formuliert:

Dementsprechend wird Ubuntu immer kostenfrei sein, bedient sich der besten Funktionen zur Barrierefreiheit und zu Übersetzungen, die die Internetgemeinde zu bieten hat, und bekennt sich zu freier und Open-Source-Software.

Unter Ubuntu arbeiten Sie, wie Sie es gewohnt sind, unter einer grafischen Oberfläche (*GUI = Grafical User Interface*). Die Programme werden dabei fast genauso bedient, wie Sie dies bislang gewohnt sind. Seien Sie allerdings darauf vorbereitet, dass einige Funktionen anders sind, als Sie es gewohnt sind.

Die Ubuntu-Versionen

Im April aller geraden Kalenderjahre erscheint eine Ubuntu-Version, die Langzeit-Unterstützung genießt, die sogenannte *LTS-Version* (*Long Term Support*). Diese wird für fünf Jahre von Canonical mit Updates unterstützt. Im Unterschied dazu erscheint alle halbe Jahre eine weitere, eine *STS-Version* (*Short Term Support*). Dafür ist eine Unterstützung von neun Monaten garantiert.

Die hier vorgestellte Version 18.04 wurde also im April 2018 veröffentlicht, es handelt es sich um eine langzeitunterstützte Version, die bis April 2023 aktuell sein wird.

Alle Versionen werden neben der Versionsnummer mit einem Codenamen versehen: Dieser ist eine Alliteration aus einem Adjektiv mit einem Tiernamen in alphabetischer Reihenfolge. Nachdem mit der Version 17.04 (*Zesty Zapus*) das Alphabet einmal durch war, trägt die hier vorgestellte Version den Codenamen Bionic Beaver.

Neuerungen in der Version 18.04

In den letzten Jahren fiel Canonical immer wieder durch eigene Wege außerhalb der Community auf, so zum Beispiel die Entwicklung eines eigenen Desktops (*Unity*) und eines eigenen Display-Managers (*Mir*). Diese Entwicklungen wurden Anfang 2018 eingestellt, wohl auch, weil man sich von der Strategie, ein einheitliches Ubuntu für PC, Tablet und Smartphone zu entwickeln, verabschiedet.

Dementsprechend betrifft die wichtigste und wohl auch offensichtlichste Neuerung die Arbeitsoberfläche. Seit der Version 11.04 war die Canonical-Eigenentwicklung Unity die Standardoberfläche. Diese wirkte allerdings eigentümlich unausgereift und der Unmut der Nutzer war dementsprechend groß. Mit dieser LTS-Version kehrt Canonical Unity den Rücken und bietet einen Ubuntu-Desktop, eine angepasste Version von *Gnome* 3.28, an.

Die Aufgabe des Display-Servers übernimmt wieder der X-Server, nachdem Ubuntu 17.10 noch das modernere Wayland als Standard etabliert hatte. Wayland hatte sich als zu unzuverlässig erwiesen und wird noch bis zur nächsten LTS-Version reifen.

Erstmalig ist eine minimale Installationsvariante möglich. In dieser wird neben dem Desktop und seinen integrierten Tools nur noch Firefox installiert, sonst nichts. Praktisch für alle, die sich ihre Arbeitsprogramme lieber selbst aussuchen.

Ubuntu 18.04 setzt auf den neuesten Linux-Kernel 4.15. Dieser schützt vor den bekannt gewordenen Sicherheitslücken Meltdown und Spectre.

Flavours

Ubuntu selbst existiert wiederum in einer ganzen Reihe verschiedener Varianten, genannt *Flavours oder Derivate*. Der Unterbau ist zwar Ubuntu, die Arbeitsoberflächen sind jedoch an unterschiedliche Zielgruppen angepasst.

- *Ubuntu*: Die offizielle Version mit einer überarbeiteten und angepassten Gnome-3-Arbeitsoberfläche. Diese wird in diesem Buch vorgestellt.
- *Ubuntu MATE*: Dieses Derivat basiert auf der einfachen und bewährten Gnome-2-Desktopumgebung. Diese ist einfacher und angeblich auch anwenderfreundlicher als die Nachfolgeversion.
- *Kubuntu*: Hier kommt KDE als Desktop zum Einsatz. Dieser ist umfangreicher konfigurierbar, benötigt aber auch die meisten Ressourcen und wird gerne als »Klickibunti« verschrien.
- *Ubuntu Budgie*: Legt Wert auf Einfachheit und Eleganz. In den Systemanforderungen weniger anspruchsvoll.
- *Xubuntu* und *Lubuntu*: Sind für den Einsatz auf leistungsschwacher Hardware konzipiert.
- *Ubuntu Studio*: Ist für die Anforderungen der Multimediabearbeitung optimiert.

Ich werde in Kapitel 7 diese verschiedenen Versionen etwas genauer vorstellen. So können Sie leichter entscheiden, welche Version für Sie und Ihre Ansprüche am besten geeignet ist. Ansonsten konzentriere mich allerdings auf die Standardversion.

E.4 Der Umstieg

Sinnvoll wird der Umstieg für Sie dann, wenn Sie wie die meisten Menschen den Rechner für Office-Tätigkeiten, das Surfen im Internet, E-Mail, Bild- und Videobearbeitung und so weiter benutzen. Sie haben einen älteren PC, den Sie Ihren Kindern für die Hausaufgaben und die Recherche im Internet einrichten wollen? Ubuntu benötigt keine modernste Hardware, selbst dieses Buch wird auf einem Uralt-Rechner verfasst. Es kostet nichts und alle notwendige Software ist an Bord.

Bitte beachten Sie allerdings Folgendes:

Ubuntu ist gemeinschaftsbasiert. Das bedeutet, dass es keine Betreuung durch ein Computergeschäft oder eine Telefonhotline geben wird. Allerdings ist die Gemeinschaft auch da, um zu helfen. In den Internetforen werden Sie meist auf geduldige und kompetente Hilfe stoßen. Allerdings finden sich auch hier zunehmend selbsternannte Koryphäen, die zuerst auf Google und die Suchfunktion verweisen.

Viele für Microsoft Windows oder macOS programmierte Anwendungen laufen nicht unter Linux. Für die allermeisten Aufgaben, die man auf dem Rechner erledigen möchte, sind jedoch entsprechende Anwendungen verfügbar. In Kapitel 5 stelle ich Ihnen eine Reihe von tollen Alternativen vor. Mittlerweile werden sogar einige Anwendungen, die ursprünglich nur unter Linux benutzt wurden, zu Hits unter anderen Betriebssystemen. Viele professionelle Anwendungen allerdings, wie z.B. Abrechnungssoftware für Firmen, werden nicht für Linux entwickelt. Möglichkeiten, auch Programme anderer Betriebssysteme unter Ubuntu zum Laufen zu bringen, werden in diesem Buch erläutert.

Wenn Sie viele, vor allem neue rechenintensive Spiele nutzen, werden Sie mit Ubuntu nicht glücklich, da die Hersteller die Spiele nur für Windows und macOS kompatibel entwerfen.

Die Situation hat sich ein wenig gebessert, seit die kommerzielle Spiele-Vertriebsplattform Steam einen Client für Linux in Betrieb genommen hat. Beziehen Sie allerdings die Spiele aus dem Elektronikfachmarkt Ihres Vertrauens, werden Sie kaum einmal ein Linux-kompatibles Spiel unter den Top 10 finden.

Sie könnten Probleme mit sehr spezieller Hardware bekommen. Zwar hat sich die Hardwareerkennung in den letzten Jahren gewaltig verbessert, allerdings gibt es wohl einige Grafikkarten und Scanner, die nicht gleich unter Linux und Ubuntu laufen.

Die Voraussetzungen

Um Ubuntu zu installieren, benötigen Sie einen Computer mit einer 64-Bit-Architektur. Ältere Computer, die nur über eine 32-Bit-Architektur verfügen, können Ubuntu nicht mehr nutzen, hier sind Xubuntu oder Lubuntu eine Alternative.

Sie benötigen weiterhin, um sinnvoll arbeiten zu können,

- einen 2-GHz-Dual-Core-Prozessor
- 2 GB Arbeitsspeicher
- eine Festplatte oder einen anderen Speicher mit mindestens 25 GB
- eine VGA-fähige Grafikkarte mit einer Auflösung von 1.024 x 768
- entweder ein DVD-Laufwerk oder einen USB-Anschluss für die Installationsmedien
- eine Internetverbindung ist dringend empfohlen.

E.5 Die Konzeption dieses Buches

Dieses Buch ist ein Praxisbuch. Das bedeutet, dass ich weitgehend darauf verzichten werde, Sie mit den Grundlagen von Linux zu langweilen. Stattdessen zeige ich Ihnen, wie Sie Ubuntu bekommen können, wenn die beiliegende DVD einmal nicht mehr aktuell sein wird. Ich werde Sie durch den Installationsvorgang führen und Ihnen bei der Sicherung und Migration Ihrer persönlichen Daten aus dem Internetbrowser und Ihrem E-Mail-Programm sowie bei der nachträglichen Installation von weiteren Programmen helfen. Sollten dies Ihre ersten Erfahrungen mit Ubuntu sein, empfehle ich Ihnen, das Buch von Anfang an durchzuarbeiten, weil ich mich bemüht habe, den Ein- oder Umstieg in einer chronologisch sinnvollen Weise zu gestalten.

Damit Sie sofort starten können, werde ich Sie mit Gnome 3, der Arbeitsoberfläche von Ubuntu vertraut machen.

Ich erläutere Ihnen, wie Sie mehrere Benutzer einrichten, und stelle Ihnen die Möglichkeiten, Ubuntu multimedial zu nutzen, vor. Natürlich werden auch Sicherheitsaspekte nicht zu kurz kommen, unter anderem stelle ich Ihnen die Einrichtung eines VPN, eines virtuellen persönlichen Netzwerks, vor. Dieses ermöglicht Ihnen, von jedem Hotspot aus eine sichere, verschlüsselte Verbindung zu Ihrem heimischen Router herzustellen.

Der Umfang dieses Buches bringt es mit sich, dass ich Ihnen nur einen Einstieg ermöglichen kann. Allerdings bin ich zuversichtlich, dass Sie, nachdem Sie einmal Linux-Luft geschnuppert haben, andere Betriebssysteme nicht mehr vermissen werden.

E.6 Der Inhalt der beiliegenden DVD

Damit Sie mit Ubuntu sofort starten können, haben wir die vollständige Distribution 18.04, auch *Bionic Beaver* genannt, beigelegt. Dies ist die aktuelle, im April 2018 veröffentlichte Version, die bis zum April 2023 unterstützt wird.

Wenn Sie diese DVD in Ihren Rechner einlegen, bieten sich Ihnen zwei Möglichkeiten:

1. Sie können Ubuntu als eine sogenannte *Live-Version* starten. So können Sie Ubuntu testen, ohne dass Sie an Ihrem Computer irgendetwas verändern. Sie können für sich ausprobieren, ob Ihre Hardware funktionieren wird und ob Ihnen das Handling gefällt. Allerdings ist Ubuntu in dieser Form sehr langsam und mit weniger Speicherplatz ausgestattet als in der installierten Form.
2. Sollten Sie sich entschließen, Ubuntu zu installieren, können Sie das ebenfalls von der DVD aus tun. Sie haben die Möglichkeit, Ubuntu als alleiniges Betriebssystem oder in Kombination mit einem anderen zu nutzen, ganz wie Sie wollen.

Ich wünsche Ihnen viel Spaß und viel Erfolg mit Ihrem neuen Ubuntu-Betriebssystem.

Christoph Troche

Köln, im Juli 2018

Kapitel 1

Ubuntu – zu den Quellen

1.1 Ubuntu im Internet

Wenn Sie sich dieses Buch gekauft haben, ist es naheliegend, die beiliegende DVD zur Installation zu nutzen. Falls die DVD jedoch fehlerhaft ist oder Ihr System nur eine 32-Bit-Architektur unterstützt, finden Sie ein installationsfähiges Abbild dieser DVD im Internet. Diese dürfen Sie sich kostenlos herunterladen und verwenden. Sie sollten jedoch über einen schnellen Internetanschluss und eine Datenflatrate verfügen, immerhin beträgt die Datenmenge ca. 1,5 GB.

Hinweis

Die wichtigste Quelle im Internet für Ubuntu ist die offizielle Webseite des Projekts *https://www.ubuntu.com* und das deutschsprachige *https://www.ubuntuusers.de*. Auf diesen Seiten finden Sie nicht nur die Download-Quellen, sondern auch Hilfe zu fast allen denkbaren Fragestellungen rund um Ubuntu.

	Desktop-DVD						Desktop-CD
	Ubuntu	Ubuntu MATE	Kubuntu	Lubuntu	Xubuntu	Ubuntu Budgie	Server Edition
64-Bit	Direktlink	Direktlink	Direktlink	Direktlink	Direktlink	Direktlink	Direktlink
	Torrent	Torrent	Torrent	Torrent	Torrent	Torrent	Torrent
	Prüfsumme	Prüfsumme	Prüfsumme	Prüfsumme	Prüfsumme	Prüfsumme	Prüfsumme
32-Bit	-	Direktlink	Direktlink	Direktlink	Direktlink	Direktlink	-
	-	Torrent	Torrent	Torrent	Torrent	Torrent	-
	-	Prüfsumme	Prüfsumme	Prüfsumme	Prüfsumme	Prüfsumme	-

Abb. 1.1: Download-Links auf der deutschsprachigen Webseite des Ubuntu-Projekts

Wie Sie sehen, stehen Ihnen auf der Download-Seite mehrere Images – das sind 1:1-Abbilder der beiliegenden DVD – zur Verfügung. Die Standardversion ist, wie bereits gesagt, nur in einer 64-Bit-Version vorhanden. Wenn Sie nicht wissen, ob Ihr PC die 64-Bit-Version unterstützt, nutzt als Erstes ein Blick in das Handbuch Ihres Computers. Falls Ihnen das nicht vorliegt und Sie auch keinen Blick auf das Motherboard werfen können, lässt sich die Version Ihrer CPU leicht mit dem kostenlosen Tool CPU-Z, herausfinden. Dieses Programm können Sie im Internet von der Webseite *https://www.cpuid.com* beziehen. Nachdem Sie das Programm installiert und gestartet haben, können Sie im ersten Reiter CPU die entscheidenden Daten ersehen.

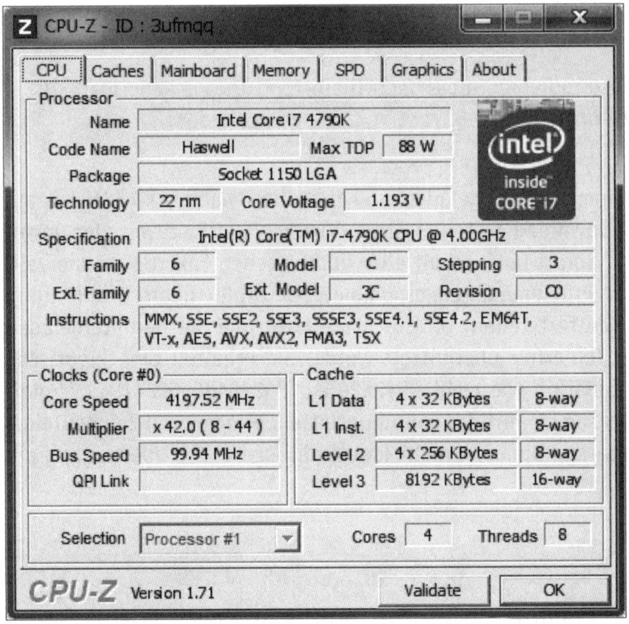

Abb. 1.2: Beim Eintrag EM64T oder AMD64 können Sie die 64-Bit-Version verwenden.

Wenn die Zeile INSTRUCTIONS einen Eintrag wie EM64T enthält, ist Ihr PC auf ein 64-Bit-Betriebssystem eingestellt.

Die Direktlinks der Ubuntu-Website ermöglichen Ihnen, das Image als eine sogenannte `.iso`-Datei direkt auf Ihrem Rechner zu speichern. Allerdings ist das http-Protokoll nicht unbedingt auf die Übertragung großer Datenmengen, sondern auf die Übertragung von Internetseiten ausgelegt. Fehlerhafte Übertragungen und Abbrüche des Downloads kommen hier häufiger vor. Ärgerlich wird es vor allem dann, wenn die hergestellte Installations-DVD nicht wie vorgesehen fehlerfrei funktioniert. Vor allem in den Tagen nach einer Neuveröffentlichung kann zudem die Bandbreite knapp werden, und dann passiert es auch, dass fehlerhaft übertragene Teile nicht als solche erkannt werden. Ich möchte Ihnen, auch um die Server von Ubuntu zu entlasten, das *BitTorrent*-Protokoll nahelegen. Hier wird eine kleine, nur wenige KB große Datei vom Ubuntu-Server heruntergeladen, die dafür sorgt, dass jeder, der bereits Teile der `.iso`-Datei auf seinem Rechner hat, diese zum Download an andere zur Verfügung stellt. Dies entspricht dem Ubuntu-Prinzip vom Geben und Nehmen unter allen Teilnehmern.

Hinweis

Dazu benötigen Sie ein Programm mit Namen BitTorrent. Dieses kann man kostenlos von der Website *https://www.bittorrent.com* herunterladen.

Nachdem Sie das Programm heruntergeladen und installiert haben, klicken Sie auf den Torrent-Link auf der Download-Seite bei *https://www.ubuntuusers.de*. Der Download startet automatisch. Sofort nach Erhalt aller übertragenen Pakete wird die vollständige Datei mit einer Prüfsumme (Checksumme) auf Fehler überprüft. Mithilfe der Prüfsumme können Sie feststellen, ob die `.iso`-Datei, die Sie heruntergeladen haben, auch tatsächlich fehlerfrei übermittelt wurde. Sie erhalten eine kryptische Buchstaben-Zahlen-Kombination wie `c94d54942a2954cf852884d656224186`. Vergleichen Sie dann diese Checksumme mit der von ubuntuusers errechneten Zeichenfolge. Ist die Buchstaben-Zahlen-Kombination nicht identisch, ist bei der Übertragung ein Fehler aufgetreten.

Hinweis

Auf der Webseite von Ubuntu finden Sie die Torrent-Links unter *https://www.ubuntu.com/download/alternative-downloads*.

Falls Ihnen das Prozedere mit BitTorrent zu aufwändig erscheint, können Sie die `.iso`-Datei natürlich auch direkt herunterladen. Allerdings hält Windows kein Bordmittel vor, um eine MD5-Checksumme zu überprüfen. Ein kleines Freeware-Tool, das für alle Windows-Versionen geeignet ist, finden Sie hier:

https://www.gservon.de/downloads/md5check/

Das Programm ist sehr einfach zu bedienen: Navigieren Sie in der oberen Checkbox zu der Datei, die Sie überprüfen wollen und klicken Sie danach auf Generieren. Nach einigen Momenten wird Ihnen die vom Programm generierte MD5-Prüfsumme angezeigt. Nun vergleichen Sie diese mit der von Canonical zur Verfügung gestellten. Stimmen beide exakt überein, können Sie die Datei auf den gewünschten Datenträger brennen. Stimmen die beiden Codes jedoch nicht überein, versuchen Sie den Download noch einmal, vermutlich hat es einen Übertragungsfehler gegeben, der wahrscheinlich die Installation schwierig bis unmöglich macht.

Abb. 1.3: Sehr zu empfehlen: Die Überprüfung, ob mit der heruntergeladenen Datei alles in Ordnung ist

1.2 Netzwerkinstallation

Bei der normalen Installation laden Sie ein mehr oder weniger komplettes Betriebssystem herunter, daher auch die zum Teil sehr großen Datenvolumen. Allerdings werden sich dabei Programmpakete befinden, die Sie gar nicht brauchen, oder wollen. Zudem ist die Installation, wie Sie im Kapitel 3 sehen werden, auch noch gar nicht völlig abgeschlossen, es müssen noch einmal mehrere Hundert MB an Aktualisierungen heruntergeladen werden. Canonical stellt Ubuntu auch in einer sogenannten Netzwerkinstallation zur Verfügung. Sie laden und installieren zuerst einmal ein Minimalsystem mit der Software, die nötig ist, um die eigentliche Installation zu konfigurieren. Dann erst laden Sie alle übrigen Programmpakete über das Internet herunter, was sowohl Zeit als auch jede Menge Downloadvolumen spart. Wie dies im Detail funktioniert, beschreibe ich im Kapitel 3, die notwendige `.iso`-Datei finden Sie auf der Projektseite von Ubuntu.com unter *http://cdimage.ubuntu.com/netboot/18.04/*. Dort wählen Sie Ihr System, z.B. AMD64.

Laden Sie dann die Datei `mini.iso` herunter. Sie sehen, diese Datei hat nicht mehr den Umfang von mehreren GB, sondern gerade einmal 64 MB.

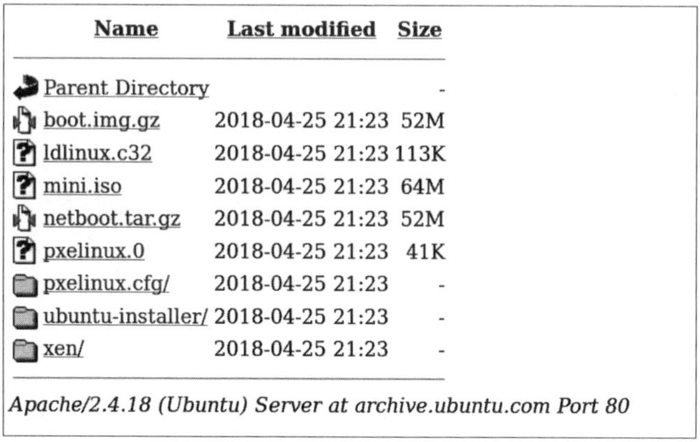

Name	Last modified	Size
Parent Directory		-
boot.img.gz	2018-04-25 21:23	52M
ldlinux.c32	2018-04-25 21:23	113K
mini.iso	2018-04-25 21:23	64M
netboot.tar.gz	2018-04-25 21:23	52M
pxelinux.0	2018-04-25 21:23	41K
pxelinux.cfg/	2018-04-25 21:23	-
ubuntu-installer/	2018-04-25 21:23	-
xen/	2018-04-25 21:23	-

Apache/2.4.18 (Ubuntu) Server at archive.ubuntu.com Port 80

Abb. 1.4: Laden Sie sich die notwendige .iso-Datei herunter.

Die Netzwerkinstallation ist allerdings nur dann sicher geeignet, wenn Ihr Computer über ein BIOS verfügt, mehr dazu im folgenden Kapitel. Hat Ihr Computer das modernere UEFI, kann die Installation funktionieren, möglichweise verweigert sich Ihr Computer allerdings auch, weil ein Signierschlüssel fehlt.

1.3 Ubuntu auf einem Installationsmedium

Nachdem Sie nun eine `.iso`-Datei heruntergeladen und auf ihre Unversehrtheit überprüft haben, gilt es nun, einen bootfähigen USB-Stick oder eine DVD zu erstellen. Ich würde Ihnen allerdings dringend empfehlen, einen USB-Stick als Installationsmedium zu wählen, denn alle Vorgänge laufen sehr viel schnell ab. Sollten Sie zudem einen PC mit UEFI (s. Kapitel 2) haben, ist die Installation mit einem USB-Stick gegebenenfalls ohnehin sicherer. Der Vollständigkeit halber erkläre ich trotzdem die Erstellung einer Installations-DVD. Sollte Ihnen dieses Thema vertraut sein, können Sie sich der Bordmittel Ihres Betriebssystems, wohl in aller Regel Windows, bedienen. Starten Sie dazu den Explorer, klicken Sie mit der rechten Maustaste auf die Datei und wählen Sie den Menüpunkt DATENTRÄGERABBILD BRENNEN. Nun legen Sie eine DVD ein und starten den Brennvorgang.

Möglicherweise hat der Rechner, auf dem Sie Ubuntu installieren möchten, kein DVD-Laufwerk oder Sie haben gerade keine beschreibbare DVD-ROM zur Hand. Dann ist die Installation über den USB-Zugang ohnehin obligatorisch. Wie gesagt: Diese Möglichkeit ist eleganter und aufgrund der höheren Lesegeschwindigkeit eines USB-Sticks im Vergleich zu einer DVD auch komfortabler und sehr viel schneller.

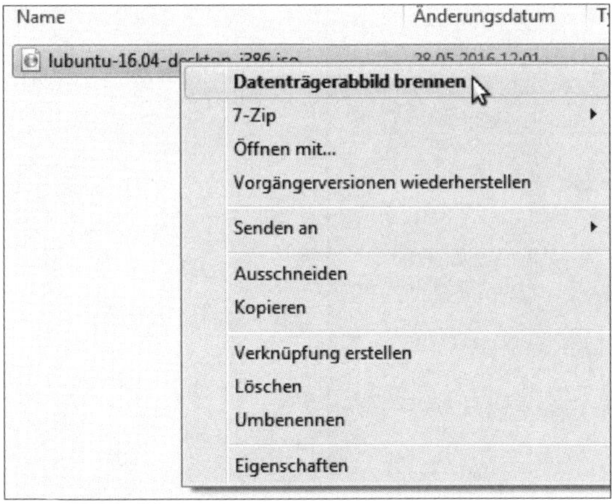

Abb. 1.5: So wird eine bootfähige DVD erstellt

Wenn Sie eine Live-Installation planen, bietet der USB-Stick einen weiteren Vorteil: Sie können alle Anpassungen an Ubuntu auch auf dem Stick speichern und beim nächsten Start wieder verwenden, ohne allerdings auf dem Computer irgendeine Veränderung zu hinterlassen. Allerdings sollte das Starten von einem USB-Stick nicht als Dauerlösung benutzt werden, da USB-Sticks nur eine beschränkte Anzahl von Lese- und Schreibzyklen haben und mit der Zeit immer unzuverlässiger werden. Aber um eine Installation vorzunehmen, reichen die Möglichkeiten allemal. Allerdings können Sie auch hier die `.iso`-Datei nicht einfach auf den USB-Stick kopieren, Sie brauchen noch ein weiteres Programm, um den USB-Stick so zu präparieren, dass Sie Ubuntu von ihm starten können.

Ein sehr gutes, kostenloses und nahezu selbsterklärendes Programm, den *Win32 Disk Imager*, der dies unter Windows kann, findet man auf der Webseite *https://sourceforge.net/projects/win32diskimager/*.

Laden Sie dieses Programm herunter und installieren Sie es, indem Sie doppelt auf das Dateisymbol klicken. Ein Installationsmanager führt Sie durch die unkomplizierte Installation. Sie benötigen einen USB-Stick mit einer passenden Kapazität, den Sie nun am Rechner anschließen. Starten Sie dann den *Win32 Disk Imager*.

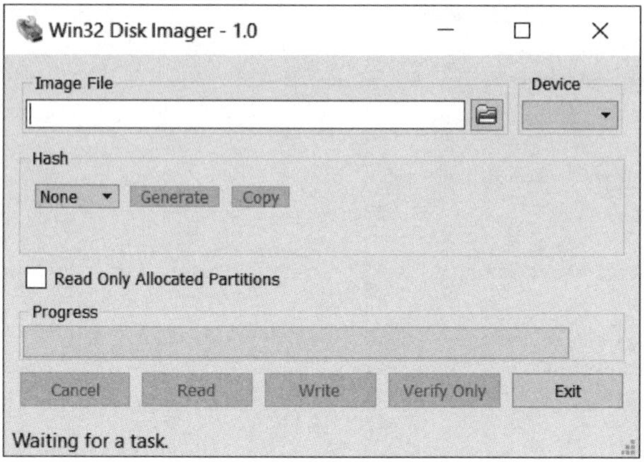

Abb. 1.6: Die Oberfläche des Win32 Disk Imager

Im Feld *Image File* wählen Sie die heruntergeladene `.iso`-Datei aus. Da allerdings *.img* als Dateityp voreingestellt ist, müssen Sie zunächst die Option *alle Dateitypen* `*.*` auswählen. Im Feld *Device* wählen Sie die Laufwerknummer des USB-Sticks. Wie ich Ihnen bereits beschrieben habe, ist es sehr sinnvoll, die Prüfsumme berechnen zu lassen; wählen Sie also im Feld *Hash* den Prüfsummentyp MD5 aus und lassen Sie mit Klick auf den Button *Generate* eine Prüfsumme berechnen.

Dieser Vorgang geht recht flott und ist kein Vergleich zu der verlorenen Zeit durch eine fehlgeschlagene Installation.

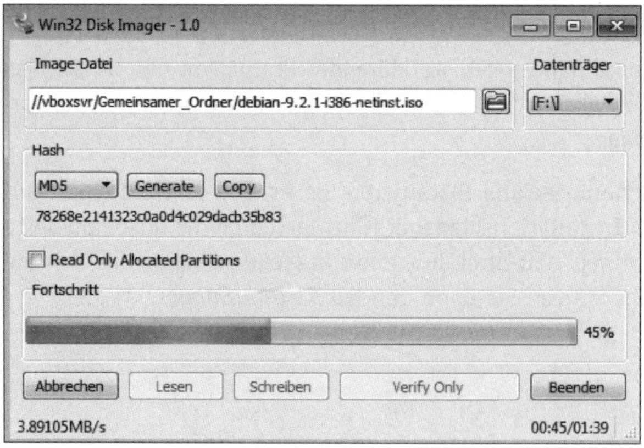

Abb. 1.7: Der bootfähige USB-Stick wird erstellt

Nun klicken Sie auf den Button SCHREIBEN und beobachten den Fortschrittsbalken. Je nach Größe der `.iso`-Datei und der Geschwindigkeit Ihres Systems kann es eine Kaffeepause lang dauern, aber am Ende haben Sie einen bootfähigen USB-Stick, mit dem Sie Ubuntu starten können.

Hinweis

Sie dürfen diese DVD oder den USB-Stick jederzeit erneut kopieren und an Ihre Freunde und Bekannten weitergeben. Mit welchem anderen Betriebssystem können Sie das auch?

Kapitel 2

Installation

Live-Version oder Festinstallation, allein oder parallel?

Vielleicht möchten Sie zuerst ausprobieren, ob Ihnen die Handhabung von Ubuntu überhaupt zusagt oder ob Ihre Hardware reibungslos funktioniert. Sie müssen sich nicht sofort entscheiden, denn Ubuntu kann in zwei Versionen installiert werden.

Als sogenannte Live-Version, bei der es sich streng genommen gar nicht um eine Installation handelt. Ubuntu wird hierbei gleich von der DVD oder vom USB-Stick gebootet. Sie können Ubuntu benutzen, ohne Veränderungen an Ihrem PC vorzunehmen.

Bei der Festinstallation installieren Sie das Betriebssystem direkt auf die Festplatte des Computers. Diese Installationsart ist nicht ganz so leicht rückgängig zu machen, aber sinnvoll, wenn Sie sich entscheiden, Ubuntu regelmäßig zu nutzen.

Hinweis

Auch bei einer Festinstallation müssen Sie sich nicht von Ihrem bisherigen Betriebssystem verabschieden. Installieren Sie die beiden Betriebssysteme parallel und entscheiden Sie beim Programmstart, ob Sie Ubuntu oder ein anderes System nutzen möchten.

2.1 Ubuntu per Live-Version ausprobieren

Es gibt sicher eine ganze Reihe von Gründen, Ubuntu als Live-Version zu nutzen. Sie können ausprobieren, ob Ihnen die Arbeitsumgebung überhaupt gefällt, oder verschiedene Ubuntu Flavours ausprobieren, ohne gleich eine zeitaufwändige, vollständige Installation vorzunehmen. Vielleicht brauchen Sie Ubuntu aber auch, um Daten von einem beschädigten Windows-PC zu retten. Oder Sie testen, ob Ubuntu auf Ihrem PC überhaupt lauffähig ist und ob alle Hardwarekomponenten erkannt werden.

Legen Sie dazu die DVD in das Laufwerk oder schließen Sie den Stick an und starten Sie Ihren PC. Sollte das bisherige Betriebssystem starten, so müssen Sie Ihrem PC beibringen, dass er den »Zündschlüssel«, also den Bootsektor, nicht auf der Festplatte, sondern auf der DVD oder dem USB-Stick suchen soll. Dazu müssen Sie eine Veränderung am BIOS-Setup Ihres Computers vornehmen.

Hinweis

Achten Sie beim Startvorgang des PCs auf den unteren Rand des Monitors. Kurz nach dem Einschalten erscheint eine Aufforderung, die je nach verwendetem Chip so oder ähnlich lautet: Hit ... to Enter Setup. Merken Sie sich die entsprechende Taste, beim ersten Mal kann man gar nicht schnell genug lesen und die richtige Taste finden. In aller Regel handelt es sich um die Taste [Entf] oder eine der Tasten [F1] bis [F10].

Es kann Ihnen durchaus passieren, dass Sie den Vorgang wiederholen müssen. Wenn Sie das Handbuch des Motherboards zur Hand haben, lohnt auch ein Blick hierein. Nachdem Sie das BIOS aufgerufen haben, erscheint ein Bild, das an die Ursprünge des Computerzeitalters erinnert:

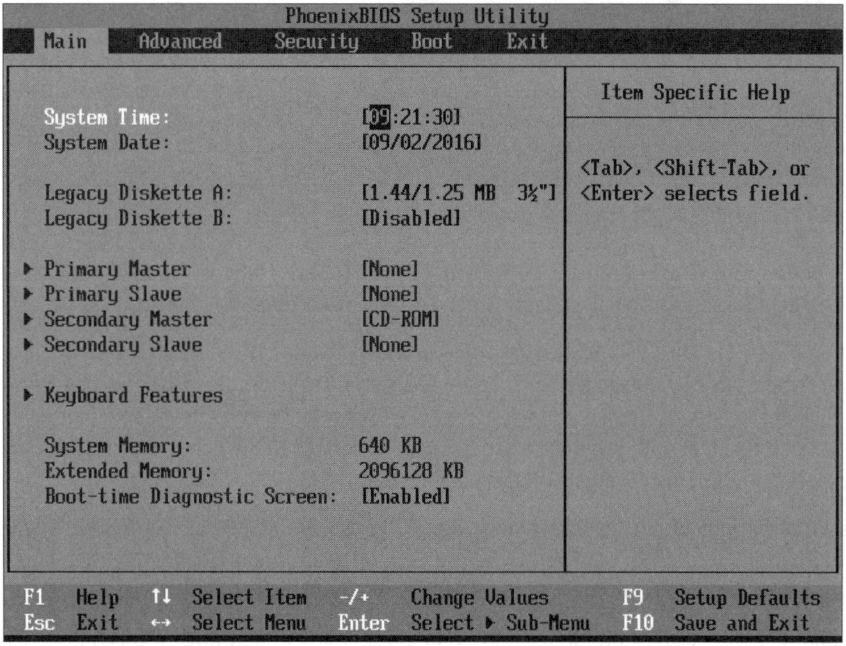

Abb. 2.1: Der Begrüßungsbildschirm des BIOS. Dieser kann je nach Hersteller auch ein wenig anders aussehen

Beim *Basic Input/Output System* handelt es sich um die Firmware eines PCs. Diese ist in einem Chip fest auf der Hauptplatine installiert und sorgt nach dem Einschalten dafür, dass ein Haufen elektronischer Einzelteile überhaupt »weiß«, dass er ein PC ist und seine Komponenten wie beispielsweise die Grafikkarte, die Festplatte und die Netzwerkschnittstelle korrekt erkennt. Ein Betriebssystem wäre ansonsten nicht lauffähig.

Suchen Sie innerhalb des Setups die Boot Options und hier die Boot Sequenz. Die Bootsequenz ist die Reihenfolge der Laufwerke, in der der Rechner nach einem Betriebssystem suchen wird.

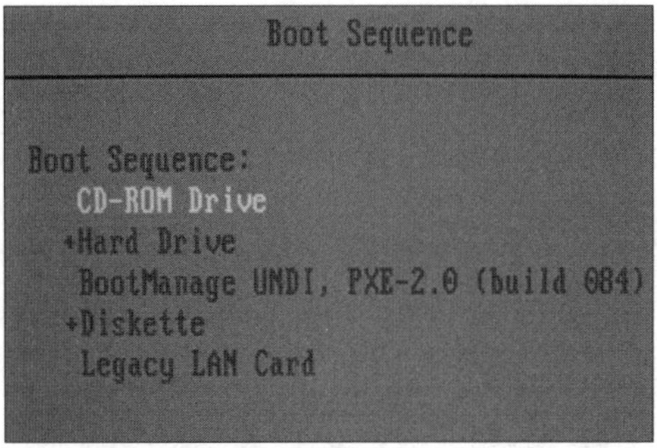

Abb. 2.2: CD-ROM als Bootsequenz ausgewählt

Markieren Sie den Eintrag CD-ROM Drive oder USB-Stick (falls vorhanden) und verschieben Sie ihn mit der [+]-Taste Ihrer Tastatur nach oben.

Bestätigen Sie Ihre Veränderungen und verlassen Sie das BIOS. Sollten Sie sich bei der Arbeit am BIOS unsicher sein, holen Sie sich bitte Hilfe. Das BIOS ist das Herzstück des Rechners, und so einfach es ist, Einstellungen vorzunehmen, so leicht kann man den Rechner völlig unbrauchbar machen. Widerstehen Sie daher der Versuchung, experimentelle Einstellungen vorzunehmen!

Starten Sie nun Ihren Computer neu. Wenn Ihre BIOS-Einstellungen erfolgreich waren, hören Sie das DVD-Laufwerk arbeiten und der Startvorgang läuft erheblich langsamer, als Sie dies gewohnt sind. Schließlich erscheint dieser Bildschirm:

Geben Sie die gewünschte Sprache ein und klicken Sie auf den Button Ubuntu ausprobieren. Nun startet Ubuntu von der DVD und nach einiger Zeit erscheint der Ubuntu-Desktop.

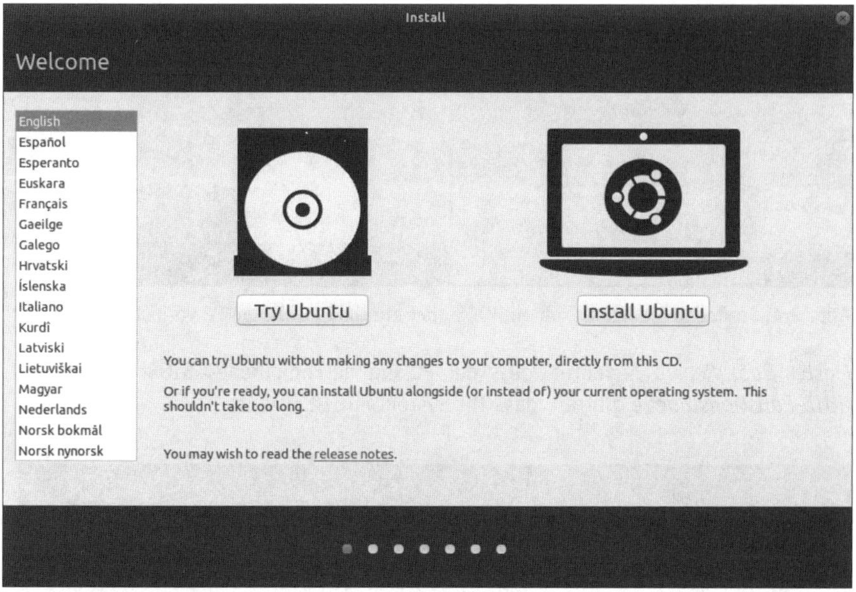

Abb. 2.3: Ubuntu ausprobieren oder installieren – in vielen verschiedenen Sprachen

UEFI statt BIOS

Bislang bin ich davon ausgegangen, dass auf Ihrem PC ein sogenanntes BIOS installiert ist. Wenn Sie allerdings einen PC besitzen, auf dem mindestens Windows 7 vorinstalliert war, ist es sehr gut möglich, dass er nicht mit einem BIOS, sondern dem Nachfolger, dem sogenannten *UEFI* (*Unified Extensible Firmware Interface*) ausgestattet ist. UEFI macht grundsätzlich genau das Gleiche wie das BIOS, bringt aber deutlich mehr Funktionen mit, unterstützt die neueste Hardware und sieht obendrein bei den meisten Herstellern viel moderner aus. Haben Sie einen PC mit Windows 8, so ist dies sogar mit Sicherheit der Fall, da Microsoft ab 2011 die PC-Hersteller verpflichtet hat, UEFI einzusetzen, wenn Windows als Betriebssystem vorinstalliert werden sollte. Um herauszufinden, ob Windows im UEFI-Modus läuft, gehen Sie folgendermaßen vor: Drücken Sie unter Windows die Tastenkombination `Win` + `R` und geben Sie im nun erscheinenden Dialogfeld `diskmgmt.msc` ein.

Öffnen Sie den Reiter VOLUMES und klicken Sie mit der rechten Maustaste auf den Eintrag DATENTRÄGER 0. Unter dem Menüpunkt Eigenschaften finden Sie den Eintrag PARTITIONSSTIL.

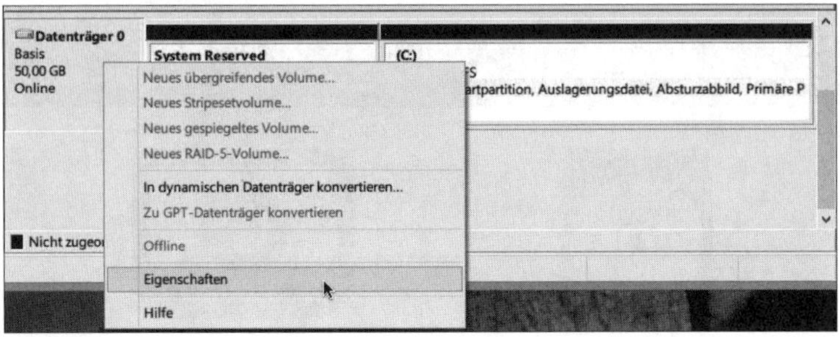

Abb. 2.4: So finden Sie heraus, ob ein BIOS oder ein UEFI auf Ihrem PC vorinstalliert ist

Master Boot Record bedeutet, dass der PC ein herkömmliches BIOS an Bord hat, *GUID-Partitionstabelle* gibt an, dass Ihr System mit UEFI läuft.

Abb. 2.5: UEFI-Oberfläche

Warum ist dies für uns wichtig? UEFI sieht nicht nur auf vielen Systemen besser aus, sondern bringt zwei Features mit, die unsere Installation beeinflussen und dabei nicht gerade erleichtern: *Fast Boot* und *Secure Boot*.

Fast Boot sorgt dafür, dass der PC im Nu startet, dies macht es uns leider sehr schwierig, die richtige Taste zu drücken, die es uns ermöglicht, während des Startvorgangs UEFI zu starten. Das liegt daran, dass der PC eigentlich nie ausgeschaltet wird, auch dann nicht, wenn er vermeintlich heruntergefahren wurde. Er befindet sich allerdings tatsächlich in einer Art Tiefschlaf.

Secure Boot zu beschreiben ist etwas komplizierter: Es soll, wie der Name sagt, die Sicherheit des Bootvorgangs erhöhen. Unter anderem soll Secure Boot Schadsoftware daran hindern, den Bootvorgang des Rechners zu manipulieren. Dazu werden digitale Schlüssel eingesetzt. Nur ein Betriebssystem, das sich über einen entsprechenden Schlüssel identifizieren kann, wird vom UEFI beim Computerstart geladen. Darunter fällt unter anderem der Bootloader von Microsoft. Das Starten mithilfe eines USB-Sticks wird durch Secure Boot verhindert, wenn auf diesem kein signierter Schlüssel vorhanden ist.

Um notwendige Einstellungen vornehmen zu können, hilft uns ein kleines Programm namens *EasyUEFI*, das Sie für den Privatgebrauch kostenlos von der Internetseite *http://www.easyuefi.com/* herunterladen können.

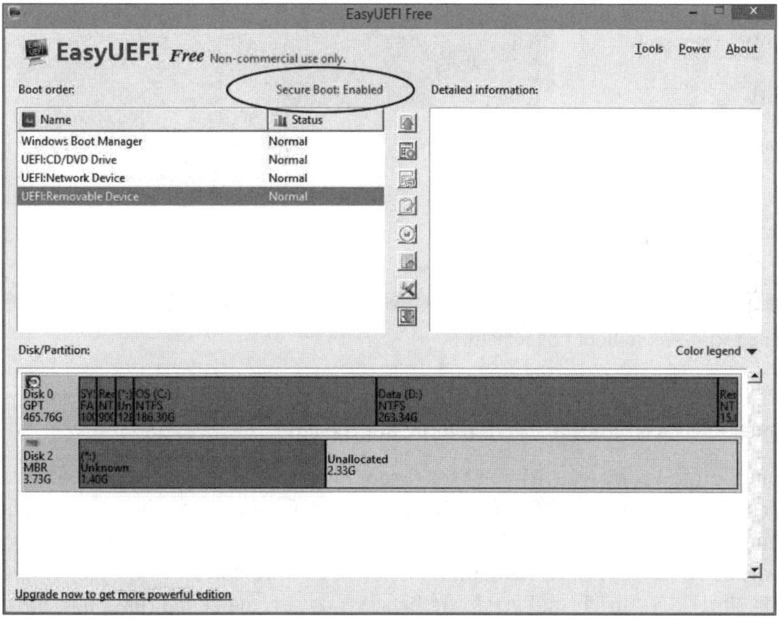

Abb. 2.6: Oberfläche von EasyUEFI

Wie Sie an diesem Beispiel erkennen können, ist Secure Boot noch aktiv. Dies wollen wir nun ändern, damit wir Ubuntu vom USB-Stick starten können. Dazu klicken Sie auf den Menüpunkt POWER...REBOOT INTO UEFI-FIRMWARE. Nun startet Ihr Computer neu und öffnet die UEFI-Einstellungen. Die können, abhängig von Ihrer Hardware, völlig verschieden aussehen. Einige Oberflächen sind mit der Maus bedienbar, auf anderen bewegen Sie sich mit den Pfeiltasten Ihrer Tastatur.

Suchen Sie einen Menüpunkt SECURITY und den Eintrag SECURE BOOT CONTROL. Schalten Sie hier die Option SECURE BOOT ab. Auch dies tun Sie entweder mit den Pfeiltasten oder mit einem Mausklick, abhängig von der installierten UEFI. Sichern Sie Ihre Einstellungen und verlassen Sie das Setup. Windows wird nun neu starten. Wenn Sie jetzt EasyUEFI aufrufen, sollte der Eintrag SECURE BOOT: DISABLED lauten.

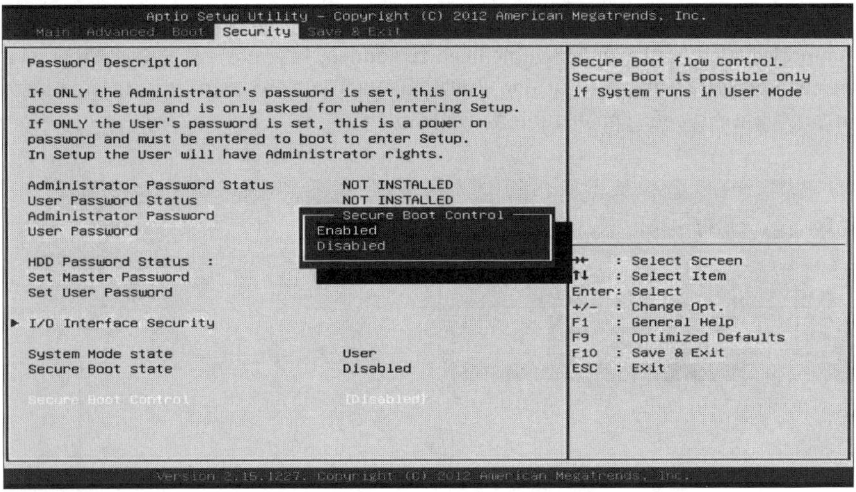

Abb. 2.7: So wird Secure Boot abgeschaltet

Nun erstellen Sie einen USB-Stick, um Ubuntu starten zu können: Dies wird allerdings etwas anders bewerkstelligt als weiter vorne angegeben:

Entpacken Sie die `Ubuntu-18.04-desktop-amd64.iso` in ein beliebiges Verzeichnis. Dazu klicken Sie mit der rechten Maustaste auf den Eintrag und wählen aus dem Kontextmenü entpacken. Nutzen Sie bereits Linux, müssen Sie diesen Prozess als Systemverwalter starten, unter Windows passiert dies automatisch. Nun stellen Sie für den Explorer die Ansicht auf VERSTECKTE DATEIEN ANZEIGEN. Sie sehen, dass nun noch eine Datei namens `.disk` auftaucht, die vorher nicht zu sehen war. Formatieren Sie einen USB-Stick mit mindestens 4 GB Kapazität als FAT32 und kopieren Sie nun alle Verzeichnisse direkt auf den Stick. Stecken Sie den Stick ein und starten Sie EasyUEFI erneut. Nun sehen Sie einen neuen Eintrag:

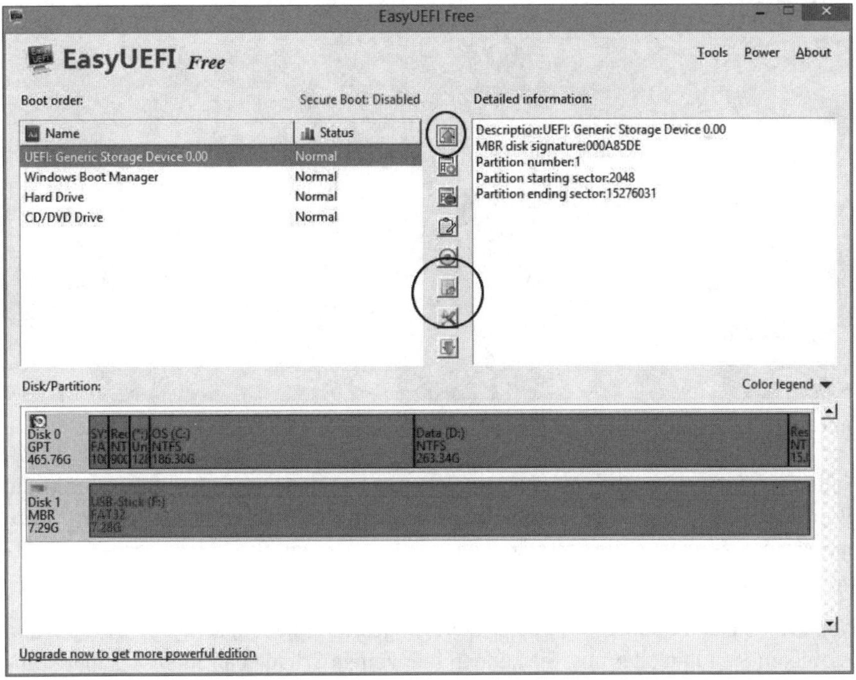

Abb. 2.8: Der USB-Stick wird als Startlaufwerk erkannt

In der linken Spalte sehen Sie die derzeit gültige Boot-Reihenfolge. Markieren Sie den USB-Stick und platzieren Sie ihn mit dem Pfeil-nach-oben-Button an die erste Stelle. Dann klicken Sie auf den dritten Button von unten (SET/UNSET ONE-TIME-BOOT). Damit ist Ihr Stick genau einmal als Boot-Laufwerk ausgewiesen. Wenn Sie jetzt innerhalb des Programms auf Power und Reboot klicken, startet der PC die Ubuntu-Oberfläche.

Abb. 2.9: Der Ubuntu-Desktop in der Live-Version

Falls Sie nicht mehr über ein funktionierendes Windows verfügen, können Sie die Boot-Reihenfolge natürlich auch direkt innerhalb des UEFI-Setups verändern. Dazu müssen Sie allerdings die Taste kennen, die Sie während des – sehr kurzen – Startvorgangs drücken müssen.

Nachdem Sie den Ubuntu-Desktop erfolgreich gestartet haben, sehen Sie sich um und probieren Sie ruhig alles aus, Sie können hier keinen Schaden an Ihrem Computer anrichten. Schalten Sie Ihren Drucker ein und schauen Sie nach, ob Ihr WLAN oder Ihre LAN-Verbindung reibungslos funktioniert. Notieren Sie sich, welche Hardware nicht erkannt wird, aber lassen Sie sich nicht schrecken, wenn etwas nicht auf Anhieb funktioniert. Die Lösungen für die meisten Hardwareprobleme sind oft verblüffend einfach. Entweder wurden längst Treiber für Linux entwickelt, die allerdings nicht auf dem Installationsmedium enthalten sind und erst später nachinstalliert werden, oder Sie greifen auf Windows-Treiber zurück.

2.2 Auf eine defekte Windows-Installation zugreifen

Ihr Windows-PC startet nicht mehr oder stürzt andauernd ab, sodass auch einfachere Tätigkeiten nicht mehr möglich sind. Allerdings befinden sich jede Menge wichtiger Dateien von der Diplomarbeit über die Musiksammlung bis zu Familienfotos auf dem Computer. Wenn Sie jetzt ein neues Betriebssystem aufspielen müssen, sind diese Schätze unrettbar verloren. Aber keine Sorge: Sie können mithilfe einer Live-Installation auf die Dateien zugreifen, ohne Windows zu starten, und diese auf ein externes Laufwerk kopieren.

Erstellen Sie für diesen Fall einen bootfähigen USB-Stick und starten Sie Ubuntu, so wie ich dies eben beschrieben habe. Geben Sie im BIOS den USB-Stick als erstes Laufwerk in der Boot-Sequenz an.

Hinweis

Eine Reihe vor allem älterer PCs bietet die Möglichkeit des Bootens von einem USB-Stick nicht an. In diesem Falle müssen Sie natürlich eine DVD als Startlaufwerk benennen. Das funktioniert genauso, ist allerdings sehr viel langsamer.

Nun erkennen Sie am linken Bildrand Icons, die die vorhandenen Laufwerke anzeigen. Hinter einem dieser Icons verbirgt sich Ihr Windows-Laufwerk.

Sollten Sie sich an die Windows-Vorgaben gehalten haben, wurden alle Ihre Dateien im Verzeichnis \Users\IHRNAME\... gespeichert. Sie können beruhigt durch die Verzeichnisse scrollen, vorläufig verändern Sie hier nichts. Schließen Sie nun eine externe Festplatte an und kopieren Sie die zu rettenden Dateien per Drag & Drop. Über die einzelnen Funktionen der Oberfläche werde ich Sie in Kapitel 4 aufklären.

Wenn Sie sich genügend umgesehen und wichtige Dateien gerettet haben, fahren Sie den Computer herunter. Nutzen Sie dazu das Menü ganz rechts oben mit dem Punkt HERUNTERFAHREN...

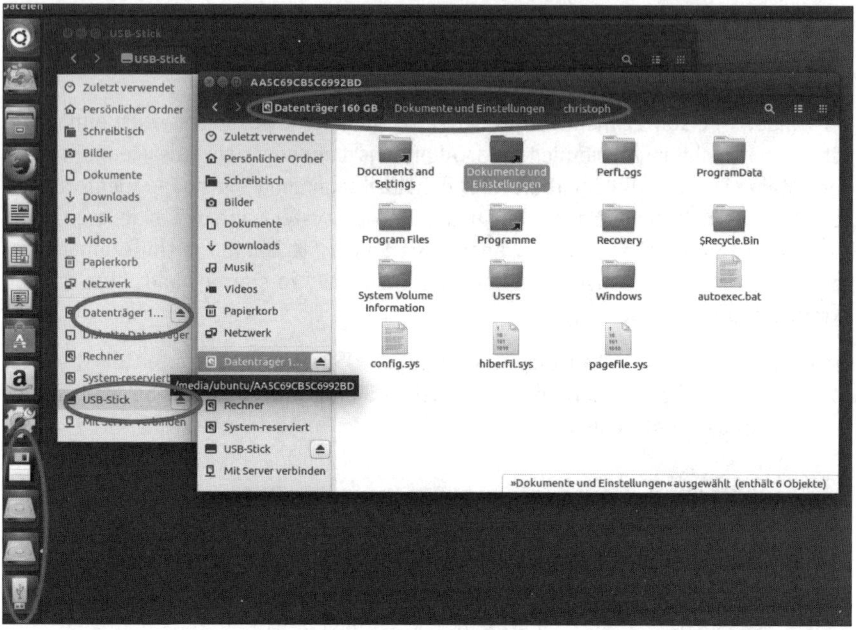

Abb. 2.10: Ganz einfacher Zugriff auf die Dateien Ihrer Windows-Partition

Hinweis

Die Geschwindigkeit der Live-Version wird Ihnen sehr langsam vorkommen, Sie ist nicht zu vergleichen mit der Performance eines fest installierten Systems.

2.3 Ubuntu parallel zu einem anderen Betriebssystem installieren

Sicherung, das A und O

Während des Startvorganges haben Sie ein Icon gesehen, das Ihnen die Installation von Ubuntu anbietet. Ich rate Ihnen hiervon für den Moment ab, es sein denn, Sie gehören zu den Menschen, die Ihre Texte, Bilder, E-Mail-Konten und Browsereinstellungen stets sofort sichern. Nicht? Dann wird es nun höchste Zeit, dies zu tun.

Die Weisheit, dass »alles, was schiefgehen kann, irgendwann auch schiefgehen wird«, ist als Murphys Gesetz längst Allgemeingut. Obwohl die parallele Installation von Ubuntu und Windows eine sehr sichere Angelegenheit ist, kann man einen Crash mit Verlust der wichtigsten Dateien nie völlig ausschließen. Im Nachhinein ist man immer klüger, und wenn unersetzliche Filme oder Textdokumente erst verloren sind, schwört man sich, ab jetzt immer regelmäßig die Daten zu sichern.

Daher ist es, auch wenn Sie Ubuntu parallel zu Windows installieren, dringend zu empfehlen, alle wichtigen Dateien auf einen externen Speicher zu sichern. Je nach Umfang bietet sich hier eine externe Festplatte an. Sollten Sie sich dazu entscheiden, von nun an auf ein anderes Betriebssystem völlig zu verzichten, müssen Sie diese Dateien sowieso sichern.

Neben Ihren Office-Dokumenten und der Musiksammlung möchten Sie sicher auch Ihre E-Mails und Adressen sichern. Diese Daten sind in sogenannten *Profiles*-Ordnern gespeichert. Die Lage dieser Ordner entnehmen Sie bitte der Tabelle:

Thunderbird – Lage des Profilordners	
Windows 7/8/10/ Vista	`C:\Benutzer\%Benutzername%\AppData\Roaming\Thunderbird\Profiles`
Ubuntu	`~/.thunderbird`

Firefox – Lage des Profilordners	
Windows 7/8/10/ Vista	`C:\Benutzer\%BENUTZERNAME%\AppData\Roaming\Mozilla\Firefox\Profiles`
Ubuntu	`~/.mozilla/firefox/`

In den Profilordnern sind alle E-Mails und alle Einstellungen gespeichert

Wenn Sie *Microsoft Outlook* als E-Mail- und Kalenderprogramm nutzen, können Sie Ihren Kalender recht einfach sichern und für die Verwendung bei Ubuntu vorbereiten.

Öffnen Sie MS Outlook, klicken Sie im Menü auf DATEI... IMPORTIEREN/EXPORTIEREN. Im folgenden Kästchen klicken Sie auf die Option IN DATEI EXPORTIEREN.

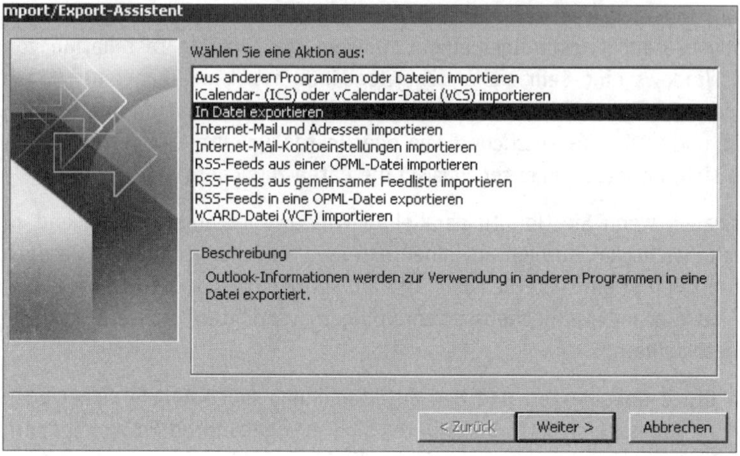

Abb. 2.11: Kalenderinformationen sichern

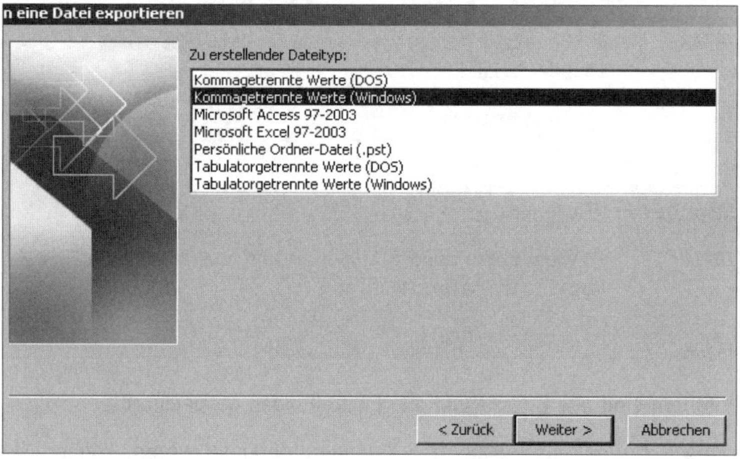

Abb. 2.12: Wählen Sie die Option Kommagetrennte Werte (Windows) und klicken Sie auf Weiter

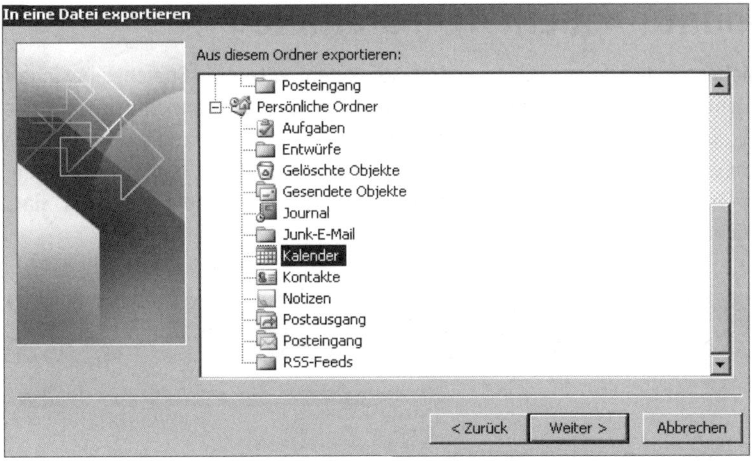

Abb. 2.13: Da wir so nur die Kalenderdaten weiterverwenden können, wählen wir auch nur diese aus ...

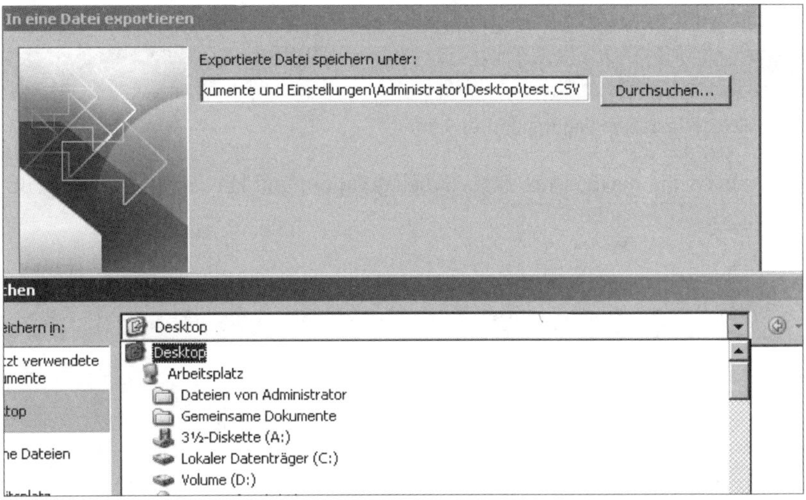

Abb. 2.14: ... und suchen für die entstehende Datei mit der Endung .csv einen geeigneten Speicherplatz, am besten auf einem externen Speicherort

Ihre Formatvorlagen haben, sofern Sie sie mit Microsoft Office erstellt haben, die Endung `.dot`, `.dotm` oder `.dotx`. Führen Sie die Suchfunktion aus und kopieren Sie die Dateien auf den Sicherungsdatenträger.

2.4 Ubuntu dauerhaft installieren

Wenn Sie sicher sind, alle wichtigen Daten auf einem externen Speicher gesichert zu haben, können Sie mit der Installation von Ubuntu beginnen. Starten Sie den Rechner mit eingelegter DVD neu und wenn das Fragefenster erscheint, wählen Sie zuerst Ihre bevorzugte Sprache und klicken dann auf den Button Ubuntu installieren. Während der Installation werden Sie von Ubuntu so an die Hand genommen, dass eigentlich nichts schiefgehen kann.

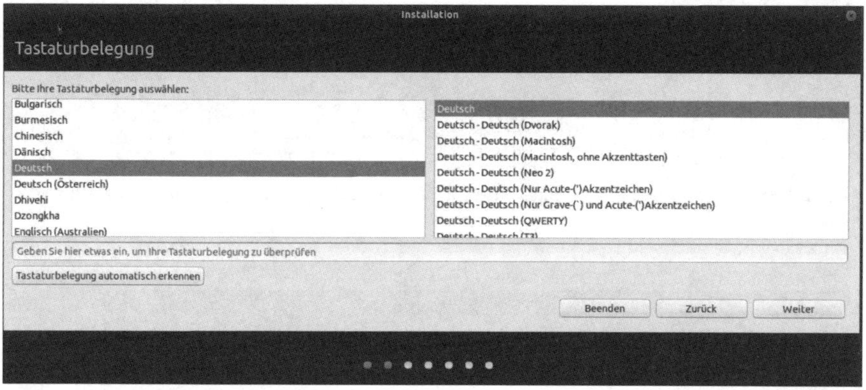

Abb. 2.15: Welche Tastaturbelegung darf es sein?

Stellen Sie zuerst die gewünschte Tastaturbelegung ein und klicken Sie auf den Button WEITER.

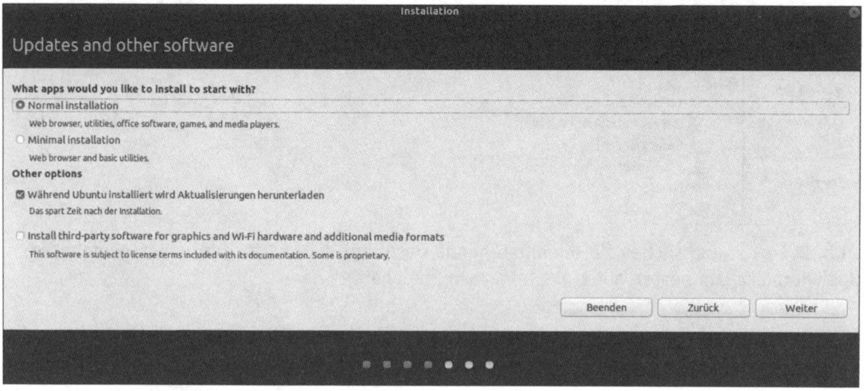

Abb. 2.16: Normal oder minimal installieren?

Im nächsten Fenster werden Sie vor die Entscheidung gestellt, ob Sie Ubuntu »normal«, das heißt mit allen üblichen Programmen, oder minimal installieren wollen. Die Möglichkeit zur minimalen Installation ist in dieser Ubuntu-Version neu.

Minimale Installation

Hier installieren Sie nur Ubuntu samt Desktop und dem Firefox-Browser. Alle anderen Programme, die Sie benötigen, installieren Sie sich selbst. Damit umgehen Sie, dass Sie Programme auf Ihrem Rechner haben, die Sie gar nicht wollen oder brauchen. Das spart zum einen Downloadvolumen und zum anderen Zeit, da der Installationsvorgang sehr viel schneller vonstattengeht.

Wenn Sie mit einem entsprechenden Haken schon während der Installation von Ubuntu Aktualisierungen herunterladen, vereinfachen Sie sich den Rest der Installation.

Bei der THIRD-PARTY SOFTWARE handelt es sich im Wesentlichen um Multimedia-Codecs und Programme, die nicht Open Source sind. Dies widerspricht im Grund den Prinzipien von Linux, allerdings können Sie keine `.mp3`-Dateien hören und keine Filme ansehen, wenn Sie auf diese Option verzichten. Sie benötigen hierzu natürlich eine Internetverbindung.

Hinweis

In Kapitel 5 ist beschrieben, wie Sie mithilfe eines LAN-Kabels schnell und mühelos die Verbindung zum Router aufbauen.

Nachdem Sie den Button WEITER betätigt haben, erscheint gegebenenfalls das Optionsfenster, in dem Sie gefragt werden, ob Sie Ubuntu neben Windows installieren wollen. In diesem Fall haben Sie bei jedem Hochfahren des Computers über einen sogenannten *Bootloader* die Wahl, mit Ubuntu oder mit Windows zu arbeiten. Diese Auswahl ist für einen Einsteiger die empfehlenswerte. Ebenso wenn Sie, wie in der Einleitung beschrieben, Software benutzen, die nur in einer Windows-Umgebung funktioniert.

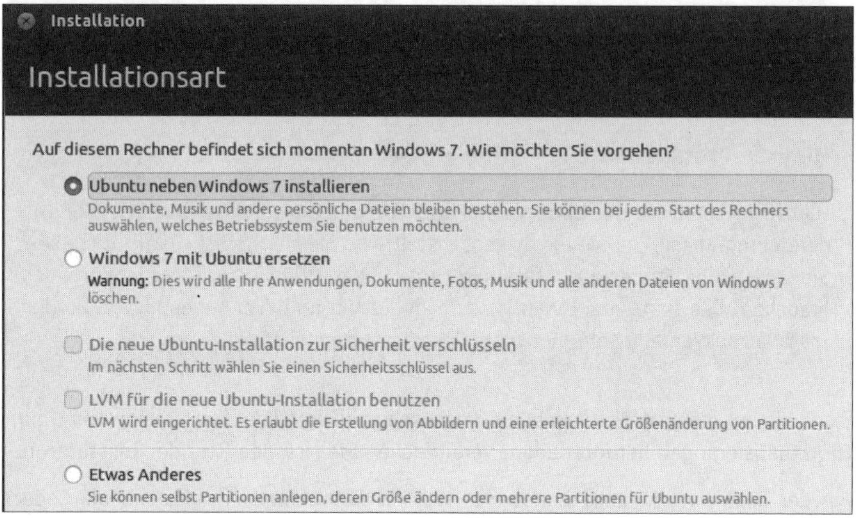

Abb. 2.17: Ubuntu neben oder statt Windows?

Hier wählen Sie, ob Ihr bisheriges Betriebssystem ersetzt werden soll oder ob Sie es weiterhin nutzen möchten. Wenn bisher kein Betriebssystem auf dem Rechner vorhanden ist, fällt diese Option natürlich aus.

Wenn Sie noch skeptisch sind, ob Ubuntu Ihren Ansprüchen entspricht, wählen Sie die Option UBUNTU NEBEN WINDOWS INSTALLIEREN.

Falls Sie sich sicher sind, auf Ihre Windows-Installation verzichten zu können, lassen Sie die komplette Festplatte löschen und Ubuntu wird alleine installiert.

Wenn Sie Ihre Ubuntu-Installation verschlüsseln möchten, sollten Sie dies hier tun. Sie werden dann in einem nächsten Fenster aufgefordert, einen Sicherheitsschlüssel anzulegen. Diese Verschlüsselung ist wohl nicht nötig, wenn Sie sich im häuslichen Umfeld bewegen und sich keine hochsensiblen Daten auf Ihrem Computer befinden. Sie ist auch nicht mit dem Passwort zu verwechseln, das Ihren Bereich später schützt.

LVM stellt eine Möglichkeit dar, mehrere Festplatten zu einer Partition zusammenzufassen. Wenn Sie nicht gerade mit Dutzenden Festplatten arbeiten, sollten Sie diese Option nicht nutzen.

Betätigen Sie den Button JETZT INSTALLIEREN und geben Sie, falls Sie Ihre Festplatte verschlüsseln wollen, einen Sicherheitsschlüssel ein.

Im nächsten Bildschirm legen Sie Ihre Zeitzone fest.

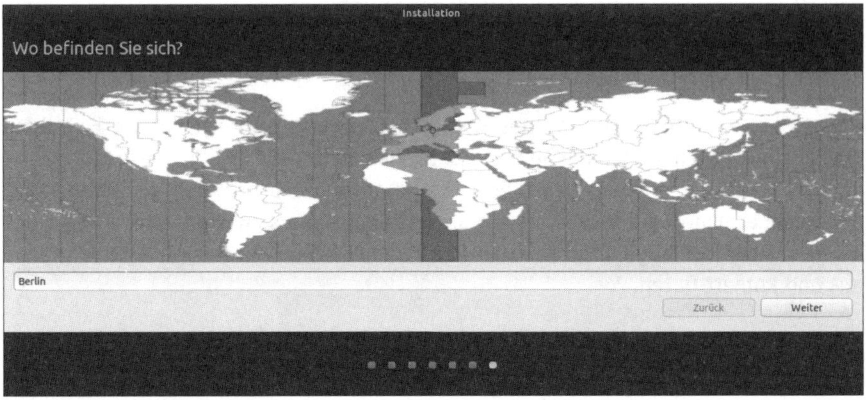

Abb. 2.18: Hier wird die interne Uhr eingerichtet

Nach erneuter Betätigung des Buttons WEITER erscheint ein Feld, in dem Sie sich als Hauptnutzer anmelden.

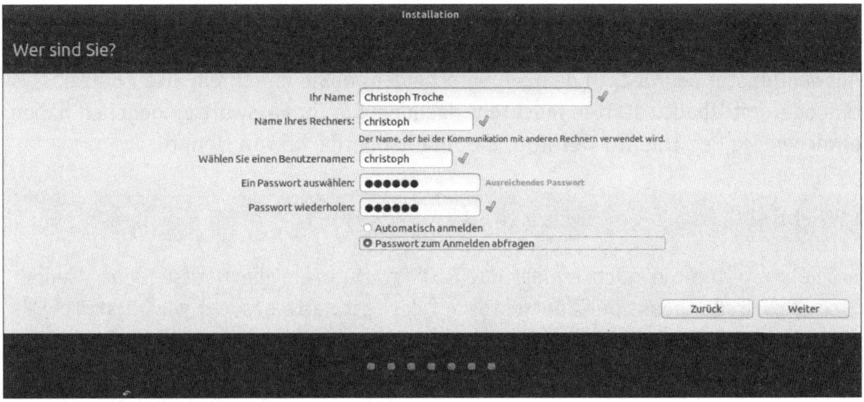

Abb. 2.19: Geben Sie Ihren Namen, einen Benutzernamen und ein Passwort ein

Nun müssen Sie einige Daten als Hauptbenutzer des Computers eingeben. Nur Sie können dann nach Eingabe Ihres Passworts wichtige Systemeinstellungen verändern. Der Benutzername für die Anmeldung am System darf nur Kleinbuchstaben und keine Umlaute enthalten. Sollten Sie allein Zugang zum Computer haben, können Sie gegebenenfalls auf die Abfrage zur Anmeldung verzichten. Dann aktivieren Sie den Button AUTOMATISCH ANMELDEN. Dennoch werden Sie für jede Veränderung im System das Passwort eingeben müssen.

Der Name Ihres Rechners wird zwar automatisch aus Ihrem Namen generiert, es muss aber nicht der vorgeschlagene Name sein. Diesen Namen benötigen Sie, um den Computer im Netzwerk zu identifizieren.

Ubuntu bewertet die Qualität Ihres Passwortes, weitere Hinweise für die Erstellung eines Passworts finden Sie in Kapitel 9. Betätigen Sie erneut den Weiter-Button. Jetzt können Sie Pause machen, denn die Installation und das Kopieren der Dateien auf den Rechner dauert seine Zeit. Gehen Sie mit dem Hund spazieren, kochen Sie noch einen Kaffee oder bügeln Sie Wäsche. Der Rechner kommt jetzt eine Weile ohne Sie aus und kopiert Daten.

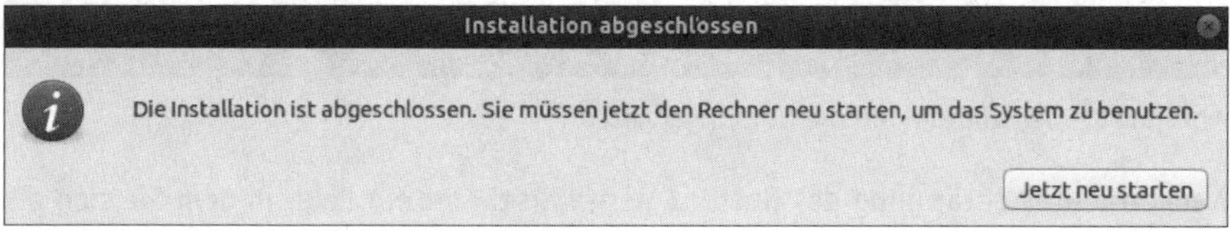

Abb. 2.20: Gratulation, das Meiste ist geschafft

Sie haben nun Ubuntu auf Ihrem Rechner installiert. Entnehmen Sie die DVD oder entfernen Sie den USB-Stick und starten Sie Ihren Rechner neu. Sie werden mit einem Auswahlfenster begrüßt, in dem Sie entscheiden, obSie mit Ihrem alten Betriebssystem oder mit Ubuntu starten möchten. Nachdem Sie Ihr Passwort eingegeben haben, erreichen Sie den Ubuntu-Desktop, die Arbeitsoberfläche von Ubuntu.

Wichtig!

Zuletzt sollten Sie noch einmal das BIOS starten, um die Bootsequenz wieder so einzustellen, dass der Bootsektor auf der Festplatte gesucht wird. Damit verhindern Sie, dass eine versehentlich im Laufwerk vergessene Installations-DVD erneut versucht, Ubuntu zu installieren.

Abb. 2.21: Die Oberfläche von Ubuntu. Sie haben es geschafft, das Betriebssystem ist erfolgreich installiert

2.5 Ubuntu 18.04 per Upgrade installieren

Fall Sie bereits Ubuntu in einer älteren Version benutzen, lohnt sich der Umstieg auf die Version 18.04, vor allem, wenn Sie sich nicht wirklich mit dem Unity-Desktop anfreunden konnten. Für das Upgrade haben Sie nun zwei Möglichkeiten. Zum einen können Sie eine völlige Neuinstallation starten.

Zuerst sichern Sie Ihre Daten per *Déjà Dup*. Vorher sollten Sie jedoch den Papierkorb leeren und eventuelle weitere Festplatten, auf denen Sie Filme, Dokumente oder Musikdateien gespeichert haben, von der Sicherung ausnehmen. Installieren Sie Ubuntu 18.04 wie eben beschrieben und spielen Sie danach Ihre Sicherung zurück. Dies ist die sauberste Lösung, sie dauert aber auch am längsten.

Einfacher geht ein Upgrade mithilfe der Systemaktualisierung. Immer dann, wenn eine neue Ubuntu-Version verfügbar ist, wird Ihnen das Upgrade über die Aktualisierungsverwaltung zur Installation angeboten. Dazu müssen Sie Ihr System auf den neuesten Stand bringen, das heißt, alle notwendigen Aktualisierungen müssen zuerst vorgenommen werden. Dann sollten Sie auch hier eine vollständige Datensicherung vornehmen.

Am einfachsten setzen Sie nun den Upgrade-Vorgang in Gang, indem Sie das Terminal starten und hier den Befehl `sudo update-manager -d` eingeben. Bestätigen Sie den Befehl mit der [Enter]-Taste und geben Sie als Nächstes Ihr Passwort ein.

Nun startet das Aktualisierungsprogramm erneut, hat aber eine zusätzliche Zeile. Nun ist Ubuntu 18.04 LTS verfügbar. Um jetzt das Upgrade durchzuführen, klicken Sie auf den Button Aktualisieren.

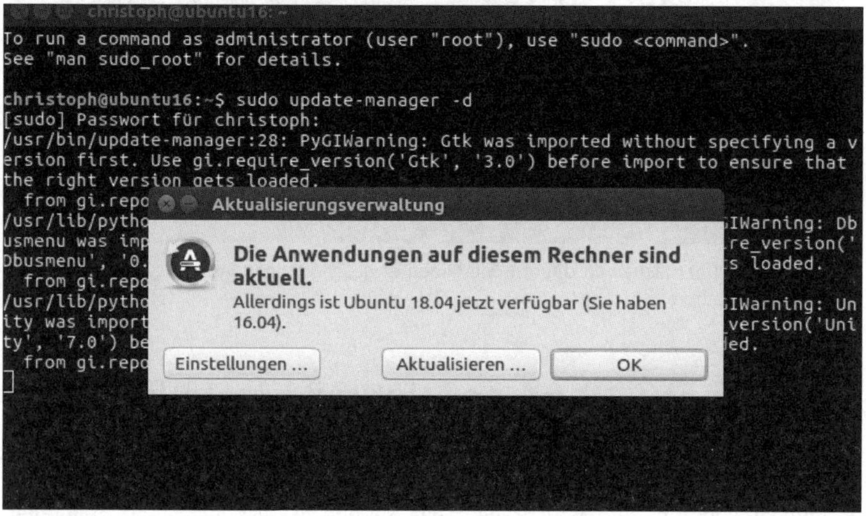

Abb. 2.22: Eine zusätzliche Zeile ermöglicht die direkte Installation der neuen Version

Danach haben Sie wieder sehr viel Zeit. Abhängig von der Internetgeschwindigkeit und Ihrer Hardware kann der Vorgang über eine Stunde dauern.

2.6 Netzwerkinstallation

Wenn Sie schon einmal ein Betriebssystem installiert haben und Sie sich zutrauen, die eine oder andere Entscheidung selbst zu fällen, könnten Sie eine Netzwerkinstallation vornehmen. Der Vorteil: Sie laden zunächst eine sehr kleine `.iso`-Datei herunter, die nicht viel anderes tut, als Netzwerkkontakt zu Canonical herzustellen. Erst während des Installationsvorgangs werden die übrigen Dateien heruntergeladen und zwar automatisch in den neusten, aktuellen Versionen. Dies spart Ihnen jede Menge Zeit und Datenvolumen, und das Feintuning am Ende des Installationsvorgangs entfällt weitgehend.

Es gibt allerdings zwei Einschränkungen:

1. Sie müssen natürlich bereits über eine Internetverbindung verfügen, da ja die Daten während des Installationsvorgangs aus dem Internet heruntergeladen werden.
2. UEFI kann eventuell Schwierigkeiten machen, wenn die `mini.iso` nicht über die nötigen Schlüssel verfügt. Wenn Ihr UEFI einen BIOS-Modus hat, wird dieser Modus genutzt.

Sie finden die `mini.iso`-Datei unter *https://help.ubuntu.com/community/Installation/MinimalCD*. Erstellen Sie einen bootfähigen USB-Stick und starten Sie den Installationsvorgang so, wie oben beschrieben.

Die Oberfläche ist sehr viel einfacher gestaltet, fragt aber im Wesentlichen dieselben Parameter ab, die auch bei der normalen Installation angegeben werden.

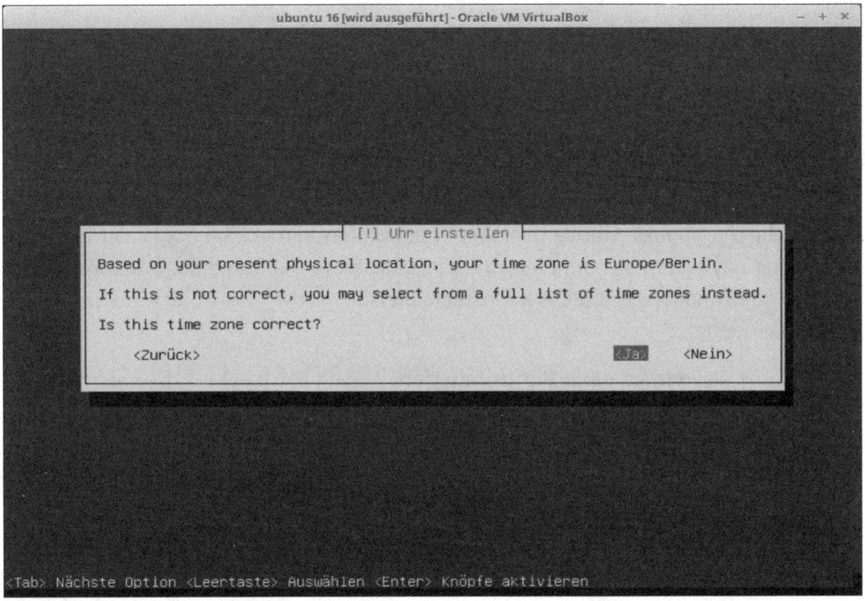

Abb. 2.23: Einfache Oberfläche bei der Netzwerkinstallation

Auch hier geben Sie an, welche Zeitzone, Sprache, Tastaturbelegung gelten und mit welchen Login-Daten Sie starten möchten. Das wichtigste Fenster ist das letzte:

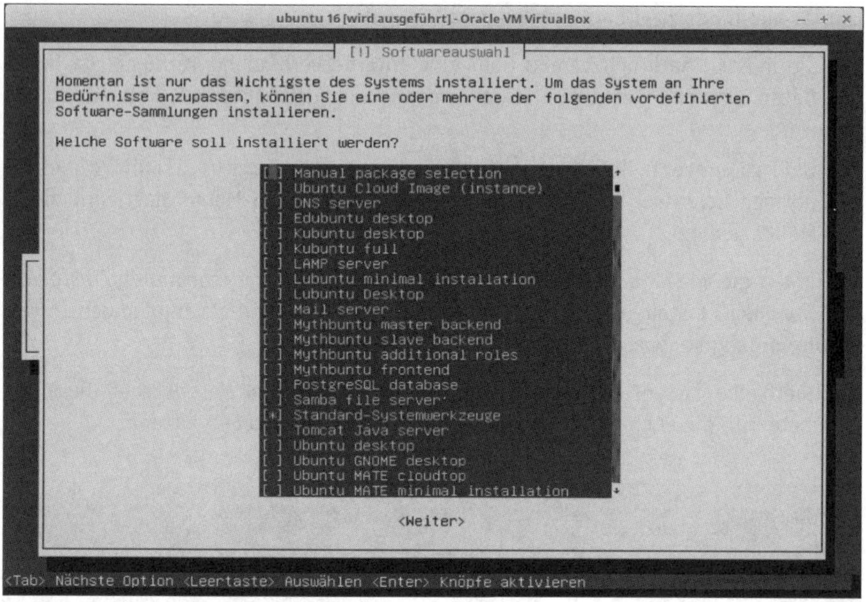

Abb. 2.24: Welche Variante soll es sein?

Hier wählen Sie aus, welche Variante oder Flavour Sie denn letztendlich installieren wollen. Um die Ubuntu-Standardversion auszuwählen, nutzen Sie Tab oder die Pfeiltasten und navigieren so zum Eintrag Ubuntu desktop. Die Standardsystemwerkzeuge müssen immer aktiviert bleiben. Drücken Sie die Leertaste, erst dann ist die Option markiert.

Mit Enter starten Sie dann die Installation.

Hinweis

Sie können die `mini.iso`-Datei selbstverständlich dazu nutzen, alle vorgeschlagenen Varianten und Flavours zu installieren, allerdings können Sie verständlicherweise keine Live-Installation vornehmen.

Den Bootloader GRUB2 reparieren

Folgendes ist passiert: Stellen Sie sich vor, Sie haben ein älteres Windows auf Ihrem PC parallel zu Linux installiert und geben irgendwann einmal der Werbung auf ein Upgrade nach. Oder ein guter Freund, der »sich mit Computern auskennt«, bietet

Ihnen an, ein Windows-Upgrade aufzuspielen. Nach dem Upgrade wird Linux nicht mehr starten, denn der Windows-Bootloader hat ein einnehmendes Wesen und hat GRUB schlicht überschrieben.

Linux ist nicht mehr zu erreichen, der Kumpel auch nicht und Sie stehen vor der schwer lösbaren Aufgabe, Ihre Linux-Partition wieder startbar zu machen.

Hinweis

Ein Bootloader ist so etwas wie der Zündschlüssel eines Betriebssystems, der weitere Teile des Kernels lädt und startet. Haben Sie Linux als einziges Betriebssystem installiert, werden Sie den Bootloader in aller Regel nicht bemerken. *GRUB2* (*Gr*and *U*nified *B*ootloader) ist der Bootloader des GNU-Projektes und wird bei den meisten Linux-Installationen eingesetzt.

Die Lösung ist ein kostenloses Programm namens *Super Grub2*. Sie erhalten es auf der Webseite des Herstellers *https://www.supergrubdisk.org*. Laden Sie die Datei `SuperGrub2Disk.iso` herunter und erstellen Sie ein Startmedium, so wie ich es Ihnen am Anfang dieses Kapitels bereits beschrieben habe.

Und genau so starten Sie Ihren Computer auch: Als Startmedium im BIOS legen Sie den USB-Stick oder die CD-ROM fest. Es erscheint ein spartanisch anmutender Startbildschirm.

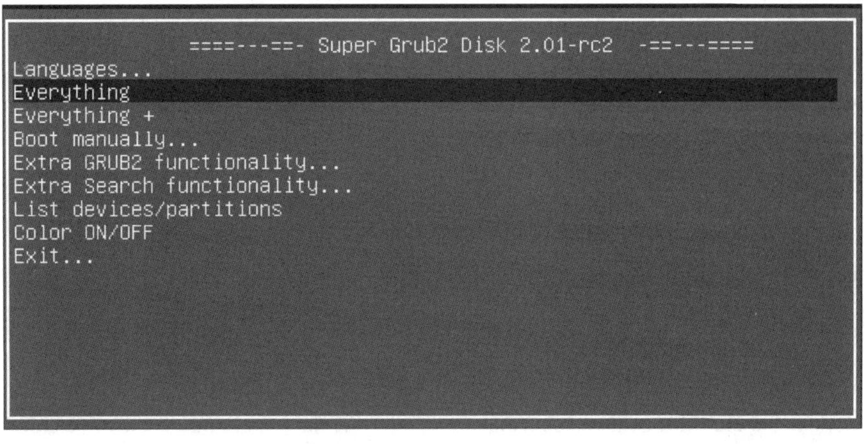

Abb. 2.25: Startbildschirm von Super Grub2 Disk

Sie können zuerst mit den Pfeiltasten eine Sprachauswahl treffen, danach wählen Sie den Eintrag Everything. Anschließend überprüft das Tool die Festplatten nach installierten Kernels und zeigt Ihnen diese an. Unterhalb des Eintrags Entries from... finden Sie aber auch einen Eintrag mit dem Namen der installierten Linux-Distributionen.

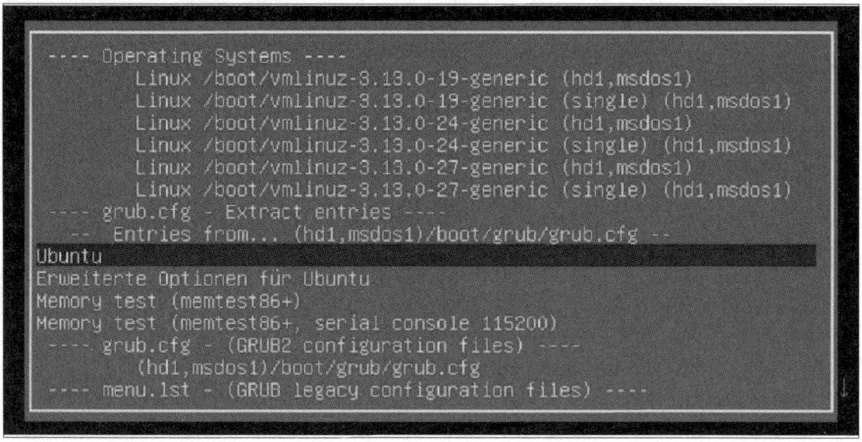

Abb. 2.26: Jetzt könnten Sie Ubuntu wieder starten.

Starten Sie das System über diesen Eintrag. Natürlich müssen Sie Ihr Passwort eingeben, sonst könnte ja jeder mit diesem Programm auf Ihre Daten zugreifen. Sie können jetzt mit Ubuntu arbeiten, allerdings müssten Sie bei nächsten Start die Przedure wiederholen, denn Sie haben den Bootloader noch nicht wieder repariert.

Um GRUB2 neu zu installieren, müssen Sie zunächst herausfinden, welches Laufwerk als bootfähig markiert ist. Öffnen Sie im behelfsmäßig gestarteten Ubuntu ein Terminal-Fenster, geben Sie den Befehl

sudo fdisk -lu

ein und lesen Sie die Ausgabe. Diese kann zum Beispiel so aussehen:

Gerät	Boot	Start	Ende	Sektoren	Größe	Id	Typ
/dev/sdb1	*	2048	304193535	304191488	145,1G	83	Linux
/dev/sdb2		304195582	312578047	8382466	4G	5	Erweiterte

Merken Sie sich die Laufwerksbezeichnung, die mit dem * als *Boot* gekennzeichnet ist, in diesem Falle sdb.

Nun wird es Zeit, GRUB2 wiederherzustellen. Geben Sie dazu den Befehl

```
sudo grub-install /dev/sdX
```

ein, wobei Sie X durch den eben festgestellten Laufwerksbuchstaben ersetzen.

Sie benötigen nun wieder das Administratorenpasswort.

Wenn Sie nach ein paar Momenten die Meldung

```
Installation finished. No error reported.
```

bekommen, hat alles geklappt und Sie können Ihren Computer neu starten.

Wichtig!

Kein Betriebssystem ist perfekt und auch bei Installation und Upgrade von Linuxdistributionen kann immer irgendetwas schiefgehen. Erstellen Sie sich daher unbedingt eine GRUB2-Disk, um Linux immer starten zu können, wenn es beim Bootloader hakt.

Kapitel 3

Was finde ich wo? Die grafische Oberfläche Gnome

Die Linux-Entwicklerwelt ist berüchtigt für ihre Streitkultur: Die Vor- und Nachteile der verschiedenen Arbeitsumgebungen werden ebenso lebhaft diskutiert, wie die Frage, ob eine Arbeitsumgebung überhaupt nötig ist. Dabei geht es in den Diskussionsforen nicht immer besonders gesittet zu, mittendrin immer wieder Linus Thorvalds himself, der berüchtigt dafür ist, seine Diskussionspartner »anzuschreien«, virtuell aber durchaus auch real.

In der Linux-Welt ist es nicht nötig, sich mit einer Arbeitsumgebung abzufinden, die einem als Nutzer nicht zusagt. Das nötige Know-how vorausgesetzt, kann und darf sich jeder Nutzer seine eigene Desktopumgebung selbst erschaffen.

Gnome gehört zu den populärsten, aber auch den meistdiskutierten Desktops überhaupt. Einerseits kann Gnome der Verdienst zugerechnet werden, Linux überhaupt aus der Welt der elitären Nerds, die ihren Computer ausschließlich auf der Kommandozeile bedienen, in den Mainstream geholfen zu haben, andererseits leidet Gnome häufig genug an Verschlimmbesserungen, vor allem der Übergang von Gnome 2 zu Gnome 3 fand nicht überall Freunde. Bis zur Version 17.10 versuchten die Entwickler von Canonical sich zudem an einem eigenen Desktop namens *Unity*, eine Arbeitsumgebung, die allerdings kaum Zustimmung fand und teilweise so verhasst war, wie die Kacheloptik bei Windows 8.

Dem Benutzer wurde ein System ohne allzu viele Einstellmöglichkeiten angeboten, mit dem er in aller Regel auch gut arbeiten konnte vor. Der Grund, eine so traditionelle Oberfläche wie Gnome zwischenzeitlich auszumustern, war die bessere Ergonomie für Linux-Neulinge und das Aufkommen von Netbooks mit weniger Rechnerleistung und kleinem Bildschirm.

Mit dieser Version beendet Canonical allerdings seinen Alleingang und kehrt zur bewährten und bekannten Oberfläche von Gnome zurück.

3.1 Gnome, Ihr Arbeitsplatz

Der Gnome-Desktop besteht im Wesentlichen aus folgenden Elementen:

- das obere Panel
- die Favoritenleiste
- Zugang zu den installierten Programmen
- die Arbeitsfläche

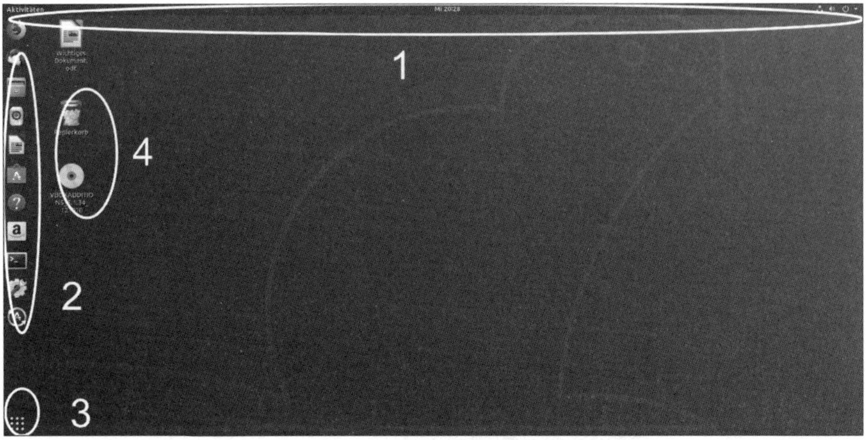

Abb. 3.1: Der Desktop

Das obere Panel

Das obere Panel besteht aus mehreren Komponenten:

Ganz links finden Sie den Eintrag Aktivitäten. Ein Klick hieraus ermöglicht Ihnen einen Überblick über alle geöffneten Programme auf allen Arbeitsoberflächen. Sie können sich diese Ansicht auch durch die Windowstaste, hier allerdings Supertaste genannt, anzeigen lassen.

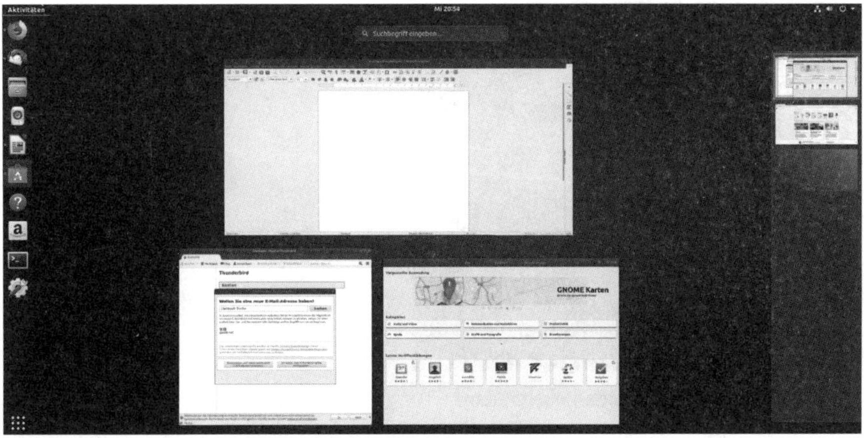

Abb. 3.2: Die Schaltfläche Aktivitäten ermöglicht einen Überblick über alle Arbeitsflächen und alle aktiven Programme

Rechts daneben finden Sie den Eintrag des gerade aktiven Programms, ein Klick auf den Eintrag öffnet ein Mini-Menü, das es zum Beispiel ermöglicht, das Programm zu schließen oder Einstellungen vorzunehmen. Die in diesem Menü enthaltenen Einträge sind von der jeweiligen Anwendung abhängig.

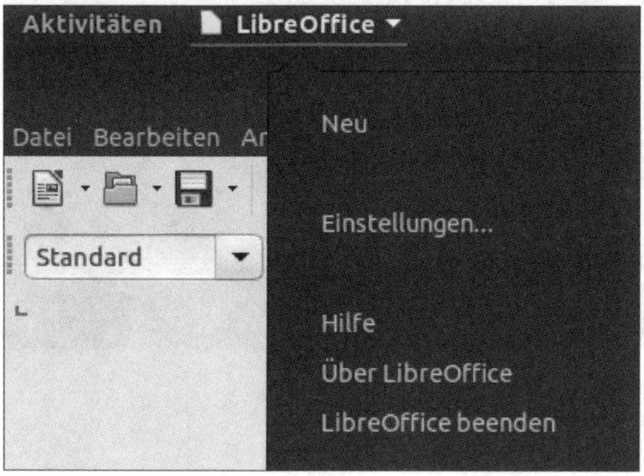

Abb. 3.3: Nur das jeweils aktive Programm legt ein Mini-Menü an

In der Mitte des Panels finden Sie die Uhrzeit. Klicken Sie darauf, wird nicht nur ein Kalender angezeigt, sondern auch Termine, die Sie in einem Online-Kalender hinterlegt haben.

Der äußerste rechte Menüknopf bietet weitergehende Einstellungen an.

Abb. 3.4: Das Menü am rechten oberen Rand

So finden Sie hier einen Zugang zu den Systemeinstellungen. Sollten Sie Ihren Computer in der Öffentlichkeit benutzen und ihn einmal kurzfristig verlassen müssen, können Sie den Bildschirm sperren. Um ihn wieder zu nutzen, müssen Sie Ihr Passwort eingeben. Außerdem können Sie hier den Nutzer ändern, ohne den PC erst runter- und dann wieder raufzufahren.

Schließlich können Sie sich noch von Ihrem Rechner abmelden, den Computer in den Standby-Modus versetzen oder ihn vollständig herunterfahren.

Die Favoritenleiste

Auf der linken Seite des Bildschirms finden Sie eine Leiste mit den Programmen, die Sie am häufigsten benutzen. Die Nomenklatur hierfür ist allerdings nicht durchgängig: Sie wird als *Dash, Favoriten* oder auch als *Dock* bezeichnet. Hier können Sie die Symbole für häufig verwendete Programme ablegen. Alle Programme, die aktuell geöffnet sind, legen hier zusätzlich ein Symbol ab. Dies ermöglicht Ihnen, schnell zwischen mehreren Anwendungen hin und her zu schalten.

Abb. 3.5: Die Statusanzeige: Sie erkennen, welche Programme gerade laufen

Bei diesem Beispiel erkennen Sie links des Writer-Symbols drei kleine rote Punkte. Daran erkennt man, dass dieses Programm gerade auf dem Rechner läuft, und zwar in drei Instanzen. Welches Programm gerade im Vordergrund aktiv ist, erkennen Sie am etwas helleren Hintergrund. So können Sie bei der Arbeit mit mehreren Programmen leichter die Übersicht behalten.

Klicken Sie mit der rechten Maustaste auf einen Eintrag im Starter, klappt ein Kontextmenü auf. Dies ermöglicht, eine Programmfunktion zu starten, ohne vorher das Programm selbst aufrufen zu müssen.

Abb. 3.6: Das Kontextmenü eines Brennprogramms

Ein Klick auf die Punkte am unteren Ende der Favoritenleiste lässt Sie zur Anwendungsübersicht gelangen. Hier sehen Sie alle auf dem Rechner installierten Programme. Wenn Sie ein Programm häufig nutzen, können Sie es zur Favoritenleiste hinzufügen, indem Sie mit der rechten Maustaste draufklicken und dann im Kontextmenü den Punkt Zu den Favoriten hinzufügen auswählen.

Falls Sie einmal mit mehreren Instanzen ein und desselben Programms arbeiten, was bei umfangreichen Textdokumenten ja häufiger vorkommt, oder wenn Sie mehrere Fenster des Internetbrowsers geöffnet haben, können Sie zwischen den einzelnen Instanzen sehr leicht hin und her wechseln. Klicken Sie einmal auf das jeweilige Symbol im Starter und alle geöffneten Fenster werden auf dem Bildschirm dargestellt.

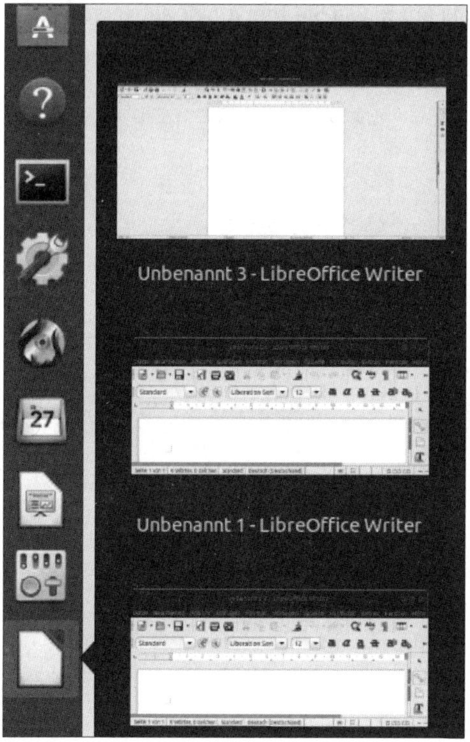

Abb. 3.7: Alle geöffneten Fenster, hier die von LibreOffice Writer, mit einem Klick auf das Symbol sichtbar gemacht

Arbeitsflächen

Die Arbeitsfläche beim Gnome-Desktop hat eine andere Aufgabe als bei Windows. Sie können hier keine Symbole zum Starten von Programmen ablegen, gerade einmal Verweise auf einzelne Dateien oder Ordner sind erlaubt. Die Arbeitsfläche soll tatsächlich nichts anderes sein, als die Unterlage für Ihre aktiven Programme.

Wenn Sie zur selben Zeit an verschiedenen Themen arbeiten, also beispielsweise im Internet Informationen einholen, eine Textverarbeitung mit mehreren Instanzen geöffnet haben und vielleicht noch einen Film bearbeiten, den Sie dann in eine Präsentation einfügen wollen, können Sie all dies natürlich auf einer Arbeitsoberfläche fertigbringen. Allerdings sieht es dann auf dem Desktop bald so aus, wie auf dem echten Schreibtisch: Die Arbeit türmt sich und der Überblick ist bald verloren.

Ubuntu bietet Ihnen eine geniale Lösung an, indem Sie Ihre Arbeit auf verschiedene virtuelle Schreibtische verteilen.

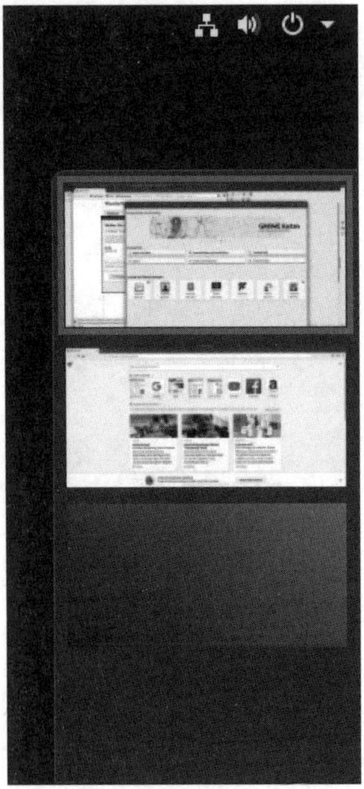

Abb. 3.8: Arbeitsflächen

Klicken Sie dazu auf AKTIVITÄTEN und fahren Sie mit der Maus an den rechten Bildrand. Hier sehen Sie die Vorschau Ihrer Arbeitsflächen. Wenn Sie ein Programm gestartet haben, beispielsweise den Internetbrowser aus dem obigen Beispiel, entsteht automatisch eine neue Arbeitsfläche am unteren Ende. Klicken Sie auf die Vorschau, erscheint ein frischer leerer Arbeitsplatz. Hier können Sie nun Ihre Textverarbeitung mit mehreren Fenstern starten. Dann, auf einem neuen Desktop, die Videobearbeitung, und so weiter.

Auf welcher Arbeitsfläche sich welche Programme befinden, erkennen Sie, einen genügend großen Bildschirm vorausgesetzt, in der Vorschau. Um zwischen den Programmen hin und her zu wechseln, müssen Sie nicht auf die Arbeitsfläche wechseln. Klicken Sie dazu einfach auf das Symbol in der Favoritenleiste. Sie werden dann gleich auf die richtige Arbeitsfläche gelenkt.

Tipp

Arbeitsflächen sind per se nicht statisch: Wenn Sie die laufenden Programme auf einer Arbeitsoberfläche schließen, verschwindet diese nach einer kurzen Verzögerung wieder, wenn Sie auf Aktivitäten klicken, entsteht eine zusätzliche. So viele, wie Sie möchten und der Arbeitsspeicher Ihres PC bewältigt.

Shortcuts

Sie können eine ganze Reihe von Desktop-Funktionen auch mit der Tastatur steuern. Das geht oft schneller, als erst die entsprechende Funktion aufzurufen oder gar erst zu suchen. Dazu werden Tastenkombinationen benutzt.

Allgemeines	
Windows	Übersicht aller Fenster anzeigen
Windows+M	Kalenderbereich anzeigen (Messages)
Strg+Alt+Tab	Zwischen Desktopelementen wechseln
Windows+V	Benachrichtigungen anzeigen
Windows+F10	Anwendungsmenü öffnen (neben dem Eintrag Aktivitäten)
Windows+A	Anwendungsübersicht starten
Windows+Umsch+1, 2,..., 0	Weitere Instanz eines laufenden Programmes starten
Strg+Alt+T	Terminal starten
Windows+H	Fenster verbergen (Minimieren)
Windows+Strg+D	Desktop anzeigen, alle Fenster minimieren
Alt+Tab	Zwischen Fenstern wechseln
Alt+F6	Nur zwischen Fenstern des gleichen Programms wechseln
Alt+F4	Fenster schließen

Windows+↑	Fenster maximieren
Windows+↓	Fenster wiederherstellen
Windows+→	Ein Fenster in rechter Bildschirmhälfte maximieren
Windows+←	Fenster in linker Bildschirmhälfte maximieren
F11	Das aktuelle Fenster im Vollbild
Druck	Bildschirmfoto des gesamten Bildschirms
Alt+Druck	Bildschirmfoto des aktuellen Fensters
Mit Arbeitsflächen arbeiten	
Windows+Bild↑	Zur vorigen Arbeitsfläche wechseln
Windows+Pos1	Zur ersten Arbeitsfläche wechseln
Windows+Bild↓	Zur nächsten Arbeitsfläche wechseln
Windows+Ende	Zur letzten Arbeitsfläche wechseln
System verlassen	
Windows+L	Bildschirm sperren
Strg+Alt+Entf	Abmeldefenster anzeigen

Zwei Programme parallel auf einer Arbeitsfläche

Versuchen Sie einmal Folgendes: Starten Sie ein beliebiges Programm, z.B. LibreOffice Writer, die Textverarbeitung. »Greifen« Sie nun mit der Maus das Fenster ganz oben (da wo LibreOffice steht) und versuchen Sie, das Fenster links aus dem Bild zu schieben. Es wird kurz farbig aufleuchten und dann auf die Hälfte des Bildschirms maximiert. Diese Funktion, die bei Windows 7 *Aero Snap* heißt, ermöglicht es, auf einfache Weise zwei Fenster nebeneinander im halben Vollbildmodus darzustellen – praktisch, wenn Sie Daten von einem zum anderen Fenster kopieren wollen.

Wie Sie sehen, sind eine Instanz von Writer und eine von Impress gestartet: Mit Writer wurde ein Text verfasst, der einfach auf eine Folie in Impress hinübergezogen wird.

Um ein Programm wieder im Vollbild darzustellen, ziehen Sie das Programm nicht seitlich, sondern oben aus dem Bild.

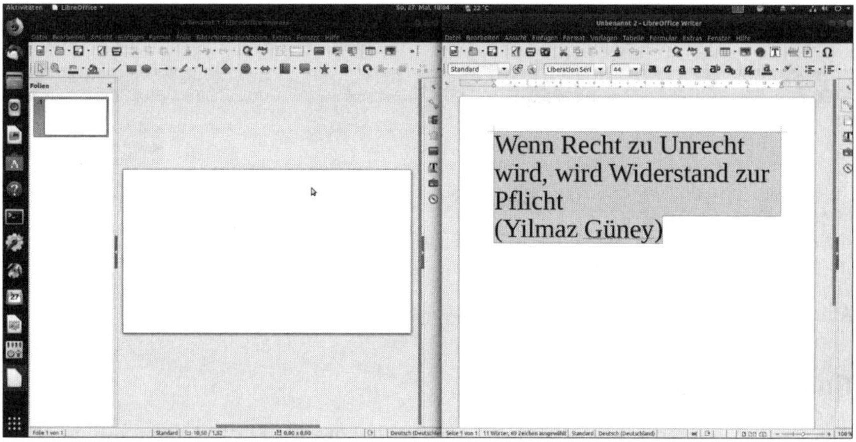

Abb. 3.9: Zwei Fenster nebeneinander

3.2 Gnome an die eigenen Bedürfnisse anpassen

Hintergrund

Das Erste, was die meisten Nutzer wohl ändern wollen, ist, den depressiv-orangevioletten Hintergrund gegen ein angenehmeres Bild auszutauschen. Klicken Sie dazu mit der rechten Maustaste auf die Arbeitsfläche und wählen Sie aus dem Kontextmenü die Option Hintergrund ändern. Der Rest erklärt sich von selbst. Sie können vorgeschlagene HD-Bilder als Hintergrund nutzen, eigene Bilder oder monochrome Farben.

Die Favoritenleiste

Sie können die Größe und die Position der Favoritenleiste ebenfalls selbst festlegen. Standardmäßig ist diese am linken Bildrand positioniert und immer im Blick. Wenn Sie eine andere Position oder eine andere Größe wünschen, starten Sie die Einstellungen und wählen Sie den Reiter Dock.

Falls Sie nur einen kleinen Bildschirm haben, können Sie die Leiste auch ausblenden lassen, wenn Sie nicht gebraucht wird. Dies ist immer dann der Fall, wenn ein aktives Fenster den Platz für sich beansprucht. Fahren Sie mit der Maus über die Leiste, erscheint diese wieder.

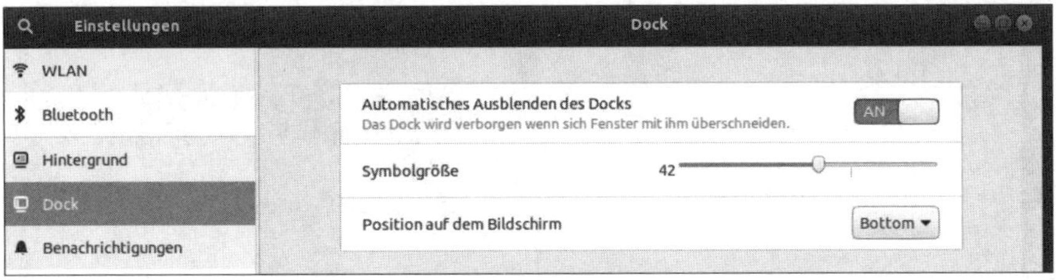

Abb. 3.10: In den Einstellungen wird die Favoritenleiste zum Dock

Gnome-tweaks

Die meisten Nutzer werden sich wohl mit den gebotenen Einstellungen gut zurechtfinden, wenn Sie ein bisschen weiter einsteigen wollen, sollten Sie sich die Gnome-tweaks installieren.

> **Hinweis**
>
> Unter *tweak* versteht man optimieren, vervollständigen, tunen.

Das geht sehr einfach, indem Sie das Terminal starten und hier die Befehle

```
sudo apt-get install Gnome-tweak-tool

sudo apt-get install Gnome-shell-extensions

sudo apt-get install chrome-Gnome-shell
```

eingeben. Legitimieren Sie sich mit Ihrem Passwort. Sie müssen danach Ubuntu einmal neu starten, aber dann erscheint in der App-Übersicht ein neues Icon mit der Bezeichnung Optimierung.

> **Hinweis**
>
> Wie Programme installiert werden und was es mit diesem Befehl auf sich hat, wird im Kapitel 4 genauer erklärt.

Nun können Sie sich bei der Gestaltung von Gnome austoben:

- Sie können eine feste Anzahl von Arbeitsflächen anlegen und diesen auch einzelne Namen geben.
- Sie können entscheiden, ob und welche Symbole Sie auf der Arbeitsoberfläche erscheinen lassen wollen.
- Sie können die Schriften in den Fenstern verändern, sinnvoll bei kleinen Bildschirmen.
- Sie können entscheiden, wo die Fensterbuttons liegen sollen, »rechts oben« ist ja nicht in Stein gemeißelt, und vieles mehr. Probieren Sie es aus.

Themen

Mithilfe der Optimierungen können Sie zudem ganz andere Farb- und Schriftdesigns für die Arbeitsoberfläche bestimmen. Dies ist sinnvoll, wenn Ihnen die Zusammenstellung der Farben nicht gefällt, die Lichtverhältnisse Ihren Bildschirm schlecht sichtbar machen oder wenn Sie aufgrund von Sehbehinderungen auf hohen Kontrast angewiesen sind.

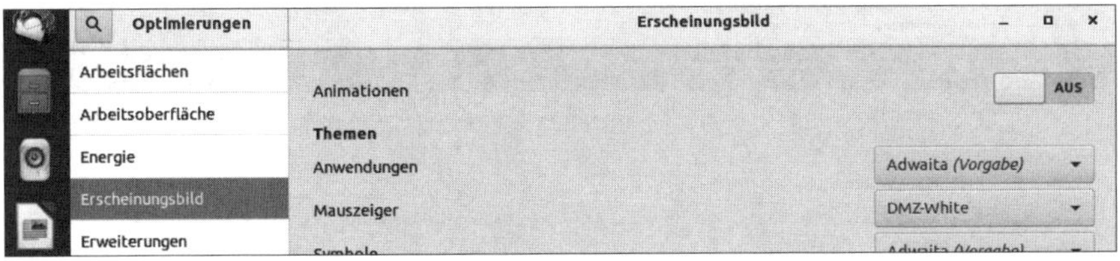

Abb. 3.11: Ein wenig eleganter: das Thema Adwaita

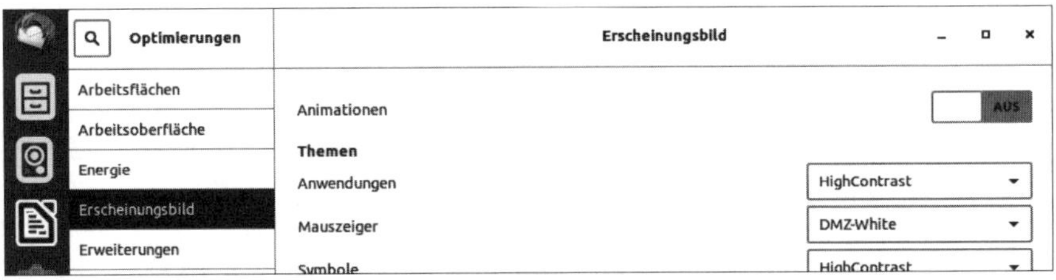

Abb. 3.12: Bei Sehbehinderung oder sehr hellem Tageslicht: das Thema High Kontrast

Erweiterungen

Eine weitere schöne Möglichkeit, die Arbeitsoberfläche aufzuhübschen, sind die Erweiterungen. Hierbei handelt es sich, vereinfacht gesagt, um zusätzliche Funktionen, die in den Desktop implementiert werden. Ob direkter Zugriff zum Sperrbildschirm, das Minimieren aller Fenster mit einem Mausklick oder eine komfortable Verwaltung der Arbeitsflächen mit Namen – sicher werden Sie hier fündig.

Hinweis

Um die Erweiterungen zu nutzen, müssen die Gnome-tweaks installiert sein.

Eine Reihe von Erweiterungen finden Sie bereits bei der Installation von Gnome-tweaks vor. Diese Erweiterungen werden zwar mithilfe dieses Programms verwaltet, um neue Erweiterungen zu installieren, müssen Sie aber auf die Projektseite von Gnome gehen.

https://extensions.Gnome.org

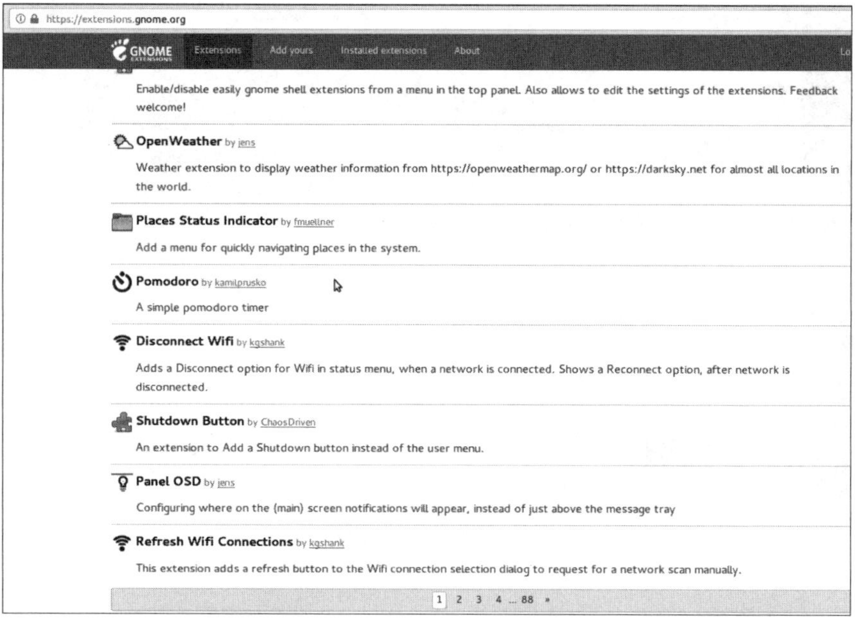

Abb. 3.13: Gnome-Erweiterungen

Wenn Sie den Firefox als Browser benutzen, werden Sie noch aufgefordert, ein Add-on zu installieren, dann bekommen Sie eine Übersicht der installierten Erweiterungen und eine riesige Auswahl zusätzlicher Optionen.

Die Installation ist denkbar einfach: Schauen Sie sich auf der Webseite um, und wenn Sie eine Erweiterung installieren möchten, klicken Sie auf das On/Off-Symbol. Sie brauchen sich in der Regel keine Gedanken um die richtige Gnome-Version zu machen. Sollten Einstellungen notwendig sein, nehmen Sie diese offline unter OPTIMIERUNG/ERWEITERUNGEN vor.

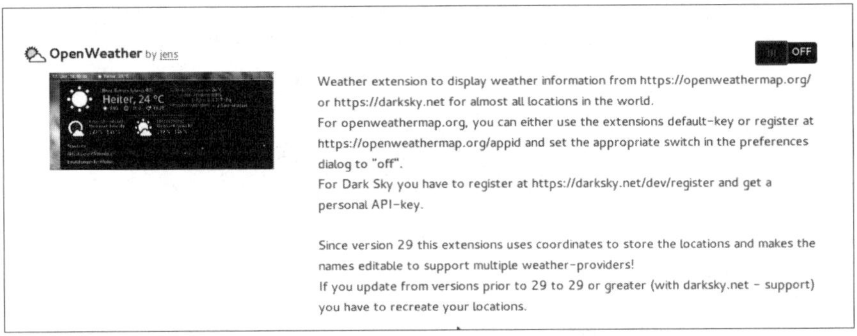

Abb. 3.14: Open-Weather-Erweiterung

Ich habe mir beispielsweise eine Wetteranzeige installiert. Sie können ebenfalls so wichtige Dinge erledigen, wie den Aktivitäten-Eintrag im Panel durch das Ubuntu-Symbol ersetzen, den Bildschirmschoner abschalten und vieles, vieles mehr. Ob Systemauslastung angezeigt werden soll, die öffentliche IP-Adresse, noch eine Uhr, probieren Sie es einfach aus.

> **Hinweis**
>
> Nicht alle Erweiterungen funktionieren auf Anhieb. Das kann an den Programmierkünsten des Entwicklers liegen, aber auch an der Tatsache, dass eventuell die Gnome-Version nicht stimmt und die Erweiterung noch nicht an den Ubuntu-Desktop angepasst wurde.

Tastatureinstellungen

Die Gnome-tweaks ermöglichen eine Menge zusätzlicher Tastatureinstellungen, die über die serienmäßigen weit hinausgehen, Sie können praktisch jede Funktionstaste mit einer eigenen Aufgabe belegen. Kurz vor dem Abgabetermin dieses Buches entdeckte ich noch eine Funktion, die ich Ihnen nicht vorenthalten möchte: dIE mÖGLICHKEIT; DIE fESTSTELLTASTE ABZUSCHALTEN1

Dieses unsinnige Relikt aus der Zeit, als man mit Schreibmaschinen Absätze in Großbuchstaben schrieb, kann einen Menschen wie mir, der nicht mit zehn Fingern schreibt, unglaublich viel Nerven und Zeit kosten. Und schon auch einmal bei der Passworteingabe verzweifeln lassen, weil man anstatt der Hochstell- die Feststelltaste erwischt hat.

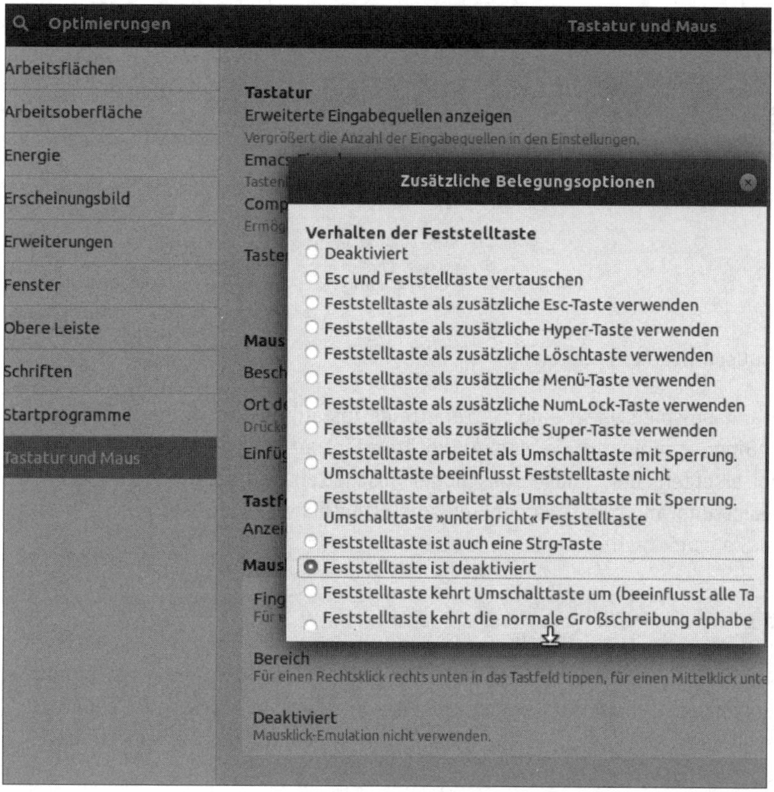

Abb. 3.15: Belegen Sie die Funktionstasten mit eigenen Funktionen oder schalten Sie sie ab

Kapitel 4

Ubuntu nach den eigenen Bedürfnissen einrichten

Auch wenn es die Distributoren gerne glauben machen wollen: Kein Computersystem ist direkt nach der Auslieferung betriebsfertig. Sie als Nutzer werden immer noch den einen oder anderen Parameter einstellen oder nachjustieren müssen, um optimal arbeiten zu können. Ich meine nicht die kleinen Gimmicks, wie das Bild des Desktop-Hintergrundes, sondern durchaus grundlegende Einstellungen.

Sie merken dies daran, dass der Computer möglicherweise nicht stabil läuft und sich bei bestimmten, vor allem grafik-lastigen Anwendungen aufhängt, die Maus unberechenbar ist, Farben falsch oder unvollständig dargestellt werden und anderes mehr. Das ist allerdings keine Ubuntu-Eigentümlichkeit, auch wenn Sie andere Betriebssysteme nutzen, müssen Sie eine Unmenge von Treibern installieren, das fängt bei Netzwerktreibern an und endet noch lange nicht beim Grafiktreiber. Plug-and-play ist eine Wunschvorstellung, Plug-and-pray Realität, denn Betriebssysteme sind enorm komplex und das Angebot an Hardware vielseitig.

Der Aufwand Ubuntu einzurichten ist allerdings überschaubar und am Ende dieses Kapitels haben Sie ein gut funktionierendes, stabiles Betriebssystem. Wenn Sie die Möglichkeit zu einer Netzwerkinstallation haben, ist dieser Abschnitt ohnehin nicht ganz so wichtig, haben Sie jedoch die Installations-DVD verwendet, müssen Sie bis zum endgültig fertigen Ergebnis ganz sicher noch einige Anpassungen vornehmen. Seit der Herstellung der DVD ist in der Regel ja einige Zeit vergangen, und so haben die installierten Programme und der Kernel selbst schon einige Aktualisierungen erfahren.

Während des Live-Betriebs haben Sie erfahren können, ob alle Hardwarekomponenten auf Anhieb mit Linux funktionieren, und aufgeschrieben, welche Geräte Nacharbeit erfordern. Die Hardwareerkennung ist mittlerweile so gut, dass es wahrscheinlich keinerlei Probleme gibt. Und wenn, dann wurde das eine oder andere Problem mit der Aktualisierung schon gelöst. Hier hat Ubuntu die vorhandene Hardware analysiert und gegebenenfalls vorhandene Treiber installiert.

Hinweis

Treiber sind Programme, die es dem Computer ermöglichen, mit angeschlossenen Geräten, z.B. Druckern, zu kommunizieren. Da Linux immer noch von einer Minderheit genutzt wird, haben einige Hersteller aus finanziellen Gründen kein Interesse, Treiber außerhalb von Windows oder macOS zu programmieren. Viele der benötigten Treiber entstammen daher der ehrenamtlichen Arbeit engagierter Programmierer, die die Programme dann der Allgemeinheit zur Verfügung stellen.

Nach dem Start des frisch installierten Systems werden Sie von einem Bildschirm »What's new in Ubuntu« empfangen. Zunächst werden Ihnen die Bestandteile des Gnome-Desktops erklärt.

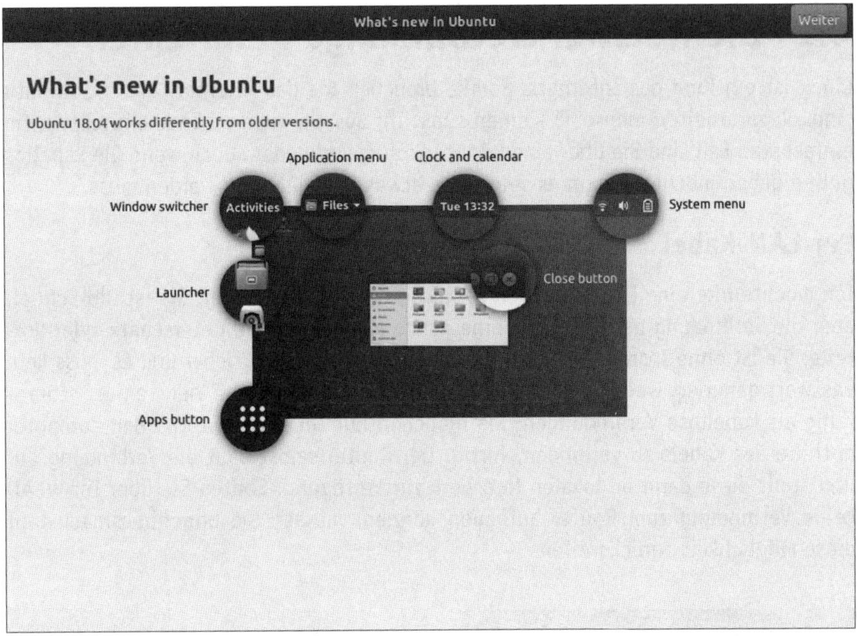

Abb. 4.1: Die Neuheiten in Ubuntu 18.04

Klicken Sie auf den Button Weiter, dann werden Sie gefragt, ob Sie *Livepatch* einrichten wollen. Mit Livepatch beauftragen Sie Canonical, sicherheitsrelevante Updates auf Ihren Computer aufzuspielen, ohne dass Sie extra darüber informiert werden. Dies ist eine gute Möglichkeit, in großen Netzwerken für Sicherheit auf allen beteiligten Computern zu sorgen, als Privatnutzer können Sie diese Option beruhigt übergehen. Wenn Sie Canonical dies erlauben wollen, müssen Sie ein eigenes Konto anlegen.

Im nächsten Schritt werden Sie gefragt, ob Sie Informationen über Ihre Hardware an Canonical senden möchten, um Ubuntu verbessern zu können. Ich persönlich fühle mich damit nicht wohl, Sie können aber auch nachsehen, welche Informationen übersandt werden. Falls Sie Ihre Entscheidung ändern wollen, können Sie aber auch später noch in den Systemeinstellungen Ihre Option verändern.

Im letzten Fenster wird Ihnen »Software«, das Ubuntu-Programm zu Verwaltung Ihrer Programme empfohlen. Bevor Sie sich um die Software-Verwaltung kümmern, gilt es jedoch, noch ein paar Einstellungen vorzunehmen.

4.1 Die Netzwerkverbindungen einrichten

Linux ist ein Kind des Internets. Somit, brauchen Sie das Internet, um mit Ubuntu sinnvoll zu arbeiten, denn Sie können sonst Ihr System nicht zu Ende einrichten. Im einfachsten Fall sind Sie über einen Router sofort verbunden, doch wenn Sie kabellos online gehen möchten, kann es sein, dass etwas nachgeholfen werden muss.

Per LAN-Kabel

Ich möchte hier eine Lanze brechen für diese Art der Verbindung: Sie ist Old School, aber die Verbindung per Kabel hat eine ganze Menge nicht zu unterschätzender Vorteile: Sie ist ohne Installationsaufwand herstellbar, ist abhörsicher und es muss kein Passwort generiert werden. Darüber hinaus ist sie schneller und viel weniger störanfällig als kabellose Verbindungen. Sie brauchen nur Ihren Router und den Computer mithilfe des Kabels zu verbinden, fertig. Der Router selbst baut die Verbindung auf und stellt diese dann im lokalen Netzwerk zur Verfügung. Sollten Sie über Ihr WLAN keine Verbindung zum Router aufbauen können, müssen Sie ohnehin zunächstauf diese Möglichkeit zurückgreifen.

Abb. 4.2: Verbinden Sie Ihren Computer über ein Netzwerkkabel mit dem Router, haben Sie sofort eine Verbindung

Per WLAN

Alle modernen Router besitzen inzwischen die Möglichkeit, Rechner, Tablets oder Smartphones kabellos per WLAN zu verbinden. Ubuntu unterstützt mittlerweile von Hause aus sehr viele WLAN-Karten und Adapter. Dennoch gibt es immer wieder Fälle, wo sich die Hersteller der für die Installation wichtigen Chipsätze weigern, ihre Spezifikationen bekannt zu geben, das führt dann dazu, dass Open-Source-Treiber nicht entwickelt werden können. Es ist zwar ein wenig umständlich, aber es ist durchaus möglich, die bekannten Windows-Treiber so einzubinden, dass letztlich alle bekannten und verbreiteten WLAN-Adapter funktionieren.

Wenn Sie mit Ihrem Ubuntu-Computer kein WLAN-Netzwerk finden, klären Sie zuerst einmal, ob der Computer den Adapter überhaupt erkennt. Dazu starten Sie das Terminal. Es öffnet sich ein Fenster mit schwarzem Hintergrund. Geben Sie in dieses Fenster den Befehl

```
sudo iwconfig
```

ein und bestätigen Sie den Befehl mit der [Enter]-Taste. Sie werden dann nach Ihrem Administratorenpasswort gefragt. Lesen Sie nun, was da steht. Wenn eine Ausgabe

```
no wireless extension
```

erscheint, kann das System den WLAN-Adapter nicht erkennen und Sie müssen einen Treiber installieren. Ich werde Ihnen die Installation eines WLAN-Treibers am Beispiel des weit verbreiteten Fritz!WLAN USB-Sticks erklären.

Hinweis

Diese Beschreibung gilt für fast alle Windows-basierten WLAN-Treiber. Auf der Projektseite *http://ndiswrapper.sourceforge.net/wiki/index.php/Main_Page* finden Sie eine Datenbank der WLAN-Module, von Actiontec bis Zyxel, die in Linux eingebunden werden können.

Der benötigte Treiber befindet sich auf der CD, die mit dem USB-Stick ausgeliefert wird. Diese Treiber sind aus lizenzrechtlichen Gründen nicht Teil des Linux-Kernels, da es sich um proprietäre Programme handelt. Suchen Sie eine Datei mit Namen `Fwusb64.inf`, denn das ist die gesuchte Treiberdatei. Und um diesen Treiber in Ubuntu einzubinden, benötigen Sie ein Programm namens *ndiswrapper*.

Und nun beißt sich die Katze in den Schwanz, denn dieses Programm ist nicht Teil Ihrer Distribution, Sie müssen es erst aus dem Internet herunterladen. Sie brauchen also, um ins Internet zu gelangen, ein Programm aus dem Internet. Wenn Sie einen Fritz!WLAN Stick verwenden möchten, müssen Sie vorübergehend eine andere Methode für Ihre Internetverbindung wählen. Und hier kommt wieder der oben erwähnte Anschluss per LAN-Kabel zum Zuge.

Um dieses Programm gleich mitsamt seiner grafischen Nutzeroberfläche zu installieren, starten Sie das Terminal und geben folgenden Befehl ein:

```
sudo apt-get install ndisgtk
```

Dann drücken Sie `Enter`. Geben Sie Ihr Administratorpasswort an und das nicht sehr große Programm wird installiert.

Sie starten dieses Programm allerdings nicht mit einem Symbol, sondern geben im Terminal den Befehl

```
sudo ndisgtk
```

ein, und das Programm startet.

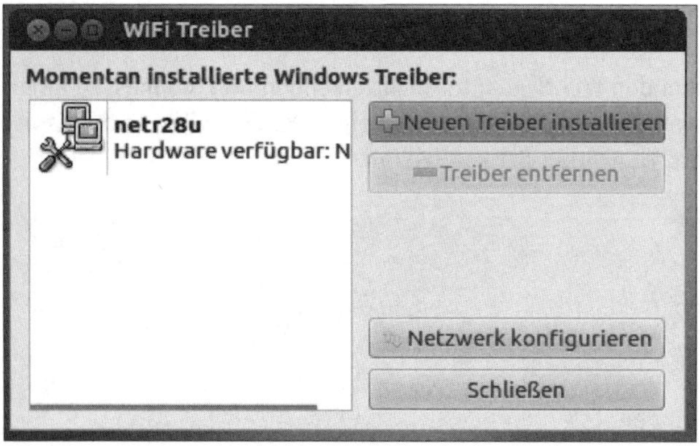

Abb. 4.3: Einen neuen Treiber installieren

Sie wissen, dass die Treiber-Datei sich auf der CD befindet, und wählen den Ort aus. Also markieren Sie die Datei `Fwusb64.inf` und klicken auf den Button ÖFFNEN.

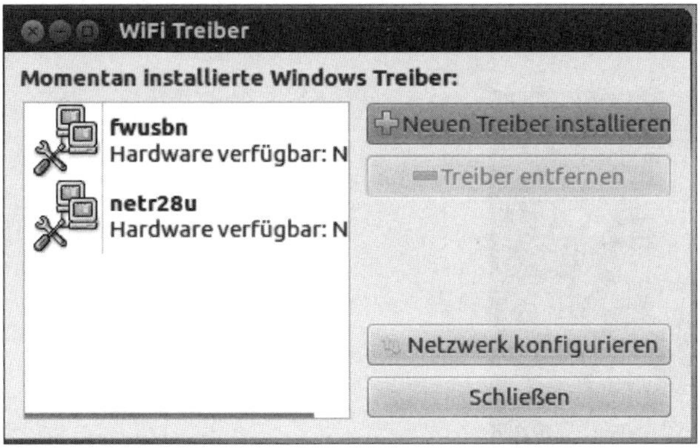

Abb. 4.4: Und schon ist der Treiber installiert

Nun müssen Sie Ubuntu neu starten, und da Sie ja bereits einmal mit dem Terminal gearbeitet haben, können Sie gleich mal die Funktion des Treibers untersuchen. Geben Sie folgenden Befehl in das Terminal ein:

```
ndiswrapper -l
```

Bestätigen Sie mit der `Enter`-Taste.

Erscheint eine Meldung wie FWLAN: DRIVER INSTALLED, haben Sie alles richtig gemacht und können sich daran machen, den Rechner im Internet anzumelden.

Wenn Sie den Treiber von der Herstellerseite beziehen, ist es sehr wahrscheinlich, dass der Treiber die Endung `.exe` hat. Es handelt sich in diesem Falle um gepackte Dateien, die entpackt werden müssen. Gehen Sie dabei wie folgt vor:

Speichern Sie die `.exe`-Datei auf Ihrem Computer; wahrscheinlich wird sie im Download-Ordner gespeichert. Klicken Sie mit der rechten Maustaste auf die `.exe`-Datei und wählen Sie DATEI ENTPACKEN. Wählen Sie als Ziel ruhig denselben Ordner aus.

Jetzt haben Sie dieselben Dateien auf dem Computer wie vorher auf der CD-ROM. Suchen Sie die Datei `Fwusb64.inf` und verfahren Sie bei der Installation wie oben beschrieben. Sie können die heruntergeladenen Dateien nun löschen, wenn Sie möchten, nach der Installation der Treiber werden sie auf dem Computer nicht mehr benötigt.

Per Surf-Stick

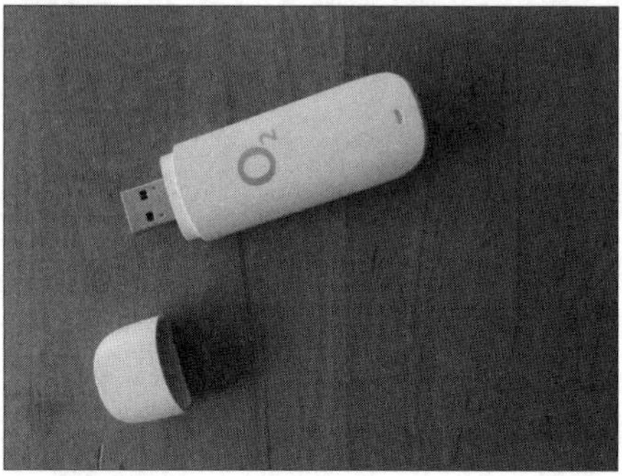

Abb. 4.5: Sieht aus wie ein Speicherstick, ermöglicht Ihnen aber einen Zugang zum drahtlosen Breitbandinternet

Gelegentlich kann es nötig sein, sich mithilfe eines Surf-Sticks mit dem Internet zu verbinden. In der Regel werden Sie hier einen Vertrag über ein bestimmtes Datenvolumen abschließen. Diese Art der Internetverbindung ist recht teuer, aber wenn Sie beispielsweise nach einem Umzug auf einen neuen DSL-Anschluss warten oder auch draußen mit dem Laptop schnelle mobile Internetverbindungen benötigen, ist dies die Methode der Wahl.

Der Anschluss ist sehr einfach: Stecken Sie den Surf-Stick in die USB-Buchse des Computers und geben Sie den mitgelieferten PIN-Code ein. Dieser wird automatisch abgefragt. Klicken Sie nun in den Systemsteuerungen auf den Button Netzwerk und hier auf den Menüpunkt MOBILES BREITBAND.

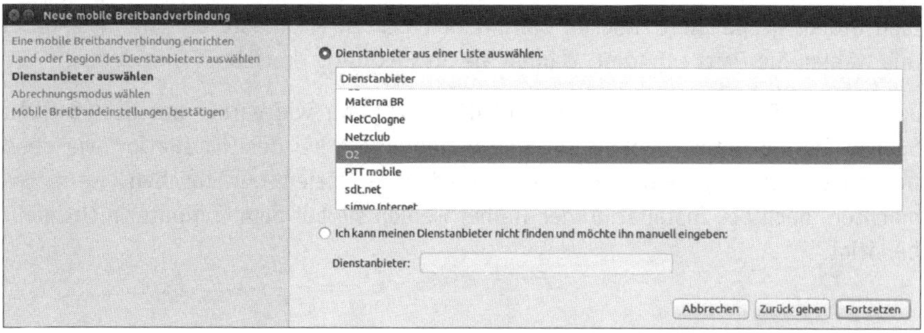

Abb. 4.6: Dialog zur Einrichtung einer mobilen Breitbandverbindung

Sie sollten die Anmeldeunterlagen zur Hand haben, wenn Sie dem Dialog folgen, der je nach Anbieter verschieden umfangreich ist. Der Stick wird vom System automatisch als Surf-Stick erkannt, Treiber müssen nicht installiert werden.

4.2 System aktualisieren

Auch wenn Ihr System während der Installation schon eine Verbindung zum Internet hatte und somit eine ganze Reihe von System-Updates durchführen konnte, ist jetzt die Zeit, erst einmal die Aktualität der installierten Programme zu überprüfen. Dazu starten Sie die Aktualisierungsverwaltung und klicken hier auf den Button EINSTELLUNGEN. Wie alle installierten Programme finden Sie es, indem Sie auf die neun kleinen Punkte am linken unteren Bildrand klicken. In der Anwendungsübersicht klicken Sie nun auf dieses Symbol:

Abb. 4.7: Systemaktualisierung

Ubuntu stellt eigene Server für Systemupdates und zum Herunterladen von Programmen zur Verfügung. Hier finden Sie bis zu 50.000 Programme, meist kostenlos und bevorzugt Open Source, besonders aktuelle Programme oder nur Software, die sich als sehr zuverlässig bewährt hat. Allerdings könnte ein einzelner Server, der im Falle von Ubuntu irgendwo in Südafrika stünde, die weltweiten Anfragen gar nicht bedienen und abarbeiten. Deswegen werden sogenannte Spiegelserver unterhalten, die denselben Inhalt bereithalten, wie der Ursprungsserver. Die Spiegelserver befinden sich in sicherer Hand, sie sind an Rechenzentren und an Universitäten weltweit angesiedelt und verfügen auch über genügend Kapazitäten, um Spitzenbelastungen, wie sie zum Beispiel nach der Neuerscheinung einer LTS-Version auftreten, abfangen zu können.

Sie sollten sich den für Ihre Region schnellsten Spiegelserver suchen. Hier ist viel Optimierungspotenzial, wenn es um die Ladegeschwindigkeiten geht. Klicken Sie auf den Button Einstellungen und dann auf Herunterladen von. Im Drop-down-Menü wählen Sie Andere… und dann lassen Sie Ubuntu den besten Server für Deutschland auswählen.

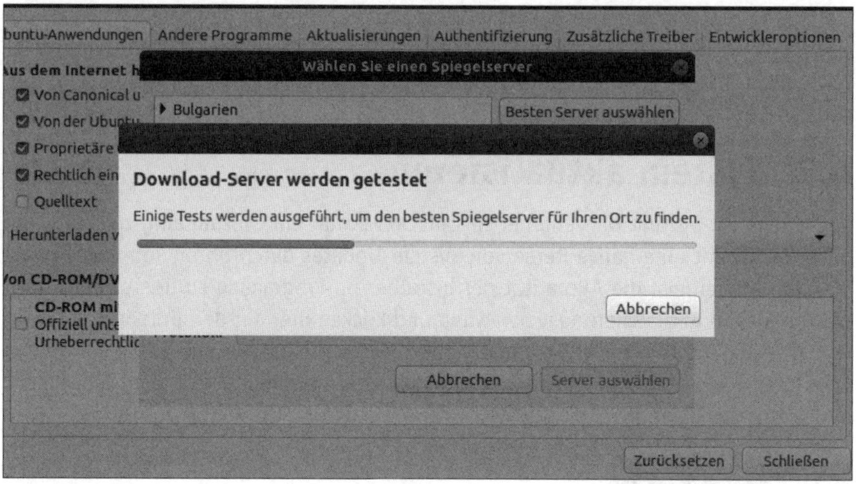

Abb. 4.8: Die Einrichtung des schnellsten Servers

Nun kommt der wichtige Schritt, in dem Sie überprüfen, ob neue Versionen der installierten Programme und der Systemdateien vorliegen. Und das ist mit großer Sicherheit der Fall. Stoßen Sie die Aktualisierung an, indem Sie wie bei jeder Installation mit Ihrem Passwort das Einverständnis zum Update geben.

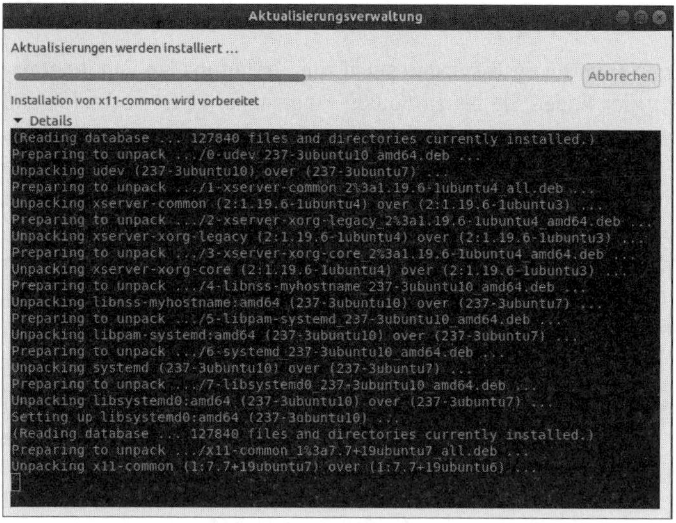

Abb. 4.9: Die Aktualisierung der Programme läuft

Wenn Sie neugierig sind, klicken Sie auf Details und lassen sich den Fortgang der Installation anzeigen. Sollten Sie dieses Buch erst einige Monate oder Jahre nach der Erstveröffentlichung dieser Ubuntu-Version in den Händen halten, seien Sie darauf gefasst, dass es durchaus ein paar Hundert Updates sein können.

Tipp

Sie können das Update auch anstoßen, indem Sie das Terminal starten und dort den Befehl

```
sudo apt-get upgrade
```

eingeben.

Anschließend sollten Sie noch einmal das Programm *Anwendungen & Aktualisierungen* starten: Der Reiter Ubuntu-Anwendungen stellt Ihnen noch einige Auswahlparameter zur Verfügung: Wenn Sie ausschließlich freie und Open-Source-Software auf Ihrem Computer haben wollen, sollten Sie auch nur die beiden oberen Häkchen neben main und universe setzen. Die Quellen restricted und multiverse enthalten Programme und Treiber, deren Quelltext nicht frei ist, wie beispielsweise Gerätetreiber, Musik- und Video-Encoder. Was bedeutet, dass Sie diese Programme zwar über die sicheren Server herunterladen können und dass die Aktualisierungsverwaltung auch im Blick behält, ob neue Versionen vorliegen, allerdings sieht sich Canonical bei diesen Paketquellen nicht in der Verantwortung und garantiert auch keinen Langzeitsupport.

- Die Paketquelle main umfasst nur die Programmpakete, die den Ubuntu-Lizenzanforderungen entsprechen und die das Ubuntu-Team auch unterstützt. Für diese Pakete garantiert Ubuntu technische Unterstützung und rechtzeitige Sicherheitspatches.
- Die Paketquelle universe umfasst ein breites Spektrum an freier Software, die nicht offiziell von Canonical, der Firma hinter Ubuntu, unterstützt wird. Die Update-Intervalle sind unregelmäßig, je nach Engagement der Entwickler.
- Die Paketquelle restricted umfasst Software, die von Canonical wegen ihrer Wichtigkeit unterstützt, wird, aber keine Open-Source-Software ist. Hierbei handelt es sich oft um Grafikkarten-Treiber. Der Grad an Unterstützung ist allerdings eingeschränkter als für main, weil die Ubuntu-Entwickler keinen Zugriff auf den Quellcode haben.

- Zur Paketquelle MULTIVERSE gehört Software, die keine Open-Source-Software ist und auch nicht von Ubuntu unterstützt wird. Das sind z.B. Multimediacodecs für das MP3-Audioformat.

Der dritte Reiter AKTUALISIERUNG ist nicht ganz optimal eingestellt. Hier sollten Sie die Option BIONIC-BACKPORTS deaktivieren. Die Suche nach Aktualisierungen sollte täglich erfolgen und die Aktualisierungen sollten sofort angezeigt werden. Nun wird täglich geprüft, ob eine Aktualisierung vorliegt, und wenn ja, werden Sie über ein Icon informiert.

Nachdem Sie die Einstellungen beendet haben, wird die Anwendungsverwaltung noch einmal Ihr Administratorenpasswort abfragen, um die Informationen neu einzulesen.

Hinweis

Wenn Sie hier mehrere Veränderungen gleichzeitig vornehmen, kann es passieren, dass das erneute Laden der Softwareinformationen fehlschlägt. Sie können das Einlesen der Informationen auch im Terminal anstoßen. Dazu geben Sie den Befehl

```
sudo apt-get clean
sudo apt-get update
```

ein.

4.3 Sprachpakete komplettieren

Meistens wird – dafür haben Sie ja schon bei der Installation gesorgt – die von Ihnen gewünschte Sprache und damit gleich auch die richtige Tastaturbelegung installiert und festgelegt. Aus welchen Gründen auch immer wird diese Installation allerdings nicht immer ganz zu Ende geführt, Sie merken es erst dann, wenn Sie versuchen, sich mit einem Passwort einzuloggen, das die Buchstaben y oder z oder ein Sonderzeichen enthält. Da diese auf der amerikanischen Tastatur woanders liegen, kann man bei der Anmeldung schon mal verzweifeln.

Schauen Sie sicherheitshalber besser nach, ob die Spracheinstellung die von Ihnen gewünschte Sprache aktiviert hat und ob Ihre Tastaturbelegung die richtige ist. Sie finden die Spracheinstellung, indem Sie bei der Anzeige aller Anwendungen auf das Symbol Sprachen klicken.

Abb. 4.10: Mit einem Klick zu den Spracheinstellungen

Sollte es hier noch ein Defizit geben und Sprachpakete fehlen, meldet sich Ubuntu. Möglichweise wird noch eine Reihe von Sprachkomponenten heruntergeladen und installiert.

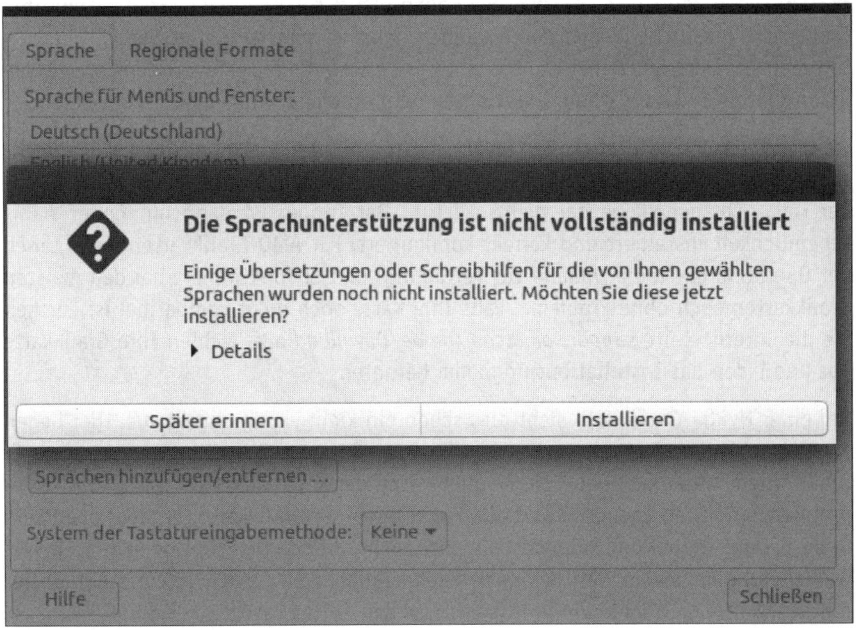

Abb. 4.11: Etwas fehlt noch

Wichtig!

Sie müssen bei der Installation der Sprachpakete unbedingt die Detailansicht öffnen, denn Sie werden ein- oder zweimal gebeten, ein [Y] für YES zu drücken, damit bestimmte Pakete installiert werden.

4.4 Die Grafikkarte einrichten

In aller Regel erkennt Ubuntu die Grafikkarte oder den Grafikchip und richtet sie entsprechend ein. Sollte die Grafikkarte nicht erkannt werden – dies kann bei ganz neuen oder ausgefallenen Grafikkarten der Fall sein – haben Sie dies bereits im Live-Betrieb sehen können, respektive, Sie haben nichts sehen können. Sollte Linux Ihre Grafikkarte gar nicht identifizieren können, wird es schwierig. Die Installation von seltenen Grafikkartentreibern unter Linux ist etwas für Experten. Vielleicht müssen Sie in diesem Falle auf Ubuntu verzichten oder eine andere Grafikkarte einsetzen.

Weit verbreitet sind Grafikkarten oder -chips von Intel, AMD und Nvidia. Wenn Sie einen Intel-Grafikchip verbaut haben – dies ist bei etlichen Netbooks und Laptops der Fall –, brauchen Sie gar nichts zu tun. Der Treiber ist dann mit hoher Wahrscheinlichkeit installiert und korrekt konfiguriert. Für AMD-Grafikkarten steht Ihnen der Open-Source-Treiber *radeon* zur Verfügung, und er funktioniert bei den meisten Grafikkarten auch ohne Probleme. Falls Ihre Karte doch nicht kompatibel ist, suchen Sie die Internetseite *support.amd.com/de-de/Download* auf, wählen Ihre Grafikkarte aus und laden das Installationsprogramm herunter.

Bei einer Nvidia-Grafikkarte sieht dies schon ein klein wenig anders aus. Hier liegen zwei verschiedene Treiber vor *Nouveau* ist Open Source und in Ubuntu integriert. Er funktioniert, allerdings ohne die Möglichkeiten der Karte auszureizen. *Nvidia* ist der proprietäre Treiber. Er unterstützt alle Funktionen der Grafikkarte, ist aber eben kein Open-Source-Treiber und kann deshalb auch nicht mit den Distributionen ausgeliefert werden. Ubuntu macht die Installation sehr einfach: Auch hier hilft die Aktualisierungsverwaltung. Wählen Sie in EINSTELLUNGEN den Reiter ZUSÄTZLICHE TREIBER.

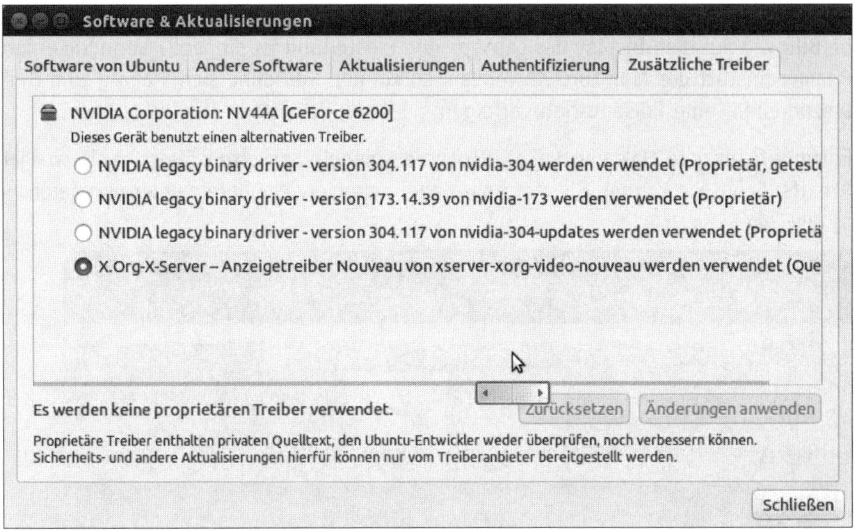

Abb. 4.12: Übersicht über alternative Grafikkartentreiber

Ob und welchen dieser Treiber Sie verwenden sollten, kann ich Ihnen an dieser Stelle natürlich nicht sagen. In der Regel ist der Treiber mit der höchsten Versionsnummer der empfehlenswerte.

Eine Einstellmöglichkeit, die ich Ihnen nicht vorenthalten möchte, ist die, Ihre Arbeitsfläche mittels eines externen Monitors zu vergrößern. Unter SYSTEMEINSTELLUNGEN / GERÄTE / ANZEIGEGERÄTE haben Sie die Möglichkeit, die Ausrichtung und Auflösung des Monitors einzustellen. In diesem Beispiel habe ich an einen Laptop einen externen Monitor angeschlossen, der von Ubuntu erkannt wird.

Abb. 4.13: Laptop-Display und Monitor im Parallelbetrieb

Im Normalfall wird der Bildschirm gespiegelt, d.h. auf dem Monitor erscheint dasselbe Bild wie auf dem Display des Laptops. Die Einstellung ist sinnvoll, wenn Sie einen Beamer anstatt des Monitors verwenden, so können Sie, ohne sich ständig zum Bild umzudrehen, eine Präsentation verfolgen.

Entfernen Die das Häkchen bei Bildschirme spiegeln, erhalten Sie doppelt so viel Arbeitsfläche. Sie können die Monitore dabei neben- oder übereinander platzieren.

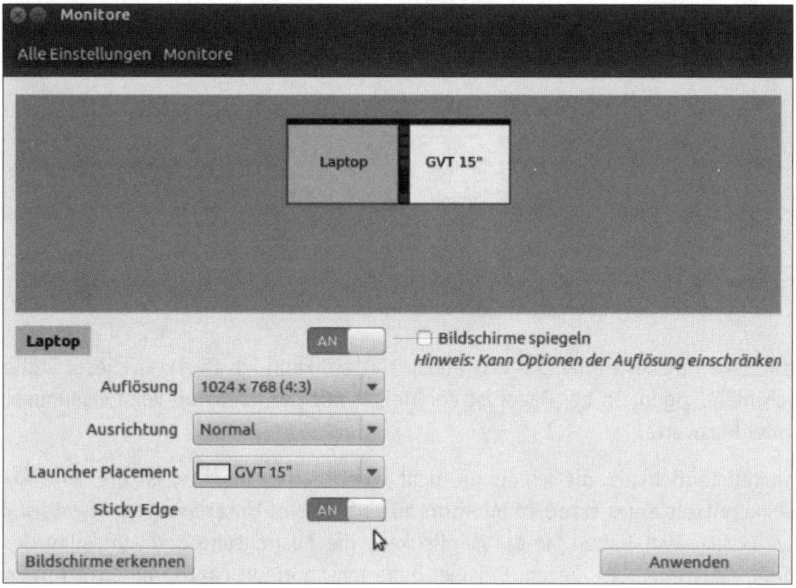

Abb. 4.14: Zwei Bildschirme einrichten

4.5 Drucker einrichten

Auch der Drucker wird innerhalb der Systemeinstellungen eingerichtet. Starten Sie die Systemeinstellungen, schließen Sie den Drucker an und schalten Sie ihn ein. Ubuntu wird nun versuchen, den Drucker zu identifizieren. Wählen Sie das Modell aus, das Ihrem Drucker am nächsten kommt.

Ist dies nicht möglich, weil es für den Drucker keinen Treiber gibt, können Sie die Auswahl auch manuell vornehmen.

Hinweis

Auf der Internetseite *http://www.openprinting.org/printers* finden Sie eine Datenbank, anhand derer Sie feststellen können, ob Ihr Drucker unterstützt wird oder nicht. Sehr neue und manche All-in-One-Drucker werden nicht immer unterstützt. Werfen Sie auch einen Blick auf die Internetseite des Herstellers. Da Drucker oft auch in Linux-basierten Firmennetzwerken genutzt werden, hat sich die Unterstützung der Hersteller hier gewaltig verbessert.

Die Druckersprache PostScript spielt unter Linux eine wichtige Rolle. Sollten Sie einen Drucker haben, der mit PostScript Probleme hat, benötigen Sie einen Übersetzer. Diese Dateien haben die Endung `.ppd` (PostScript Printer Description). Im Zweifelsfall können Sie eine solche Datei unter der oben genannten Internetadresse herunterladen und während des Dialogs zur Druckerinstallation über die Schaltfläche TREIBER INSTALLIEREN auswählen.

Falls Ihr Drucker trotzdem noch nicht befriedigend arbeitet, müssen Sie sich den Treiber von der Herstellerseite herunterladen und ihn manuell installieren.

Diese Installationsvorgänge sind so vielfältig, wie es Drucker gibt. Sie werden fast immer das Terminal nutzen müssen. Klicken Sie sich auf der Internetseite Ihres Druckerherstellers zu den Treibern durch – meistens sind diese unter Support zu finden – und laden Sie die angebotene Datei auf Ihren Rechner herunter.

Hat die Datei die Endung `.deb`, ist die weitere Installation denkbar einfach und wird weiter unten in diesem Kapitel am Beispiel der Installation von Opera beschrieben.

Hat die Datei die Endung `tar.gz`, ist es verzwickter. Verfahren Sie wie folgt: Klicken Sie mit der rechten Maustaste auf die Datei und wählen Sie aus dem Kontextmenü HIER ENTPACKEN aus. Es handelt sich nämlich um ein unter Linux sehr gebräuchliches Paketformat. Jetzt erhalten Sie einen Ordner, in dem sich eine Reihe von Unterordnern und einzelnen Dateien befindet. Eine Datei namens `install.sh` oder `run.sh` startet dann den Installationsvorgang. Aber dazu benötigen Sie das Terminal. Sie müssen nun den kompletten Pfad dieser Datei eingeben. Haben Sie die Datei im normalen Download-Verzeichnis gespeichert, lautet dieser Pfad `/home/IHRNAME/Downloads`. Achten Sie auf die Groß- und Kleinschreibung. `IHRNAME` beschreibt natürlich den Namen, mit dem Sie sich im System angemeldet haben. Der vollständige Befehl, den Sie in das Terminal eintippen, lautet:

```
sudo /home/IHRNAME/Downloads/ORDNERNAME/install.sh
```

Das ist sicher nicht so ganz einfach und Sie werden bestimmt einige Versuche unternehmen müssen, bis der Installationsvorgang im Bildschirm des Terminals zu sehen sein wird.

Tipp

Wenn Sie die Datei im Persönlichen Ordner mit der rechten Maustaste anklicken, können Sie unter Eigenschaften den kompletten Pfad ersehen.

4.6 Scanner einrichten

Einen Scanner einzurichten, ist nicht nötig. Geräte, die das sogenannte *SANE*-Projekt (Scanner Access Now Easy) unterstützen und direkt am Computer angeschlossen sind, also nicht über ein Netzwerk angesprochen werden, bereiten keine Probleme. Schließen Sie den Scanner an und starten Sie das Programm Simple Scan. Wenn der Scanner anspringt und funktioniert – gut. Wenn nicht, haben Sie je nach Hersteller geringe Chancen, ihn zum Laufen zu bringen.

Einige Scanner von Agfa benötigen beispielsweise eine andere Firmware, während für Geräte der Firma Brother eigene Linux-Treiber zur Verfügung stehen. Auf jeden Fall: Sollte Ihr Scanner nicht funktionieren, planen Sie viel Zeit ein oder denken Sie über einen Wechsel nach.

4.7 Anwendungen nachinstallieren

Vielleicht ist Ihnen schon einmal aufgefallen, dass es bei dieser Distribution zwar einen Bildbetrachter, aber keine Bildbearbeitung gibt. Anhand des Bildbearbeitungsprogramms Gimp werde ich Ihnen zeigen, wie man mithilfe von *Ubuntu-Software* Programme installiert.

Wenn Sie neue Programme suchen und installieren möchten, müssen Sie im Vergleich zu Windows etwas umdenken: Da Microsoft selbst kaum Programme anbietet, haben Sie wahrscheinlich eine CD mit der gewünschten Software im Laden gekauft oder haben die Internetseite eines (hoffentlich) zuverlässigen Anbieters aufgesucht und hier eine Installationsdatei heruntergeladen. Diese Datei führte dann durch einen einfachen Doppelklick ohne weiteres Zutun die Programminstallation durch.

So funktioniert Linux nicht.

Bei Linux ist es Standard, dass Sie Programme nur von sicheren Paketquellen, sogenannten Repositorien aus installieren. Die erste Anlaufstelle hierfür ist der Distributor, in unserem Falle Canonical selbst. Sie kennen diese Vorgehensweise vielleicht vom Googles Play Store oder Apples App Store. Beide Unternehmen nahmen sich dieses Modell eines Ökosystems zum Vorbild, allerdings um wirtschaftlichen Gewinn daraus zu erzielen. Diese Gewinnabsicht gibt es allerdings bei Linux nicht. Das System dient ausschließlich dazu, dem Nutzer sicheren und freien Zugang zu Programmpaketen zu verschaffen.

Zudem kümmert sich Ubuntu nicht nur um die Aktualisierung des Betriebssystems, sondern hat auch einen großen Teil der Anwendungen im Blick und installiert auch hier notwendige Updates.

Hinweis

Das Programm *Ubuntu-Software* verwaltet Installation, Updates und Deinstallation von Programmen und greift dabei auf ein von Canonical verwaltetes Archiv zu. Die hier gesammelten Programme sind oft quelloffen und kostenlos. Die Installation von Programmen über Ubuntu-Software ist besonders sicher, da die Programme garantiert frei von Schadsoftware sind.

Starten Sie das Programm Ubuntu-Software durch Anklicken des entsprechenden Symbols.

Abb. 4.15: Das Symbol für Ubuntu-Software

Ubuntu-Software ist die sichere Quelle zum einfachen Installieren und Deinstallieren von Programmen

Ubuntu-Software hilft dabei, sehr komfortabel nach Programmen zu suchen, Bewertungen anderer Benutzer zu lesen und sich vorab über die Software zu informieren.

Alle Installationsvorgänge laufen vollautomatisch ab, sodass man nichts falsch machen kann.

Das Programm *Gimp*, das hier installiert werden soll, ist auch außerhalb der Linux-Welt erhältlich und hat sich einen Namen als sehr umfangreicher Bildeditor gemacht. Um sich einen ersten Eindruck von dem Programm zu verschaffen, klicken Sie auf den Sucheintrag. Folgendes Bild erscheint:

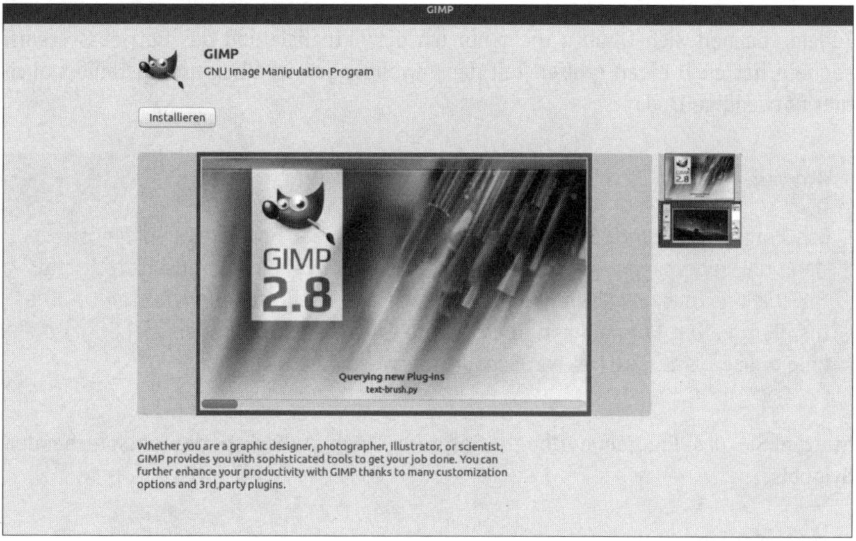

Abb. 4.16: Möchten Sie Gimp installieren?

In diesem Fenster bekommen Sie einen Überblick über die Funktionsvielfalt des Programms und die Bewertungen anderer Nutzer. Wenn Ihnen das Programm gefällt, drücken Sie den Button Installieren und legitimieren sich.

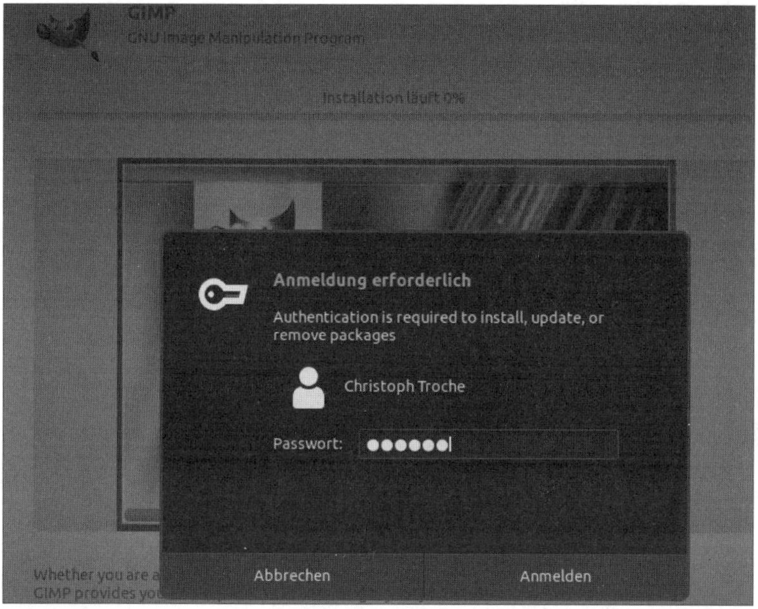

Abb. 4.17: Bei jeder Installation muss das Passwort eingegeben werden

Nachdem das Programm heruntergeladen ist, installiert es sich automatisch und ohne Ihr Zutun. Sie können das Programm nun nutzen, indem Sie die Anwendungen aufrufen und auf das Symbol von Gimp klicken.

Snappy

Wenn Sie das Suchergebnis für Gimp betrachten, werden Sie zwei Einträge bemerken. Und wenn Sie sich die jeweiligen Details einmal genauer ansehen, werden Sie feststellen, dass es zwei verschiedene Quellen für das Programm gibt: *Ubuntu-universe* und den *Snap-Store*. Und auch, dass die Größe der beiden Dateien markant unterschiedlich ist.

Abb. 4.18: Ubuntu-universe oder Snap-Store?

Snaps sind eine Ubuntu-eigene Entwicklung. Dazu ein bisschen Hintergrund:

Damit Programme funktionieren, reicht es nicht, nur ein oder zwei Dateien auf den PC zu kopieren. Es sind auch noch jede Menge vorgefertigte Programmmodule, sogenannte Bibliotheken nötig, die dem Entwickler die Arbeit ungemein erleichtern. Die Paketverwaltung *APT* (Advanced Packaging Tool) überprüft, ob sich die benötigten Bibliotheken bereits auf dem PC befinden und lädt sie gegebenenfalls mit herunter. Dabei spricht man von Abhängigkeiten. Es ist durchaus üblich, dass eine Bibliothek gleich von mehreren Programmen genutzt wird. Die Paketverwaltung achtet darauf, dass diese Bibliotheken installiert und auch wieder gelöscht werden, wenn kein anderes Programm sie benötigt. Die Begründung für diese Vorgehensweise liegt in der Vergangenheit, als Festplattenspeicher enorm teuer war und der Platz effizient genutzt werden musste.

So ressourcenschonend das ist, es kann aber auch zu Problemen führen: Wenn bei der Deinstallation versehentlich eine Bibliothek gelöscht wird, die aber noch von einem anderen Programm genutzt wird, oder wenn im Rahmen eines Updates Bibliotheken erneuert werden, aber ein anderes Programm mit der neuen Bibliotheksversion nicht zurechtkommt.

Snappy versuchen diesen Konflikten aus dem Weg zu gehen, indem für jedes Programm ein eigenes Verzeichnis mit allen Bibliotheken exklusiv nur für dieses eine Programm angelegt wird. Bei einem Programmupdate wird dann einfach ein neues Verzeichnis angelegt. Da jede Version eines Programms in ein neues Verzeichnis installiert wird, werden keine bestehenden Dateien überschrieben und die alte Programmversion bleibt erhalten. Diese kann dann bei eventuellen Schwierigkeiten mit der neuen Version problemlos weiterbenutzt werden. Angesichts moderner Festplatten mit riesigen Kapazitäten stellt das auch nicht unbedingt ein Hindernis dar. In der Praxis merken Sie als normaler Nutzer überhaupt nicht, ob Sie ein Programm als Snap oder auf konventionelle Art und Weise installiert haben.

Programme mithilfe des Terminals installieren

Für die einen ist es ein nützliches Werkzeug, für die anderen das Linux an sich: dieKommandozeile, auch Konsole genannt. Dass hier Programme auch mithilfe der Kommandozeile installiert und wieder entfernt werden können, versteht sich wohl von selbst. Allerdings müssen Sie hier den genauen Paketnamen kennen, der sich häufig von dem Namen der Anwendung unterscheidet. Die Installation von Paketen funktioniert mit folgendem Befehl im Fenster des Programms Terminal:

```
sudo apt-get install <paketname>
```

Mit dem Befehl sudo verlangen Sie kurzzeitig Administratorenrechte. Daher müssen Sie nach der Eingabe des Befehls Ihr Administratorenpasswort eingeben. Um beispielsweise das wunderbare Programm *Calibre* zum Verwalten und Editieren von E-Books herunterzuladen, geben Sie den Befehl

```
sudo apt-get install calibre
```

ins Terminal ein. Für die Deinstallation werden die Optionen remove nur für die Hauptbestandteile oder purge für die komplette Deinstallation einschließlich Konfigurationsdateien verwendet. Um Calibre mitsamt allen Konfigurationsdateien zu entfernen, geben Sie somit den Befehl

```
sudo apt-get purge calibre
```

ins Terminal ein.

Wichtig!

Alle Befehle im Terminal müssen kleingeschrieben werden.

Sie können jedoch durchaus ein Programm mit einer Methode installieren und mithilfe einer anderen wieder entfernen. Denn letztlich greifen alle Installationsmethoden auf das Paketmanagement-System APT zu.

Programme aus einer anderen Quelle installieren

Sie können Programme aber natürlich auch aus einer anderen Quelle installieren, müssen sich allerdings darüber im Klaren sein, dass Sie hier möglicherweise unsicheres Gelände betreten. Solange Sie sich ein Programmpaket von seriösen Anbietern herunterladen, kann eigentlich nichts passieren. Trotzdem werden Sie vom System eindringlich gewarnt werden, diese Software nicht zu installieren. Wir schauen uns eine solche Installation einmal anhand des Beispiels *Opera* an, eines alternativen, sehr schnellen Browsers.

Opera ist ein Beispiel für proprietäre, also nicht freie Software. Dieses Prinzip wird eigentlich von Ubuntu nicht unterstützt. Da es sich hier aber um ein kommerzielles Angebot handelt, muss sich der Hersteller natürlich vor Kopierern schützen und legt den Quellcode seines Programms nicht offen. Besuchen Sie die Internetseite von Opera und suchen Sie hier den Link zu den Downloads.

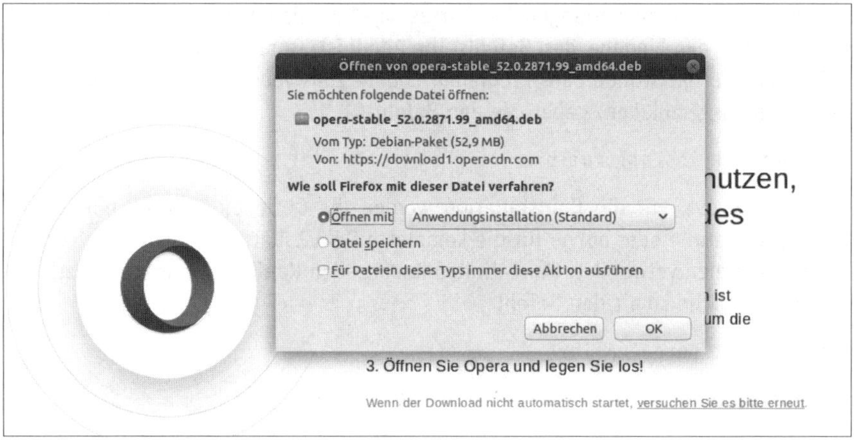

Abb. 4.19: Opera installieren

Wählen Sie die Option Öffnen mit Anwendungsinstallation. Ubuntu wird nun mithilfe von Ubuntu-Software das Programm auf Ihrem Computer installieren. Allerdings werden Sie vorher noch einmal gewarnt, dass dieses Programm von einem Drittanbieter stammt. Sie können aber bei Opera durchaus sicher sein, dass es sich um einen seriösen Anbieter handelt, deswegen betätigen Sie den Button Installieren und Ubuntu-Software erledigt den Rest, wie Sie es bereits gesehen haben.

Genauso verfahren Sie, wenn Sie die `.deb`-Datei auf Ihrer Festplatte gespeichert haben. Klicken Sie die Datei mit der rechten Maustaste an und wählen Sie die Option Öffnen mit? und Anwendungsinstallation. Ubuntu-Software wird nun das Programm auf Ihrem Computer installieren.

Hinweis

Achten Sie auf die Endung `.deb`. Diese zeigt an, dass es sich bei dem Programm um ein Debian-Programmpaket handelt. Debian ist die Basis der freien Linux-Distributionen, Sie können also mit allen Programmen, die die Endung `.deb` haben, gleich verfahren.

Weitere Quellen in Ubuntu-Software einbinden

Einige populäre Programme werden standardmäßig nicht über Ubuntu-Software angeboten, da sie nicht quelloffen sind. Um diese unfreie Software einzubinden, bietet Canonical separate Paketquellen an. Um welche Programme es sich dabei handelt, können Sie alphabetisch sortiert auf der Canonical-Archivseite *http://archive.canonical.com/pool/partner/* begutachten.

PPA einbinden

Nun haben Sie zwar mit Opera ein Programm installiert, aber die Aktualisierungsverwaltung »weiß« nichts von dieser Installation. Es werden also auch keine Updates installiert, sofern der Software-Entwickler keine Funktion eingebaut hat, die beim Start des Programms nach Updates sucht. Selbst dann müssen Sie die Updates immer manuell, abseits der automatischen Aktualisierungsverwaltung, installieren.

Sie können der Aktualisierungsverwaltung allerdings auch mitteilen, dass Sie ein Programm außerhalb Ubuntu-Software installiert haben. Dies passiert mittels eines *PPA* (Personal Package Archive). Auf den Internetseiten der meisten Anbieter finden Sie mehr oder weniger leicht einen Code, um das PPA einzubinden.

Nicht alle Anbieter haben eine benutzerfreundliche Internetseite, manchmal muss man schon sehr suchen. Auf folgenden Internetseiten finden Sie die PPA leichter:

https://launchpad.net/ubuntu/+ppas

http://www.ubuntuupdates.org/ppas

Der einfache Weg, das PPA in Ubuntu einzubinden, führt über das Programm Anwendungen & Aktualisierungen. Öffnen Sie hier den Reiter *Andere Anwendungen* und klicken Sie auf den Button HINZUFÜGEN. In das Dialogfeld geben Sie nun die APT-Zeile ein.

Diese APT-Zeile beginnt immer mit deb `http://`.

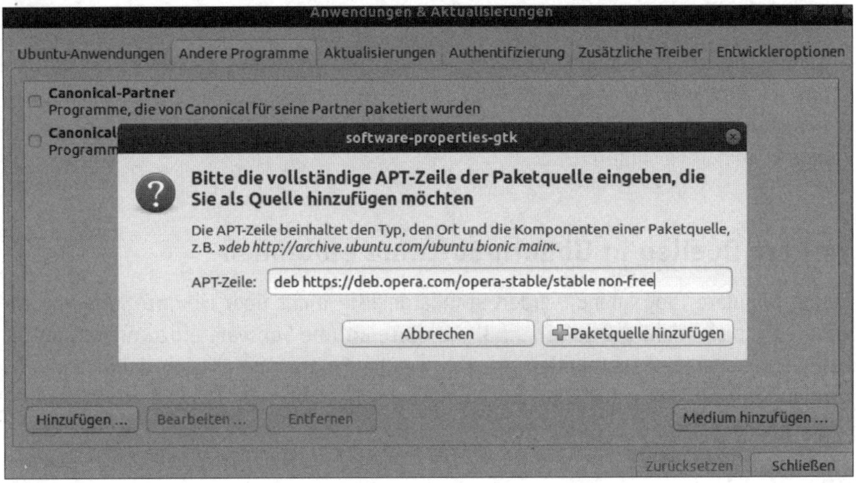

Abb. 4.20: Hier fügen Sie die APT-Zeile ein

Danach klicken Sie auf Paketquelle hinzufügen und von nun an wird sich Ubuntu um die Paketquelle kümmern. Andere Entwickler wählen den Weg über das Terminal. Dies ist nicht schwieriger, nur eben wieder etwas Linux-artiger. Im Falle Opera lautet der Code beispielweise:

```
sudo add-apt-repository ,deb https://deb.opera.com/opera-stable/ stable
non-free'
```

```
wget -qO- https://deb.opera.com/archive.key | sudo apt-key add -
```

Sie müssen diesen Code nur noch per Copy & Paste ins Terminal kopieren, mit Ihrem Passwort bestätigen, fertig.

Als Ergebnis erscheint unter dem Reiter ANDERE PROGRAMME ein neuer Eintrag.

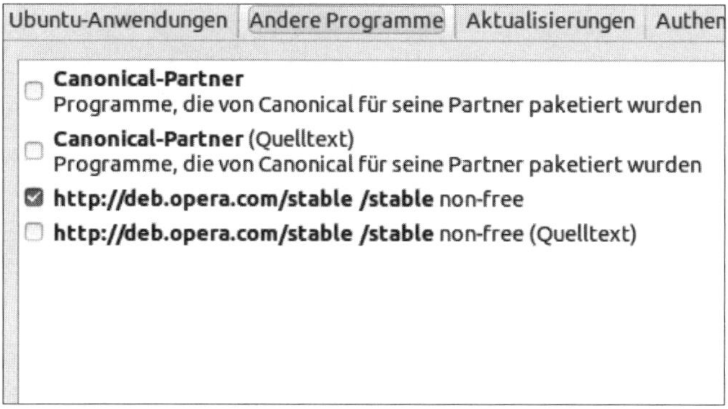

Abb. 4.21: Der neue Eintrag

Nun kümmert sich die Aktualisierungsverwaltung auch um diese Programme.

Zu guter Letzt: Aufräumen

Nachdem Sie nun die Installation fertiggestellt und alle Updates installiert haben, ist es möglich, dass sich noch ältere Programm- oder Kernelversionen auf der Festplatte befinden. Diese beeinflussen nicht so sehr die Performance, sondern nehmen nur Platz weg. Mit dem Terminalbefehl

```
sudo apt-get autoremove
```

entfernen Sie diese Dateileichen. Geben Sie noch Ihr Administratorenpasswort ein und bestätigen Sie die Aktion mit der Taste [J], wenn Sie danach gefragt werden. Danach haben Sie einige Hundert MB freien Speicherplatz mehr auf der Festplatte.

Kapitel 5

Windows-Programme mit Linux nutzen

Windows und Linux, schließt sich das nicht aus?

Nein, nicht zwangsläufig. Zwar gibt es für nahezu alle Bedürfnisse und Aufgaben hervorragende Linux-Programme, am Ende dieses Kapitels finden Sie eine Übersicht über Linux-Alternativen. Man darf aber trotzdem nicht vergessen, dass auch Linux kein vollständiges, perfektes und fehlerfreies Betriebssystem ist und es durchaus passieren kann, dass Sie auf eine Software angewiesen sind, für die es bei Ubuntu kein Äquivalent gibt. Sei es, dass Sie eine spezielle Software für die Arbeit brauchen oder sich auf ein besonderesProgramm im Privatgebrauch eingearbeitet haben und dieses nun nicht missen wollen.

Ich für meinen Teil habe bis heute keine Möglichkeit gefunden, mein Programm für die Steuererklärung unter Linux zu starten, ich bin also selbst auf eine Windows-Umgebung angewiesen. Ebenso gibt es keine Alternative zu *Adobe Digital Editions*, einem Programm, das es ermöglicht, E-Books aus der öffentlichen Bibliothek auszuleihen und die Leserechte dazu zu verwalten.

Nun gibt es natürlich Möglichkeiten, auch als Linux-Nutzer auf unverzichtbare Windows-Programme zuzugreifen.

Wenn Sie, wovon ich ausgehe, Linux zunächst parallel zu Windows installiert haben, haben Sie sich selbst bereits eine mögliche Lösung geschaffen, denn Sie haben ja nach wie vor Zugriff auf Ihre Windows-Programme. Sie arbeiten im Normalfall unter Linux, und für den Fall, dass Sie auf ein nur unter Windows lauffähiges Programm zugreifen möchten, fahren Sie den Computer herunter, starten neu und wählen im Boot-Menü die Windows-Partition aus. Man kann das so verstehen, dass sich Linux und Windows buchstäblich die Festplatte teilen. Beim Computerstart weisen Sie Ihren Rechner an, ob die Linux- oder die Windows-Seite gestartet werden soll, beide Seiten sind gleichwertig und voll funktional.

Allerdings hat diese Vorgehensweise auch einen Nachteil: Sie ist umständlich, da Sie den Computer gegebenenfalls immer wieder herunterfahren und neu starten müssen. Außerdem ist es nicht ohne Weiteres möglich, von der Windows-Seite auf die Linux-Seite zuzugreifen, etwa, weil Sie mit Ihrem Windows-Programm Daten verarbeiten wollen, die Sie vorher unter Linux erstellt haben.

Tipp

Umgekehrt ist das Verfahren einfacher. Sie können ganz leicht vom gestarteten Linux auf die Dateien zugreifen, die Sie mit einem Windows-Programm erstellt haben. Ihre Windows-Partition erscheint als ein eigenes Laufwerk in Ihrer Dateiverwaltung.

Es gibt zwei Möglichkeiten, den Zugriff auf Windows-Programme einfacher zu gestalten. Die erste von Ihnen heißt:

5.1 Wine (Wine Is Not an Emulator)

Wine ist ein Programm, mit dem man Windows-Software unter Linux laufen lassen kann. Sie benötigen dazu nicht einmal ein installiertes Windows auf Ihrem Computer, da Wine dem Programm lediglich vorgaukelt, es befände sich in einer Windows-Umgebung. Programme, die für Windows XP und Windows 7 programmiert wurden, funktionieren meistens flüssig, allerdings gilt: Je neuer das Programm ist, desto wahrscheinlicher treten Probleme auf. Die Entwicklung ist indes rasant, innerhalb weniger Wochen werden Programme nutzbar, die vorher nicht oder nur mit umständlichen Tricks liefen. Je nach Windows-Programm, das mithilfe von Wine ausgeführt wird, ist der Anspruch an die Ressourcen moderat bis sehr hoch.

Hinweis

Wie gut Wine für die eigenen Zwecke funktionieren wird, kann man vor dem Testen durch Stöbern in der *WineHQ-Datenbank* unter der Webadresse *https://appdb.winehq.org/* herausfinden. Ich empfehle Ihnen, diese Seite vorher zu besuchen, Sie ersparen sich eventuell viel Mühe.

Nach dem Starten des Programms erhalten Sie folgendes Bild:

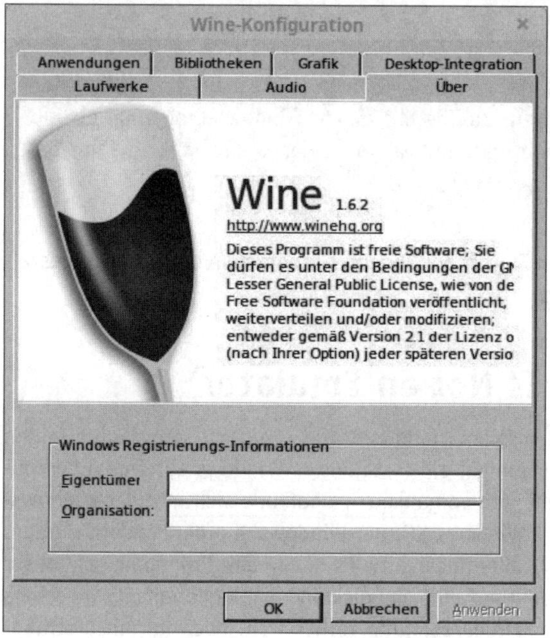

Abb. 5.1: Das Konfigurationsfenster von Wine

Sie müssen nicht zwingend etwas einstellen. Achten Sie jedoch darauf, dass das Laufwerk C: wie hier dargestellt C../drive_c heißt.

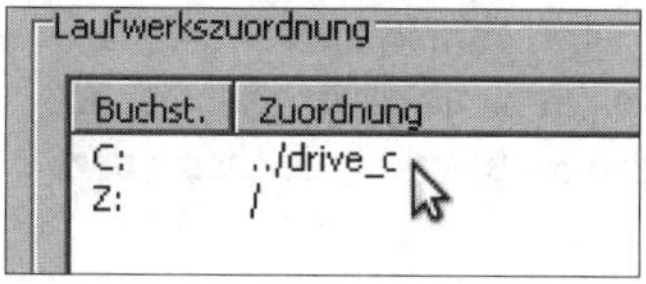

Abb. 5.2: So muss die Laufwerkszuordnung aussehen

Falls Sie auf das CD-ROM-Laufwerk zugreifen wollen, müssen Sie es einrichten, klicken Sie zuerst auf den Reiter LAUFWERKE. Anschließend erscheint folgender Dialog:

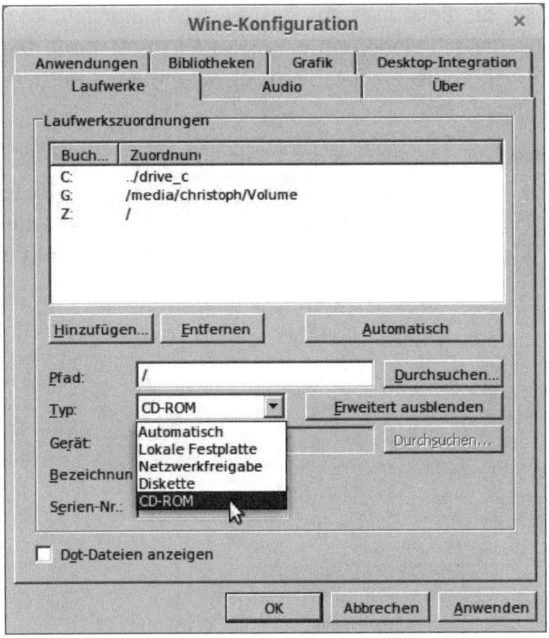

Abb. 5.3: Einrichtung eines CD-ROM-Laufwerks

Hier bitte auf HINZUFÜGEN klicken, dann wird in der Liste der Laufwerke automatisch ein neues Laufwerk D: eingerichtet. Anschließend folgt ein Klick auf ZEIGE ERWEITERT. Hier muss noch ausgewählt werden, dass es sich um ein CD-ROM-Laufwerk handeln soll. Der Rest sollte so beibehalten werden. Sie müssen diese Einstellung vornehmen, wenn, wie in unserem Beispiel, MS Office von einer CD aus installiert werden soll.

Das CD-ROM-Laufwerk ist nun für Windows-Anwendungen als solches sichtbar. Mit einem Klick auf ANWENDEN übernehmen Sie die Änderungen und beenden den Dialog mit OK. Sollten Audio-Einstellungen notwendig sein, können Sie diese mit dem Reiter AUDIO vornehmen. Testen Sie, ob ein Sound zu hören ist, sollte es hier Probleme geben, können Sie die verschiedenen Ausgabegeräte durchprobieren. In der Regel sind aber die optimalen Einstellungen bereits vorgenommen worden.

Jetzt gilt es, ein Windows-Programm dazu zu bringen, mithilfe von Wine installiert zu werden. Dazu benötigen Sie die Windows-Installationsdatei.

Ich zeige dies an einem Beispiel: Sie benötigen aus irgendwelchen Gründen, zum Beispiel, um ein Buch über Linux zu schreiben, ein originales Microsoft *Word*. Die Installations-CD haben Sie natürlich vorliegen, jetzt geht es darum, Word mithilfe von Wine zu installieren.

Sie haben nun zwei Möglichkeiten, die Installation des Programms anzustoßen: Suchen Sie im Datei-Manager die CD und hier die Datei mit Namen `setup.exe`. Diese wird mit der rechten Maustaste angeklickt. Im Kontextmenü erscheint nun eine zusätzliche Option Öffnen mit / Wine Windows-Programmstarter. Damit stoßen Sie die Installation an.

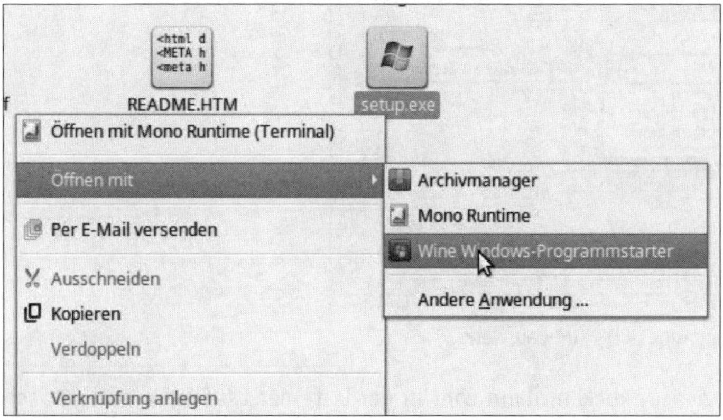

Abb. 5.4: Starten der Installation mit Wine ...

Die meisten Windows-Programme werden mit einer Datei namens `setup.exe` oder `install.exe` installiert (siehe Abbildung 5.5).

Am Ende finden Sie ein Programmsymbol, entweder als Verknüpfung auf der Arbeitsfläche, oder im Startmenüeintrag Wine, sodass das Programm, das mit Wine verknüpft ist, sofort gestartet werden kann.

Die zweite Möglichkeit finden Sie in dem Programm-Modul Deinstalliere Wine Applikationen. Interessanterweise dient dieses Programm trotz seines Namens nicht nur zur Deinstallation, sondern auch zur Installation von Windows-Programmen. Nachdem Sie das Programm gestartet haben, klicken Sie auf den Button Installieren. Suchen Sie dann die Installationsdatei auf der CD und starten Sie auch hier die Installation (siehe Abbildung 5.6).

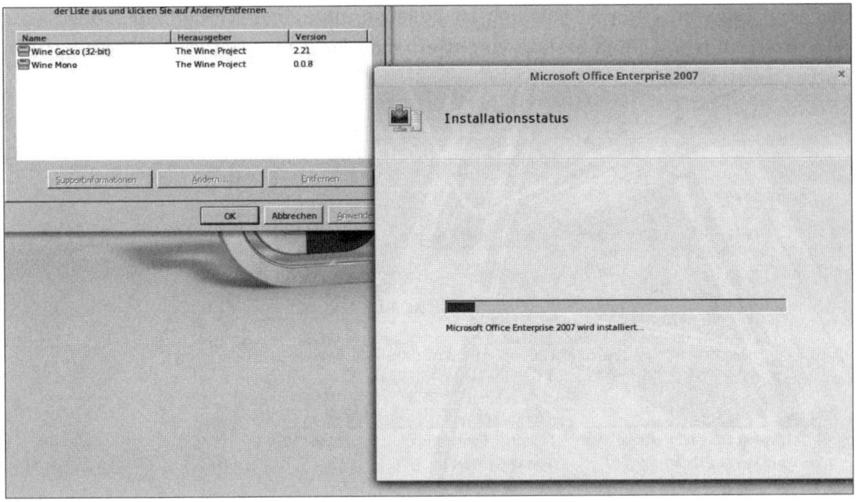

Abb. 5.5: ... die Installation des Windows-Programms nimmt ihren Lauf

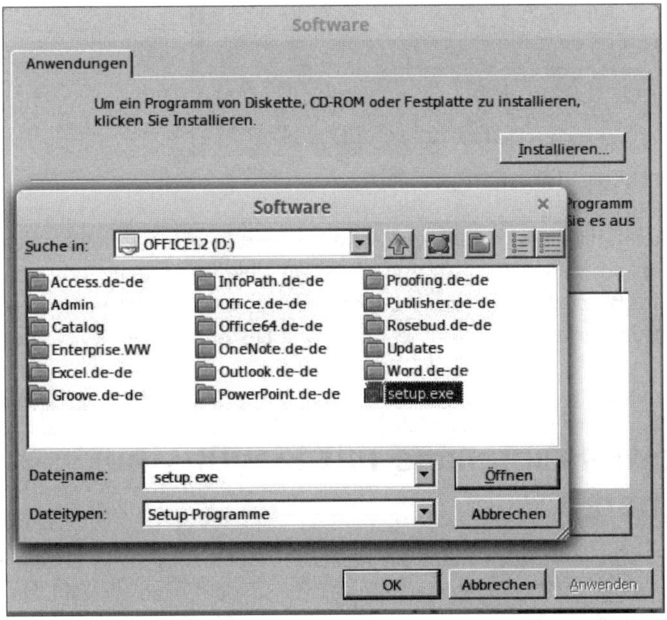

Abb. 5.6: Das Programm Deinstalliere Wine Applikationen dient auch zur Installation

Das Deinstallieren einer Anwendung ist genauso einfach: Im Programm DEINSTALLIERE WINE-APPLIKATIONEN wählen Sie das zu entfernende Programm aus und klicken auf den Button ENTFERNEN.

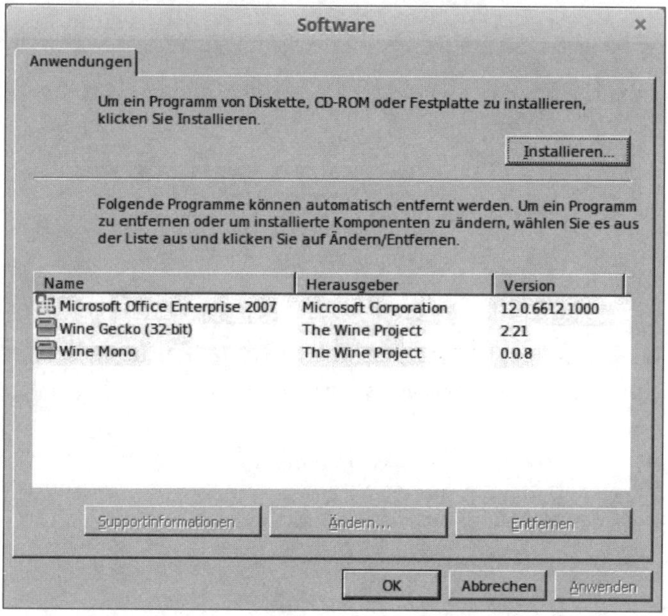

Abb. 5.7: Dialog zur Deinstallation von Windows-Programmen

Wine ist eine sehr komfortable Anwendung, allerdings hapert es gelegentlich bei der Nutzung und Programme wollen nicht starten. Zu allem Überfluss harmoniert auch längst nicht jede Wine-Version mit der zu installierenden Anwendung. Interessanterweise ist dabei nicht immer die neueste Wine-Version die beste, sondern die, mit der es funktioniert.

5.2 Windows-Programme mit PlayOnLinux installieren

Dies führt uns zu *PlayOnLinux*. Auch wenn der Name des Programms etwas anderes impliziert, werden längst nicht nur Spiele unterstützt, sondern eine Vielzahl bekannter Windows-Anwendungen. Wenn Sie möchten, können Sie sogar den Internet Explorer oder, falls Ihnen Gimp nicht ausreicht, Adobe Photoshop starten. Trotzdem:

Der Siegeszug des PC ist sicher eng verknüpft mit Spielen. Und so wundert es auch nicht, dass große Anstrengungen unternommen werden, Windows-Spiele unter Linux lauffähig zu machen.

PlayOnLinux arbeitet dabei eng mit Wine zusammen und tritt als *Front-End* für die manchmal etwas kniffeligen Einstellarbeiten in Erscheinung. Dabei hilft das Programm bei der Installation, Konfiguration und Deinstallation von Windows-Anwendungen unter Linux. Außerdem ermöglicht es, jedem Windows-Programm gegebenenfalls eine andere Wine-Version zuzuweisen. So ist es zum Beispiel möglich, Spiele, die unter aktuellen Wine-Versionen nicht starten, mit einer älteren Wine-Version laufen zu lassen. Die verzwickten Installationsroutinen sind in sogenannten Scripts vorkonfiguriert, sodass die richtige Wine-Version, aber auch zusätzlich benötigte Programme und Bibliotheken geladen und installiert werden.

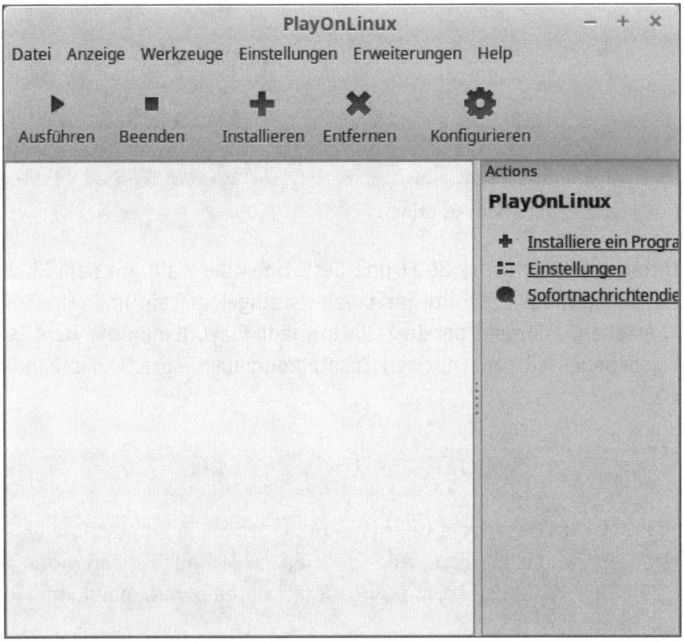

Abb. 5.8: Zuerst erscheint die Oberfläche sehr nüchtern

Ein Klick auf INSTALLIERE EIN PROGRAMM öffnet eine Übersicht über alle vorhandenen Installations-Scripts. Als Beispiel installieren Sie noch einmal *Office 2007*.

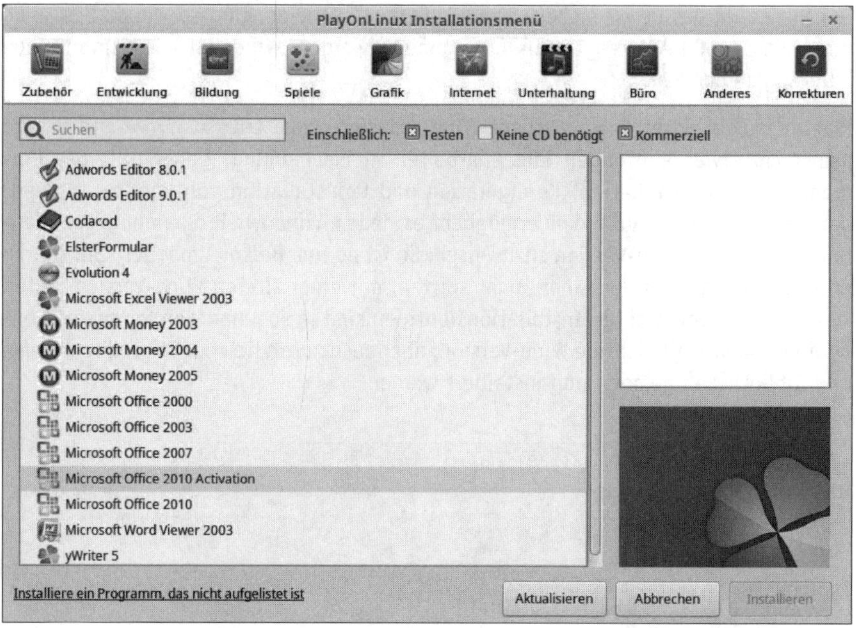

Abb. 5.9: Übersicht über alle Installations-Routinen

Wählen Sie den Eintrag Microsoft Office 2007 und bestätigen die Wahl mit dem Klick auf Installieren. Die Installations-CD sollte jetzt bereits eingelegt sein und eine Internetverbindung bestehen. Während der Installation lädt PlayOnLinux die richtige Wine-Version und gegebenenfalls alle nötigen Zusatzprogramme, so z.B. das benötigte Service-Pack 3.

Hinweis

Falls Sie sich fragen, ob dies denn legal sei, immerhin laden Sie ja Programmteile von Microsoft herunter: Ja, das ist legal. Allerdings auch hier gilt: Es sind proprietäre Dateien, alle Sicherheitsrisiken, die mit diesen Dateien verbunden sind, laden Sie ebenfalls herunter.

Am Ende des Vorganges finden Sie drei Icons auf dem Desktop, die *Microsoft Word, Excel* und *PowerPoint* starten.

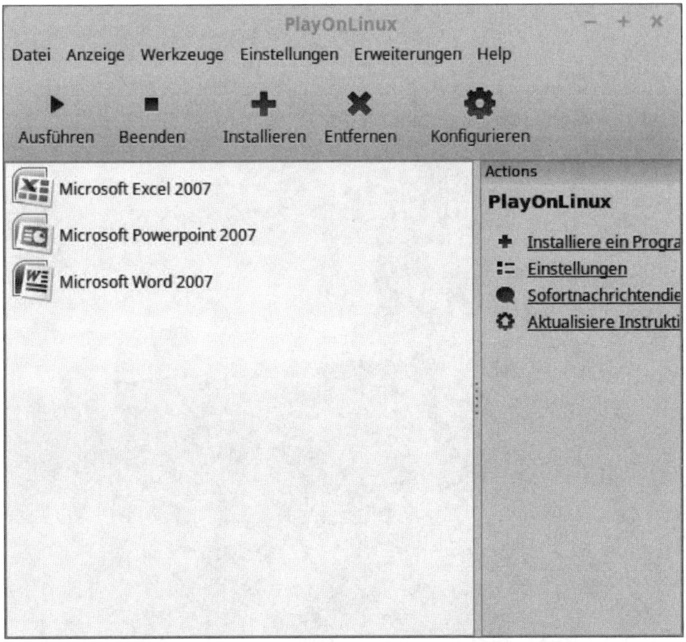

Abb. 5.10: Nun können Sie die gewünschten Programme starten

5.3 Die Königsdisziplin: Die virtuelle Maschine

Sollte das Windows-Programm, das Sie gerne nutzen würden, mit Wine trotz aller Anstrengung nicht funktionieren, bietet sich immer noch eine sogenannte *virtuelle Maschine (VM)* an. Während Wine einem Programm innerhalb der Linux-Umgebung »vorgaukelt«, es befände sich in einer Windows-Umgebung, erschafft die virtuelle Maschine tatsächlich eine neue Umgebung, eingebettet in Linux. Dies kann Windows, aber auch ein anderes Betriebssystem sein, wie eine andere Linux-Distribution, Android, DOS oder Solaris. Im Unterschied zu Wine wird dieses sogenannte Gastsystem auf einem virtuellen Computer vollständig installiert. Gestartet wird es ebenfalls innerhalb der VM, was bedeutet, dass der Wechsel zwischen einem Programm, das unter Linux läuft, und einem Programm eines anderen Betriebssystems nichts anderes ist als der Wechsel zwischen zwei Fenstern.

Abb. 5.11: Mein Arbeitsplatz: Im rechten Monitor läuft Windows in einer VM, im linken Linux Mint

Voraussetzung für eine befriedigende Performance ist allerdings ein leistungsstärkerer PC, da vor allem der Arbeitsspeicher zwischen dem Host, also dem Gastgeber (in unserem Falle Ubuntu) und dem Gastsystem (z.B. Windows) geteilt werden muss. Es müssen schon 4 GB RAM zur Verfügung stehen, damit flüssiges Arbeiten in der virtuellen Umgebung überhaupt möglich ist.

Darüber hinaus benötigen Sie natürlich eine Installations-CD oder -DVD des Gastsystems, da Sie das Betriebssystem neu installieren müssen. Eine virtuelle Maschine, die dem Open-Source-Gedanken entspricht und zudem überaus anfängerfreundlich ist, ist die *VirtualBox*.

VirtualBox installieren

Sie können das Programm über Ihre Anwendungsverwaltung, aber auch von der Internetseite *https://www.virtualbox.org/wiki/Downloads* herunterladen. Klicken Sie dazu den Eintrag FOR LINUX HOSTS an und wählen Sie UBUNTU18.04 aus. Um die weitere Installation der VirtualBox kümmert sich das Paketinstallationsprogramm.

Extension-Packs installieren

Als Zweites sollten Sie das Extension-Pack installieren: Dies ermöglicht Ihrem Gastsystem unter anderem auf die USB-Schnittstellen zuzugreifen. Dies geschieht wie folgt: Klicken Sie auf der Internetseite der VirtualBox neben dem Eintrag VIRTUALBOX EXTENSION PACK auf den Link ALL SUPPORTED PLATFORMS und laden Sie die passende Datei herunter. Die Frage, was mit dieser Datei zu tun ist, beantworten Sie mit ÖFFNEN MIT ORACLE VIRTUALBOX. Das Programm VirtualBox startet und integriert dieses Paket automatisch. Sie brauchen sich auch in Zukunft um dieses Modul nicht mehr zu kümmern, das Programm pflegt die Erweiterung nun selbstständig ein.

DKMS installieren

Als letzte vorbereitende Maßnahme sollten Sie das Modul *DKMS (***D***ynamic* **K***ernel* **M***odul* **S***upport)* installieren. Dies ist zwar nicht zwingend notwendig, erleichtert die Arbeit mit der VirtualBox allerdings enorm.

Denn immer dann, wenn ein Kernel-Update im Rahmen der System-Aktualisierung erfolgt, verweigert die VirtualBox zuerst den Betrieb. Das ist jedoch keine große Sache: Starten Sie in diesem Falle das Terminal und geben Sie den Befehl

```
sudo /etc/init.d/vboxdrv setup
```

ein.

Um dieses Prozedere nicht einmal im Monat durchführen zu müssen, überwacht DKMS die Updates und installiert die notwendigen Kernelmodule automatisch. Sie installieren dieses Modul einfach mit dem Befehl

```
sudo apt-get install build-essential dkms
```

Wichtig!

VirtualBox legt bei der Installation eine neue Nutzergruppe an, die vboxusers. Sollte es Ihnen nicht möglich sein, das Programm zu nutzen, sind Sie wahrscheinlich nicht in dieser Nutzergruppe eingetragen. Starten Sie das Terminal und geben Sie den Befehl

```
sudo usermod -a -G vboxusers <Nutzername>
```

ein. Damit werden Sie zum Mitglied der gewünschten Gruppe und können von nun an auch die VirtualBox nutzen.

Nun wird es aber Zeit, ein Gastsystem zu installieren. Hierzu nehmen wir doch einfach Windows 7. Nach dem Klick auf den Button NEU werden Sie durch den sehr einfachen Installationsvorgang geleitet.

Geben Sie der virtuellen Maschine einen Namen. Sie können so viele virtuelle Maschinen mit so vielen Betriebssystemen installieren, wie Sie wollen. Damit Sie diese leicht auseinanderhalten können, vergeben Sie einen eindeutigen Namen, z.B. `Windows7`. Klicken Sie darüber hinaus im Drop-down-Menü an, welches Betriebssystem Sie installieren wollen, die VirtualBox bereitet alles dafür vor.

Abb. 5.12: Weisen Sie einen eindeutigen Namen und das gewünschte Betriebssystem zu

Im nächsten Schritt weisen Sie Ihrem Gastbetriebssystem, in diesem Falle Windows 7 (32 Bit), Arbeitsspeicher zu. Rechts ist angezeigt, über wie viel Arbeitsspeicher Ihr System verfügt. Geben Sie höchstens die Hälfte des Speichers für das Gastsystem frei.

Windows 7 benötigt in der 32 Bit Version mindestens 1 GB RAM, ein flüssiges Arbeiten ist dann allerdings immer noch nur schwer möglich. Sollten Sie jedoch ein DOS-System installieren wollen, z.B., um alte PC-Spiele zu spielen, brauchen Sie dem Gastsystem nur einige wenige MB zuzuweisen.

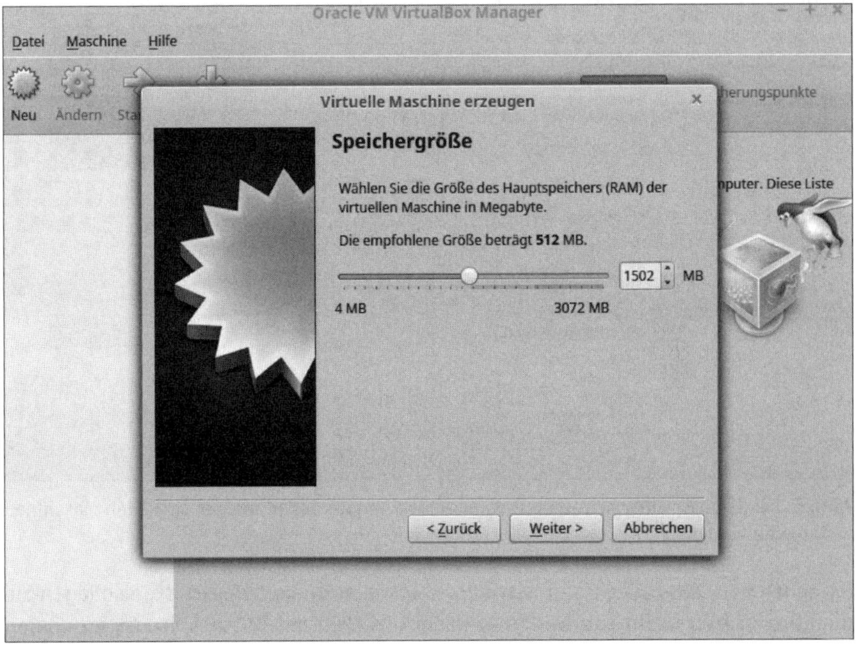

Abb. 5.13: Zuweisung des Arbeitsspeichers

Wenn Sie auf Weiter klicken, werden Sie zu Einstellungen bezüglich der Festplatte gefragt.

Klicken Sie bitte auf die Optionen: Bootfestplatte / Festplatte erzeugen, Dateityp VDI (VirtualBox Disk Image), und Art der Abspeicherung: dynamisch alloziert. Klicken Sie auf Weiter bis Sie zu diesem Bildschirm kommen:

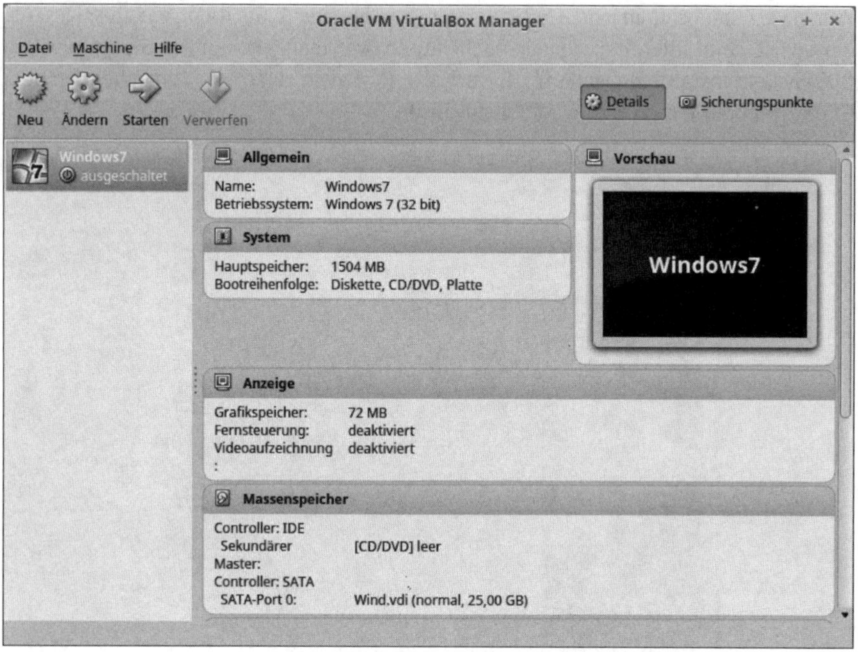

Abb. 5.14: Jetzt ist alles so vorbereitet, dass Sie Windows innerhalb der virtuellen Maschine installieren können

Sie sehen nun, dass alles für eine Windows-Installation vorbereitet ist, also legen Sie die CD oder DVD in Ihr Laufwerk ein. Nach Anklicken des Buttons STARTEN im oberen Menü werden Sie narrensicher durch den Installationsvorgang für Windows geleitet.

Da es sich bei Windows allerdings nicht um freie Software handelt, benötigen Sie einen Registrierungsschlüssel. Diesen haben Sie beim Kauf des Computers oder des Betriebssystems erhalten, er klebt meistens mit einem Sicherheitsaufkleber am oder unter dem Computer oder auf der CD-ROM.

Installation der Gasterweiterungen innerhalb des Gastsystems

Nachdem Sie Windows installiert haben, können Sie die virtuelle Maschine mit einem Klick auf das Symbol im Startmenü starten. Sie werden feststellen, dass das Ganze noch sehr unfertig wirkt. Sie können nicht im Vollbildmodus arbeiten und ein nahtloser Austausch zwischen Windows und Linux ist auch noch nicht möglich. Jetzt ist es Zeit, die Gasterweiterungen zu installieren.

Denn erst die Gasterweiterungen ermöglichen den Aha-Effekt, die nahtlose Einbindung des Gastsystems (hier: Windows) in das Gastgebersystem (hier: Linux). Wenn Sie zwei Monitore an Ihrem PC angeschlossen haben, können Sie mit der Maus ganz einfach aus dem VM-Fenster von einem Monitor zu dem anderen wechseln, Drag & Drop zwischen den Fenstern und Systemen wird möglich und Sie können einen gemeinsamen Ordner benennen, auf den beide Systeme zum Datenaustausch gemeinsam zugreifen können. Sehr komfortabel ist zudem der *Seamless-Windows-Modus*, der das Gastsystem mit der originalen Auflösung im Vollbildmodus laufen lässt. Die Datei, die all dies möglich macht, haben Sie bereits heruntergeladen, es handelt sich um die Datei `VboxGuestAdditions.iso` im Verzeichnis `usr/share/virtualbox`.

War das Einlegen in den älteren Versionen oft mit viel Aufwand verbunden, so ist dies nun kinderleicht. Im Menü der VirtualBox findet sich der Eintrag GERÄTE/GASTERWEITERUNGEN EINLEGEN. Klicken Sie auf den Menüeintrag und die `.iso`-Datei wird automatisch in ein virtuelles CD-Laufwerk eingelegt.

Schließen Sie danach Windows und beenden Sie die VirtualBox. Nach einem Neustart sollte Windows im Vollbildmodus und ohne Einschränkungen starten.

Parallele Installation	Beide Systeme arbeiten mit voller Funktionalität	Umständlich zu wechseln Zwei vollständig installierte Betriebssysteme nötig
Wine	Einige Programme arbeiten nicht in vollem Umfang	Kein Windows-Betriebssystem nötig
Virtuelle Maschine	Zwei vollständig installierte Betriebssysteme nötig Benötigt leistungsstärkere Rechner	Benutzte Software funktioniert zuverlässig Fließender Wechsel zwischen den Systemen

Tab. 5.1: Drei verschiedene Möglichkeiten, Windows-Programme zu nutzen

Tipp

Die virtuellen Festplatten werden in der Regel als eine sehr große Datei im Verzeichnis /home/VM/ gespeichert. Wenn Ihr Laufwerk als FAT32 formatiert wurde, sind Sie in der Verwaltung dieser Dateien sehr stark eingeschränkt, da FAT32 Probleme mit sehr großen Dateien hat. Sie können zum Beispiel das virtuelle Laufwerk nicht nachträglich vergrößern, falls der Platz knapp würde. Es ist daher empfehlenswert, entweder eine eigene Partition oder sogar ein externes Laufwerk zu nutzen, das als ntfs formatiert wurde.

Festplattengröße nachträglich verändern

Sie haben also ein virtuelles Windows angelegt und einige wenige Programme, für die es keine Linux-Alternative gibt, installiert. Und Sie waren vielleicht etwas zurückhaltend, als es darum ging, hier Festplattenplatz zuzuweisen. Nun ist die Festplatte Ihres virtuell installierten Windows (oder eines anderen Betriebssystems) voll. Was tun, müssen Sie nun alles neu installieren? Nein, Sie können den zugewiesenen Festplattenplatz nachträglich vergrößern.

Die VirtualBox liefert dazu gleich ein Tool mit, das allerdings auf der Kommandozeile ausgeführt wird. Sie brauchen dazu den Pfad, in dem Ihre .vdi-Dateien gespeichert sind. Das sind die Dateien, die Ihre kompletten virtuellen Laufwerke beinhalten. Notieren Sie sich diesen Pfad, beenden Sie die VirtualBox und starten Sie das Terminal.

Nun geben Sie folgenden Befehl ein:

```
sudo VBoxManage modifyhd [Pfad zur Datei]datei.vdi --resize Zielgrö-
ße_in_MB
```

Beispiel

Die Datei, die das Windows-Laufwerk enthält, befindet sich unter /home/christoph/win.vdi und ich möchte sie auf 30 GB vergrößern. Dann lautet der Befehl:

```
sudo VBoxManage modifyhd /home/christoph/win.vdi --resize 30000
```

Das war der erste Teil, starten Sie nun die VirtualBox und das installierte Windows. Windows hat jetzt zwar mehr Festplattenplatz zur Verfügung, kann den neuen Speicher aber leider nicht selbstständig erkennen. Öffnen Sie in Windows die Datenträgerverwaltung über SYSTEMSTEUERUNG / SYSTEM UND SICHERHEIT / VERWALTUNG / FESTPLATTENPARTITIONEN ERSTELLEN UND FORMATIEREN.

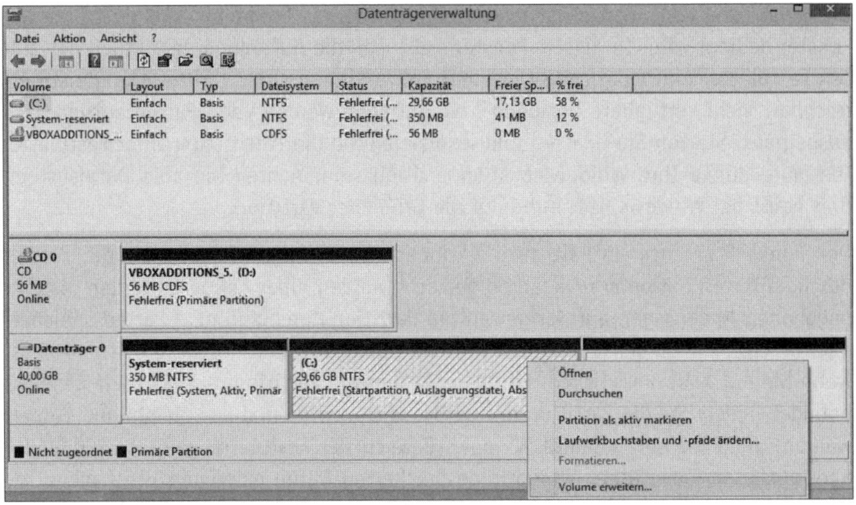

Abb. 5.15: Laufwerksverwaltung unter Windows

Hier sehen Sie den nicht zugeordneten Speicherplatz. Klicken Sie die Hauptpartition des virtuellen Systems (`C:`) mit der rechten Maustaste an und wählen Sie SPEICHERPLATZ ERWEITERN. Normalerweise müssen Sie nichts an den Voreinstellungen ändern, die Windows vorgibt: Der gesamte nicht zugeordnete Speicherplatz wird jetzt einfach der Partition `C:` zugeordnet.

Die Windows-Partition von der Festplatte entfernen

Natürlich ist es nicht sinnvoll, Windows sowohl in der VirtualBox als auch in einer zweiten Partition auf dem Rechner zu belassen. Wenn die Programme in der VirtualBox oder unter Wine zu Ihrer Zufriedenheit laufen, können Sie die Festplatte auch vollständig für Linux freigeben. Dazu benötigen Sie eine Software, mit der man seine Partitionen, also die Teilbereiche der Festplatte, die für Linux und Windows reserviert sind, einsehen kann. Ein Programm namens *GParted* ist hier der Goldstandard.

Machen Sie aber zuerst unbedingt ein Backup aller wichtigen Dateien. Falls Sie mit einem Laptop arbeiten, stellen Sie die Stromversorgung sicher, ein Stromausfall könnte den Computer unbrauchbar machen. Schauen Sie im persönlichen Ordner nach, wie groß Ihre Windows-Partition ist, denn die müssen sie unter GParted erkennen können.

Falls Sie, wie in einem der vorherigen Kapitel beschrieben, bereits auf Ihre Windows-Daten zugreifen mussten, kennen Sie Ihre Windows-Partition schon und wissen, wie groß diese ist.

Die Benutzung von GParted ist relativ einfach, da das Programm komplett über ein Fenster bedient wird. In diesem Fenster sieht man die Aufteilung der aktuell gewählten Festplatte. Alle möglichen Optionen und Aktionen sind über die Menüleiste erreichbar. Nicht verfügbare Optionen bzw. Aktionen werden von GParted automatisch ausgegraut. Starten Sie GParted und inspizieren Sie die Partitionen Ihrer Festplatte. Die erste dürfte Ihre Windows-Systempartition sein. Achten Sie aufs Dateisystem, dies heißt bei Windows `ntfs`, und auf die Größe der Partition.

Der Punkt Bearbeiten enthält zwei Aktionen: Über Rückgängig können die zuletzt durchgeführten Aktionen rückgängig gemacht werden, über Anwenden werden die eingegebenen Änderungen auf der gewählten Partition durchgeführt. GParted speichert alle Änderungen zunächst in einem Zwischenspeicher und führt diese erst dann aus, wenn Sie auf Anwenden klicken. Löschen Sie nun die Partition, auf der sich Windows befindet, indem Sie die Partition mit der Maus markieren und den Menüpunkt Löschen wählen. Jetzt ist der gesamte Windows-Bereich der Festplatte gelöscht; Windows, aber auch sämtliche unter Windows gespeicherten Daten existieren nicht mehr. Sie können auch noch andere Partitionen, die vielleicht im Laufe des Windows-Lebens entstanden sind, löschen. Keinesfalls jedoch dürfen Sie die Partitionen `linux-swap` und `ext4` löschen.

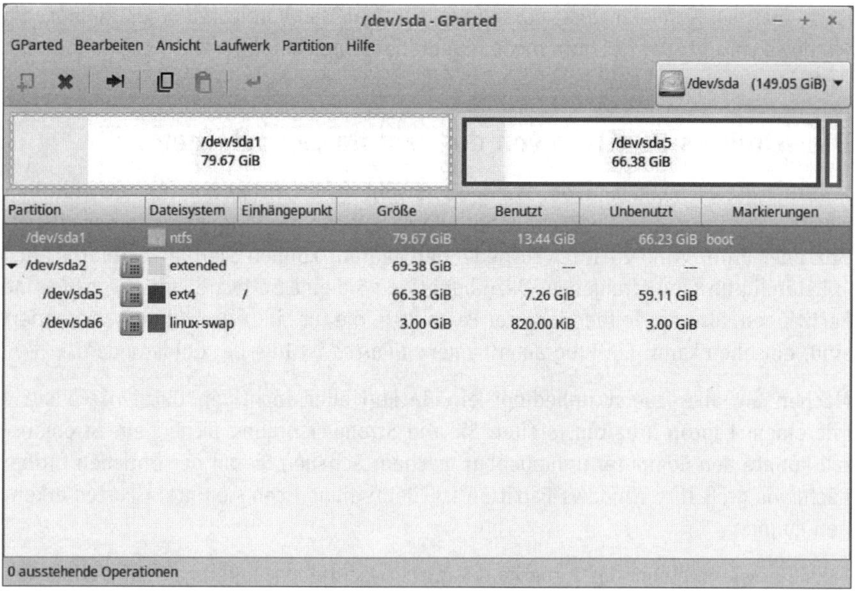

Abb. 5.16: Die Aufteilung einer Festplatte in verschiedene Partitionen

Nun lesen Sie die Partitionen neu ein.

Öffnen Sie das Terminal und geben Sie den Befehl

```
sudo update-grub
```

ein, drücken Sie `Enter` und legitimieren Sie sich mit Ihrem Passwort.

Starten Sie den PC neu, Windows gehört nun der Vergangenheit an, der Bereich, der von Windows genutzt wurde, ist leer. Mit GParted können Sie also die Windows-Partition recht einfach von Ihrem Laufwerk entfernen.

Den frei gewordenen Platz könnten Sie als Speicherort für sehr große Dateien formatieren oder Sie schlagen den Speicherplatz Linux zu. Das Problem besteht allerdings darin, dass Ihre Linux-Partition nur verändert werden kann, wenn sie nicht genutzt wird. Aber genau dies tun Sie ja, wenn Sie Linux gestartet haben.

Der Ausweg führt einmal mehr über eine Live-Installation, so wie Sie sie bereits anfangs des Buches kennengelernt haben.

Eine Mini-Live-Installation, auf der dann auch nur noch GParted läuft und sonst gar nichts, erhalten Sie unter *http://gparted.sourceforge.net/livecd.php*.

Erstellen Sie aus dieser `.iso`-Datei einen bootfähigen USB-Stick und starten Sie den PC. Wenn Linux startet, müssen Sie wieder das BIOS aufrufen und den USB-Stick als Boot-Laufwerk definieren. Wie Sie all das bewerkstelligen, ist in Kapitel 2 beschrieben.

Auf diesem Stick können Sie jetzt Ihre Linux-Partition einfach vergrößern, indem Sie sie mit der rechten Maustaste anklicken und die Option GRÖSSE DER PARTITION ÄNDERN ODER VERSCHIEBEN auswählen. Übernehmen Sie die Änderungen wieder übers grüne Häkchen, warten Sie ab, bis diese geschrieben sind.

Nun haben Sie Windows entfernt und den freien Festplattenplatz Linux zugeschlagen. Entfernen Sie den USB-Stick wieder und stellen Sie gegebenenfalls im BIOS Ihre Festplatte als erstes Boot-Laufwerk ein.

Sie sind jetzt endgültig in der Linux-Welt angekommen. Herzlich willkommen!

5.4 Linux-Alternativen bekannter Windows-Programme

Durch die marktbeherrschende Stellung, die Microsoft mit seinem Betriebssystem einnimmt, sind auch die Programme, die auf Windows basieren, zum Synonym verschiedener Aufgabenbereiche geworden. Wir sprechen wie selbstverständlich vom »PowerPoint-Vortrag«, unabhängig davon, ob der Vortragende wirklich diese Präsentationssoftware benutzt hat; ist ein Foto offensichtlich nachträglich verschönert, wurde es »mit Photoshop« bearbeitet.

Diese zweifelsohne sehr nützlichen Programme sind jedoch meist für die Windows-Welt geschaffen. In fast allen Fällen können Sie jedoch auf ähnlich gute Programme mit vergleichbarem Funktionsumfang zurückgreifen, wenn Sie Ubuntu nutzen. Mit mehreren entscheidenden Vorteilen: Während Photoshop nur noch als Abo-Modell und Microsoft Office in der einfachsten Version nicht unter 100 Euro zu bekommen ist, kosten die Open-Source-Äquivalente für Linux gar nichts.

Ich möchte Ihnen in diesem Kapitel alternative Möglichkeiten zu Microsoft-Programmen aufzeigen. Nicht alle Programme sind Open Source, aber Sie können mit allen Programmen die gleichen Aufgaben erledigen, wie mit denen, die Sie vielleicht bereits unter Windows benutzt haben.

Office-Programme (Microsoft Office)

LibreOffice

https://de.libreoffice.org
Ist der Platzhirsch unter den Linux-Büropaketen und als Teil von Ubuntu bringt das Programmpaket dieselbe Funktionsvielfalt mit, die MS-Office auch hat. Standardmäßig werden alle Dokumente, gleich ob Textdatei oder Tabelle, im selben Format gespeichert, dem OpenDocument-Format. Das ist so erfolgreich, dass auch die neueren Versionen von Microsoft Office das Format unterstützen. Das Büropaket wird in diesem Buch etwas genauer unter die Lupe genommen.

Calligra Office

https://www.calligra.org
Diese Office-Suite ist nicht ganz so umfangreich und komplex, trotzdem reicht der Funktionsumfang für die allermeisten Anforderungen locker aus.

Gnome-Office

Im Unterschied zu den beiden vorher genannten Office-Suiten handelt es sich hier nicht um ein einheitliches Konzept, sondern um eine mehr oder weniger lockere Sammlung von Einzelprogrammen, die eigenständig installiert werden können.

Textverarbeitungen (Microsoft Word)

LibreOffice Writer

Ist Teil des LibreOffice-Programmpakets. Enorm umfangreich mit sehr guten Im- und Exportfiltern für Dokumente, die mit MS Word erstellt wurden. Darüber hinaus können die Originalschriften eingebunden werden.

AbiWord

https://www.abiword.org
Wenn es nicht ganz so umfangreich zu sein braucht, wie LibreOffice Writer, reicht auch diese schnelle, schlanke Textverarbeitung, die ein Teil von Gnome-Office ist. Die Filterfunktionen zu anderen Textformaten sind naturgemäß sehr viel einfacher, funktionieren aber trotzdem verblüffend gut. Diese Textverarbeitung findet sich oft auf schwächeren Systemen.

Tabellenkalkulationen (Microsoft Excel)

Tabellenkalkulationen sind nie einfach: Der Umgang mit den integrierten Formeln und (finanz-)mathematischen Funktionen setzt immer auch ein gewisses Abstraktionsverständnis und mathematische Kenntnisse voraus.

Gnumeric

http://www.gnome.org/projects/gnumeric
Gnumeric ist eine schnelle und robuste Tabellenkalkulation. Es meistert alle Aufgaben des täglichen Arbeitslebens meist problemfrei und bietet eine Vielzahl an Optionen in gut strukturierten Dialogen an. Mehr als 300 hinterlegte Formeln und Funktionen sind für den Normalverbraucher mehr als ausreichend.

LibreOffice Calc

http://www.libreoffice.org
Einer der Ansprüche, die sich LibreOffice auf die Fahne schreibt, ist die möglichst weitreichende Kompatibilität mit dem Marktführer Excel. Dies gelingt in aller Regel

auch gut, die große Stärke von LibreOffice ist allerdings die perfekte Einbindung in die übrigen Elemente von LibreOffice.

Wenn Sie sich nicht die Mühe machen wollen, Tabellen selbst zu erstellen, finden Sie Online jede Menge Vorlagen, die Sie einfach importieren und ausprobieren können.

Datenbanken (Microsoft Access)

Kexi

www.kexi-project.org

Glom

https://www.glom.org
Große Datenbanksysteme, wie LibreOffice Base oder Access erschlagen den wenig erfahrenen Nutzer mit mehr Funktionen, als im Alltag tatsächlich benötigt werden. Die beiden schlanken Datenbanken Kexi und Glom bringen demgegenüber sinnvolle Funktionen ohne Overkillgefahr mit und ermöglichen es dem Anwender ohne Vorkenntnisse, Datenbanken aufzusetzen und abzufragen.

LibreOffice Base

Wenn Sie mehr Funktionen benötigen, komplexe Datenbanken erstellen und auch beherrschen, ist Base das Programm der Wahl. Ein Assistent nimmt Sie an die Hand, wenn es darum geht, eine neue Datenbank zu erstellen oder eine Vorhandene zu öffnen. Die Community stellt im Vorfeld eine ganze Reihe vorgefertigter Datenbanken, von einfachen Adressbüchern und Trainingsplänen bis zu Auftragsbüchern und Kundendatenbanken für den professionellen Bereich zur Verfügung.

Präsentationssoftware (Microsoft PowerPoint)

LibreOffice Impress

Impress spielt hier natürlich in seiner eigenen Liga. Die Kompatibilität zu Microsoft ist sehr gut, auch wenn nicht perfekt.

Aber alle Features, die Sie bei PowerPoint finden, können Sie auch hier nutzen. Vorlagen, Hintergründe, Übergänge, Sortierfenster, was will man letztendlich mehr. Bei Präsentationen ist ohnehin die Gefahr, einen visuellen Overkill zu erzeugen, größer, als eine Funktion zu vermissen.

Ease

http://www.ease-project.org/
Dieses Programm macht seinem Namen alle Ehre und erstellt einfache Präsentationen mit einer sehr intuitiven Oberfläche und wenigen, nützlichen Optionen. Wenn Sie die Einarbeitung und den Funktionsumfang von Impress meiden wollen, werfen Sie einmal einen Blick auf diese App.

Projektmanagement-Software (Microsoft Project)

Diese hier vorgestellten Programme erstellen sogenannte Gantt-Diagramme, die die Planung und den Fortschritt eines Projektes auf einer Zeitskala visualisieren. Darüber hinaus finden Sie Informationen zu Kostenrechnung, Risikoanalyse und Kommunikationsmanagement.

GanttProject

http://ganttproject.sourceforge.net/
Sehr umfangreiche Projektplanung, der Im- und Export von MS-Project-Dateien ist möglich.

Planner

http://live.gnome.org/Planner
Schnell und schlank. Nutzt ein eigenes Datenformat, kann aber MS Project lesen.

ProjectLibre

https://sourceforge.net/projects/projectlibre/files/ProjectLibre/
Ein kommerzielles Programm, das in der Open-Source-Variante kostenlos ist.

Webdesign (FrontPage, Dreamweaver)

Um eine Webseite zu erstellen, benötigen Sie einen sogenannten HTML-Editor. Reicht es für den Einstieg, nur Texte, Bilder und Links darzustellen, ist es für den professionellen Einsatz nötig, auch mit Skriptsprachen, wie zum Beispiel PHP und JavaScript, oder Stylesheet-Sprachen, wie zum Beispiel CSS umzugehen.

Hier finden Sie eine Aufstellung tauglicher WYSIWYG-Editoren (what you see is what you get), bei denen die Seite beim Erstellen und Bearbeiten genauso angezeigt wird, wie sie der Browser später darstellt.

BlueGriffon

http://bluegriffon.org
Bietet eine kostenlose und eine lizenzierte Version mit enormem Umfang. Bereits die freie Version dürfte für den Privatanwender ausreichen.

KompoZer

http://www.kompozer.net
Einfache, leicht zu bedienende Webseitenerstellung mit ausreichendem Umfang für den Privatanwender. Grundlage ist Gecko, ein Modul von Mozilla, auf dem auch Firefox basiert.

Aptana Studio

http://aptana.com
Professionelle Webseitenentwicklung mit einer riesigen Auswahl von Tools zur Bearbeitung der Hintergrundfunktionen. Kein WYSIWYG und definitiv nicht einsteigergeeignet.

Webbrowser (Edge, Internet Explorer, Chrome)

Webbrowser stellen als eine der meistgenutzten Apps überhaupt einen zentralen Teil einer Distribution dar, bei Windows lassen sich die integrierten Internet Explorer und Edge beispielsweise nicht deinstallieren.

In Linux-Foren herrschen oft hitzige Diskussionen über Sinn und Unsinn, Sicherheit, Schnelligkeit und korrekte Darstellung der verschiedenen Programme.

Firefox

https://www.mozilla.org/de/firefox
Der Firefox, Webbrowser der Mozilla-Stiftung, ist der zweitmeist genutzte Browser weltweit.

Abgesehen von überzeugenden Sicherheitsfeatures, zeichnet er sich durch Erweiterungsmöglichkeiten, sogenannten Add-ons aus, die es ermöglichen, Werbung auszublenden, anonym zu surfen, Videos aus Webseiten auszuschneiden und herunterzuladen und vieles mehr. Schwächere Systeme haben Schwierigkeiten, Videos ruckelfrei anzuzeigen, da der Firefox relativ viel Speicherplatz in Anspruch nimmt.

Konqueror

https://konqueror.org/
Hierbei handelt es sich um den Webbrowser der KDE Software Compilation. Das Multitalent kann auch als als Dateimanager oder zum Betrachten von Bilddateien eingesetzt werden. Der Konqueror, der ohnehin Bestandteil des KDE-Desktops ist, bietet ebenfalls Add-ons an, um an persönliche Bedürfnisse angepasst zu werden.

Chrome/Chromium

https://www.chromium.org
Chrome ist der mit Abstand meistgenutzte Browser auf Desktopsystemen weltweit, allerdings ist ein großer Teil des Quelltextes proprietär. Da Google als Hersteller sehr an Daten seiner Nutzer interessiert ist, stimmt mich so etwas nachdenklich. Chromium ist dagegen Open Source und basiert auf den frei verfügbaren Teilen von Chrome. Chromium ist sehr schnell und schlank und wird gerne auf schwachen Systemen eingesetzt.

NetSurf

www.netsurf-browser.org
Sehr schneller, sehr leichtgewichtiger Browser, der auf alten Systemen und den minimalistischen Distributionen eine sehr gute Figur macht.

Epiphany/Eolie

https://wiki.gnome.org/Apps/Web
https://wiki.gnome.org/Apps/Eolie
Zwei Browser mit vollständiger Integration in die Gnome-Umgebung.

E-Mail-Clients (Microsoft Outlook)

Thunderbird

http://www.mozilla.com/thunderbird
Thunderbird ist das Pendant zu Firefox und einer der weltweit meistgenutzten E-Mail-Clients für den Desktop. Auch hier lassen sich eine Unmenge Add-ons hinzufügen, die das Arbeiten erleichtern und sicherer machen: Am häufigsten wird sicher Lightning eingerichtet, ein Kalender mit Verbindung zu allen möglichen Online-Kalendern.

Evolution

http://www.gnome.org/projects/evolution
Evolution ist weit mehr als nur ein E-Mail-Client, von Hause aus ist er ein Personal Information Manager und Bestandteil des Gnome-Desktops. Funktionen sind unter anderem die Organisation und Verwaltung von E-Mails, Kontakten, Terminen, Aufgaben und Notizen. Er ähnelt damit sehr viel mehr Microsoft Outlook.

KMail

https://userbase.kde.org/KMail
KMail ist der E-Mail-Client von KDE. Das Programm kann alleine ausgeführt werden oder es wird als Teil des kompletten KDE Personal Information Managers Kontact genutzt. Zur Verwaltung der E-Mail-Adressen wird das Programm KAddressBook verwendet, KNotes und KOrganizer verwalten dann die Notizen und Termine.

Brennsoftware (Nero Burning ROM)

Brasero

https://wiki.gnome.org/Apps/Brasero
Das Programm ermöglicht es, schnell und einfach CDs und DVDs zu brennen. Eine besondere Einarbeitung ist nicht nötig, allerdings fehlen Spezialfunktionen, wie das Auslesen einer CD und Umwandeln in `.mp3`-Dateien.

GnomeBaker

http://gnomebaker.sourceforge.net
Noch einfacher als Brasero. Einfach und intuitiv werden aus `.iso`-Dateien CDs gebrannt und Audio-CDs erstellt. Mehr nicht.

K3b

https://userbase.kde.org/K3b
Der Name K3b ist die kurze Schreibweise für »KDE Burn Baby, Burn!«. Hier finden Sie das genaue Gegenteil der oben genannten App. Denn das Ziel der K3b-Macher ist es, möglichst viele Funktionen zu integrieren und dabei intuitiv erledigen zu können.

Es werden CDs, DVDs oder Blu-Rays »on the fly« kopiert, ausgelesen, komprimiert … K3b liefert dabei einen vollständigen Ersatz für Windows-Programme wie Nero Burning ROM.

CDs rippen

Geht es nur um das reine Auslesen von Audio-CDs und das anschließende Umwandeln in komprimierte Formate wie `.ogg` oder `.mp3`, bietet Linux Programme wie Sand am Meer.

Grip

https://sourceforge.net/projects/grip/

ripperX

https://sourceforge.net/projects/ripperx/

Asunder

http://www.littlesvr.ca/asunder/

Sound Juicer

https://git.gnome.org//browse/sound-juicer

Audiobearbeitung

Audacity

http://www.audacity.de
Über die recht intuitiv gehaltene grafische Benutzeroberfläche können Sie hier die meisten wichtigen Funktionen mit nur sehr wenigen Klicks erreichen. Eingebaute Filter entfernen Rauschen oder Klirren.

Ardour

http://ardour.org
Ist für den professionellen Gebrauch gedacht und versucht nach eigener Aussage, die bestmögliche Bearbeitung für Tondateien zu ermöglichen. Das macht es schwierig für Einsteiger.

Bildbearbeitung für Rastergrafiken (Adobe Photoshop, Corel Photo-Paint)

Eine Raster- oder Pixelgrafik besteht aus einer rasterförmigen Anordnung von Bildpunkten (Pixeln). Jedem Pixel ist eine Farbe zugeordnet. Hauptmerkmale einer Rastergrafik sind Bildgröße in Pixeln sowie die Farbtiefe. Rastergrafiken eignen sich zur Darstellung komplexerer Bilder wie Fotos.

GIMP/GIMPShop

https://www.gimp.org/
GIMP ist der Platzhirsch unter den Photoshop-Konkurrenten. Das Programm erfüllt als professionelle Bildbearbeitung fast alle Ansprüche für die Erstellung, Gestaltung und Bearbeitung von Grafikdateien und kann mit allen gängigen Funktionen aufwarten. Der Ableger GIMPShop versucht dabei die Bedienung des Marktführers Photoshop zu imitieren, um die Umstellung zu erleichtern.

Krita

https://krita.org/en
Krita ist ein professionelles Malprogramm, das auch die Bearbeitung von Fotos beherrscht. Das Hauptaugenmerk liegt allerdings auf der Malerei.

Fotoverwaltung und Bearbeitung (Adobe Lightroom)

LightZone

http://lightzoneproject.org/
LightZone ist die Alternative zum Bildbearbeiter Lightroom. Das professionelle Tool unterstützt Sie beim Organisieren Ihrer Fotos und stellt gleichzeitig eine breite Palette an Bearbeitungsfunktionen bereit. Sie können die Aufnahmen im unkomprimierten Modus über unzählige Schieberegler in Belichtung, Farbgebung und Schärfe anpassen und verbessern. Ebenso einfach lassen sich Bilder zuschneiden oder ganz einfach nur rote Augen korrigieren.

darktable

https://www.darktable.org/
Alternativ dazu stellt darktable die Arbeitsabläufe in einem echten Labor nach: Vom Leuchttisch geht es in die Dunkelkammer, erst dann zur Diashow. Der Funktionsumfang ist für den ambitionierten Hobbyfotografen weit ausreichend.

Wenn die Fotoverwaltung ein bisschen einfacher sein soll, bieten sich folgende Programme an, die Ihre Bilder vor allem als Thumbnail darstellen und eine einfache Bildkorrektur anbieten:

digiKam

http://www.digikam.org

gThumb

https://wiki.gnome.org/Apps/Gthumb

KPhotoAlbum

https://www.kphotoalbum.org

Shotwell

https://wiki.gnome.org/Apps/Shotwell

Gwenview

https://userbase.kde.org/Gwenview

Programme für Vektorgrafiken (Adobe Illustrator, CorelDraw, FreeHand)

Vektorgrafiken basieren auf einer Bildbeschreibung, die die Objekte, aus denen das Bild aufgebaut ist, exakt definiert. So kann beispielsweise eine Linie in einer Vektorgrafik über Lage der Endpunkte, der Linienstärke und der Farbe vollständig beschrieben werden. Da nur diese Parameter gespeichert werden, lassen sich Vektorgrafiken mit geringem Platzbedarf speichern. Eine Eigenschaft ist daher auch die stufenlose und verlustfreie Vergrößerung.

Inkscape

https://inkscape.org/de/
Inkscape ist eine professionelle Arbeitsumgebung, die überhaupt keine Wünsche offenlässt. Die sehr üppige Ausstattung und die Möglichkeiten werden den Einsteiger wohl zuerst einmal abschrecken, denn das, was sich unter kundigen Händen als Ergebnis des Designprozesses ergibt, hat mit den Polygonen und Linien üblicher Vektorgrafiken nichts mehr zu tun.

LibreOffice Draw

Draw ist ein Teil der LibreOffice Suite und ist dann richtig für Sie, wenn Sie ein relativ einfach zu bedienendes Programm benötigen, mit dem Sie Skizzen, Flowcharts, Mindmaps etc. erstellen wollen.

Karbon

https://www.calligra.org/karbon/
ist das einfachste, der hier vorgestellten Vektorgrafik-Programme. Die Bedienung ist einfach und intuitiv, die Importfilter ermöglichen es, Dateien, die mit den proprietären Marktführern erstellt wurden, weiter zu bearbeiten.

Videobearbeitung (Windows Movie Maker, Adobe Premiere Elements)

Im Bereich der Videobearbeitung bietet Linux ein sehr weites Spektrum an Programmen. Vom hochprofessionellen Programm, das allen Microsoft-Programmen locker das Wasser reichen kann, bis hin zur kleinen App, mit der Sie Ihre Urlaubsvideos auf die Schnelle schneiden können.

Cinelerra

http://heroinewarrior.com/cinelerra.php
Cinelerra ist ein nichtlineares Videobearbeitungs- und -schnittprogramm, das im Umfeld professioneller Linux-Videoproduktion entstanden ist und dort genutzt wird. An Bord sind eine Menge erstklassiger Filter und Encoder, die nicht nur einen profanen Videoschnitt ermöglichen, sondern Rendering in höchster Qualität ermöglichen. Nach Aussage des Herstellers ist Cinelerra ohne Einschränkung auch für den privaten oder heimischen Videoschnitt geeignet. Dies mag zutreffen, Sie müssen dann allerdings eine längere Einarbeitung einplanen.

Und weil es so sehr komplex daherkommt, hat sich eine Community gebildet, die

Cinelerra CV

https://cinelerra-cv.org
veröffentlicht. CV steht dabei für Community Version. Es verzichtet auf einige professionelle Tools, wie den Umgang mit Farbräumen, und hat vermutlich immer noch mehr Funktionen an Bord, als der Normalnutzer gemeinhin braucht.

Kdenlive

https://kdenlive.org/
ist eine Videoschnittsoftware, vor allem für die KDE-Umgebung. Wie in dieser Umgebung üblich, wird an Funktionen nicht gespart, dabei benötigt das System nicht ganz so viel Computerleistung wie Cinelerra.

Avidemux

http://avidemux.sourceforge.net/
Avidemux ist ein Videoschnittprogramm für den ambitionierten Hobbyfilmer. Es ist plattformübergreifend, das bedeutet, Sie werden diese Software auch unter Windows oder macOS finden. Avidemux unterstützt zahlreiche Audio- und Videoformate und ermöglicht es meistens, diese untereinander zu konvertieren.

OpenShot

https://www.openshot.org/de/
Wenn es nur darum geht, Videos vom Smartphone oder von der ActionCam zu schneiden oder wo High-End-Qualität nicht so wichtig ist wie eine unkomplizierte Arbeitsoberfläche: OpenShot ist das richtige Programm für Sie. Der Videoschnitt gestaltet sich sehr einfach und gespeichert wird nach Vorlagen. Falls Sie ein YouTube- oder Vimeo-Konto haben, können Sie Ihre Filme auch gleich veröffentlichen.

Flowblade

https://jliljebl.github.io/flowblade

LiVES

http://lives-video.com

Open Movie Editor

http://www.openmovieeditor.org

Pitivi

http://www.pitivi.org

3D-Animationen (3ds Max)

Blender

http://www.blender.org
Blender ist ein enorm umfangreiches Profiwerkzeug für die Erstellung von 3D-Animationen. Auch wenn die Hersteller gerne mit intuitiver Bedienbarkeit werben: Dieses Programm ist nicht intuitiv bedienbar, wenn Sie allerdings viel Zeit haben und ein oscarreifes Meisterwerk erstellen möchten – hier ist Ihr Programm.

K-3D

http://www.k-3d.org
Wenn es etwas einfacher, allerdings auch weniger spektakulär sein darf.

Wings 3D

http://www.wings3d.com
Hier können Sie Modelle aus Polygonen erstellen und rendern lassen. Die Galerie der Webseite zeigt beeindruckende Stillleben

CAD-Programme (AutoCAD)

FreeCAD

https://www.freecadweb.org
Auch CAD-Programme benötigen Übung und Einarbeitung. Wenn Sie also auf die Schnelle eine technische Zeichnung anfertigen wollen – nehmen Sie lieber Papier und Bleistift. FreeCAD ist ein professionelles CAD-Programm mit Schnittstellen zu allen großen proprietären Programmen.

Sweet Home 3D

http://sweethome3d.sourceforge.net/index.html
Während sich FreeCAD an Architekten und Ingenieure richtet, ist Sweet Home 3D das Programm für Hobby-Innenarchitekten und Raumausstatter. Es ist vergleichsweise einfach zu bedienen und liefert anschauliche Ergebnisse. Leider lassen sich die Möbel großer Möbelhäuser nicht importieren, allerdings steht eine große Auswahl vorgefertigter Möbel zur Auswahl.

Kapitel 6

Ubuntu in der Gruppe

Eines vorweg: Sollten Sie Ihren PC allein nutzen, können Sie dieses Kapitel gerne überspringen.

6.1 Warum ein Mehrbenutzersystem?

Wenn Sie alleine als ein ganz normaler Nutzer vor Ihrem PC sitzen, haben Sie ja zunächst einmal Zugriff auf alle Ihre Daten, Ihre Textdokumente und die Musik- und Bildersammlung. Sie haben selbstverständlich die Möglichkeit, diese Dokumente zu bearbeiten, den Speicherort zu ändern und so weiter. Dies nennt man den »vollen Zugriff« auf Ihre Dateien.

Sie haben außerdem gemerkt, dass Sie die Möglichkeit haben, Einstellungen vorzunehmen, die das ganze System betreffen. Sie können Programme installieren und deinstallieren, den Zugang zum Netzwerk verändern und vieles mehr. Hierbei agieren Sie in zwei völlig verschiedenen Rollen, einmal als Nutzer (*user*) und als Systemverwalter (*admin*). Das ist Teil des Sicherheitskonzeptes von Linux und bedarf keiner weiteren Aufmerksamkeit, solange Sie Ihren Computer allein nutzen und keine andere Person Zugriff auf ihn bekommt. In diesem Fall können Sie dieses Kapitel getrost übergehen.

Oftmals wird ein Computer allerdings nicht allein von einem Menschen genutzt. Ein Computer kann z.B. auch im Klassenverband, in der Familie oder von Arbeitsgruppen gemeinsam benutzt werden. Oder ein Freund bittet kurz um Zugang zum Internet, weil er auf eine wichtige E-Mail wartet. Kurzum, die Wahrscheinlichkeit, dass ein Computer von mehreren Menschen genutzt wird, ist recht hoch und daher ist es sinnvoll, jedem Benutzer einen eigenen Zugang einzurichten. Wenn mehrere Personen einen Computer regelmäßig nutzen, z.B. in einer Schulklasse oder in der Familie, sollte jeder Benutzer die Möglichkeit haben, seine eigenen Dokumente, Fotos, E-Mails und so weiter vor den anderen zu schützen. Außerdem sollte nicht jeder Nutzer, der einen Computer verwendet, Systemveränderungen vornehmen können. Dieses Recht sollte einem oder zumindest einer sehr kleinen Gruppe von Nutzern vorbehalten sein. Ansonsten kann man sicher sein, dass das System nicht mehr lange funktionieren wird.

6.2 Benutzer und Benutzergruppen, oder: Ein bisschen Hintergrundwissen

Die Nutzer

Die Verwaltung mehrerer Benutzer und Benutzergruppen mit unterschiedlichen Zugriffsrechten, die gegebenenfalls sogar zeitgleich auf den Computer zugreifen, ist Linux in die Wiege gelegt worden. Erinnern Sie sich: Unix, der Ursprung von Linux ist vor allem ein netzwerkfähiges Mehrbenutzersystem. Aber auch wenn Sie Ihren Computer alleine nutzen wollen, Sie haben nach der Installation immer bereits zwei Nutzer mit eigenem Konto an Bord, nämlich Sie selbst als Standardnutzer und den Systemverwalter, auch genannt

Der Administrator (root)

root, der auch als *Administrator* oder *Superuser* firmiert, ist der mächtigste Nutzer des Systems. Er ist der Alleskönner, der das ganze System einsehen und verändern kann. Der Nutzer root hat zudem ein eigenes Konto, dies ist allerdings nicht unter dem Verzeichnis /home abgelegt, wie Ihr Konto, sondern residiert im Wurzelverzeichnis /. Ursprünglich ist der root gar kein Benutzer des Systems, also er schreibt in dieser Rolle keine Briefe, surft nicht im Internet und ruft keine E-Mails ab. Er ist nur und ausschließlich derjenige, der das System verwaltet. Sie kennen dies vielleicht von Ihrem Arbeitsplatz: Irgendetwas funktioniert nicht, Sie rufen den Administrator an, der das Problem behebt. Der Administrator ist aber mit den Arbeitsabläufen gar nicht befasst, seine Aufgabe ist ausschließlich die Wartung und Problembehebung.

Linux trennt diese Ebenen konsequent, denn es gilt der Satz:

> Jede Anwendung hat die gleichen Rechte wie sein Nutzer.

Stellen Sie sich vor, der root, mit der Berechtigung das gesamte System zu beeinflussen, schaut sich ein Video an. Dabei kommt ein proprietärer Codec zum Einsatz, der, warum auch immer, korrumpiert, also mit einer Schadsoftware belastet ist. Diese Schadsoftware hat nun dieselben Rechte wie der Nutzer root, kann also administrativ tätig werden und in Systemdateien hineinschreiben, die Schaden auf dem Computer anrichten. Solange Sie als normaler Nutzer angemeldet sind, kann dieser Schadcode nichts anrichten, denn der normale Nutzer hat keine Schreibberechtigung in den wichtigen Konfigurationsdateien.

Das Sicherheitssystem von Microsoft krankt genau an diesem Problem. Der Standardnutzer ist hier immer mit Administratorenrechten unterwegs, weil sonst die Antivirenprogramme keine Updates einspielen könnten und die Installation neuer Programme nicht möglich wäre.

Der Standardnutzer (user)

Ein Ubuntu-Nutzer, der vor einem Computer sitzt und arbeitet, ist zunächst einmal, wie es der Name schon andeutet, ein Standardnutzer (user). Dieser Benutzer wird mit seinem Benutzernamen und seiner Benutzernummer gespeichert. Diese lautet für den ersten Benutzer 1000, für den zweiten 1001 usw., allerdings sehen Sie diese Nummer im normalen Betrieb nicht.

> **Hinweis**
>
> Sie können die Nutzer allerdings mit ihren Nummern in der Datei `/etc/passwd` einsehen, die Passwörter sind trotz des irreführenden Dateinamens dort nicht gespeichert.

Wenn Sie als Nutzer vor Ihrem PC sitzen, haben Sie (und nur Sie) zunächst einmal Zugriff auf alle Ihre Daten, Textdokumente, Musik- und Bildersammlungen. Darüber hinaus haben Sie die Möglichkeit, diese Dokumente zu verändern, den Speicherort zu ändern und mehr.

Sie haben allerdings keinen Zugriff auf die Dateien der anderen Nutzer.

Sie haben erst recht keinen Zugriff auf die Systemdateien und Sie können keine Programme installieren. In der Konsequenz können Sie aber auch keine Aktualisierungen vornehmen, keinen Treiber installieren, Sie können nicht einmal ein Programm wie GParted bedienen oder eine `.iso`-Datei auf einen USB-Stick schreiben, denn auch diese Aktionen setzen Administratorenrechte voraus. Auf einem privaten Computer ist das natürlich extrem unpraktisch und wird dazu führen, dass entweder gar keine Aktualisierungen vorgenommen werden oder der Benutzer sich als root anmeldet, um seinen Tätigkeiten nachkommen zu können.

sudo

Eine Lösung für dieses Dilemma heißt *sudo*, was in der Regel mit »superuser do« übersetzt wird. Mit diesem Kommando kann ein Standardnutzer zeitweilig zum Systemverwalter werden: Immer dann, wenn für die Ausführung eines Programms Administratorenrechte erforderlich sind, wird das Passwort dieses Nutzers abgefragt und erst dann die Aktion ausgeführt. Die Rechte des Administrators bleiben einige Minuten erhalten, danach wird er wieder zum Standardnutzer.

Sie haben dies in den letzten Kapiteln schon einige Male durchgeführt: Bei allen Konfigurationen, die über eine grafische Oberfläche verfügen, erscheint ein Fenster, in dem Sie das Passwort eingeben müssen; wenn Sie mit dem Terminal arbeiten, müssen Sie dem jeweiligen Befehl das Kommando sudo voransetzen und das Passwort eingeben.

sudo ist ein eigenes, vielfältig konfigurierbares Programm und so interpretieren verschiedene Distributionen diese Möglichkeit auch unterschiedlich. Ubuntu weist dem ersten Nutzer, also dem, der das System auf dem Computer installiert, die Administratorenrechte per sudo zu. Dieser Nutzer meldet alle anderen Benutzerkonten an und kann jedes Mal entscheiden, ob er der einzige Nutzer mit Administratorenrechten bleiben oder ob er einem anderen Nutzer ebenfalls dieselben Rechte einräumen will.

sudo konfigurieren

Natürlich ist sudo konfigurierbar, wenngleich dies nicht ganz einfach und in den seltensten Fällen nötig ist. Alle Einstellungen werden über die Datei `/etc/sudoers` vorgenommen, das heißt, man schreibt seine Befehle in die Textdatei hinein. Sie können diese allerdings nicht einfach mit einem beliebigen Texteditor bearbeiten, Sie müssen im Terminal das Kommando

```
sudo visudo -f /etc/sudoers
```

eingeben, um den speziellen Editor *Vi* zu starten.

Der Umgang mit dieser Einstellungsdatei erscheint ein wenig kryptisch.

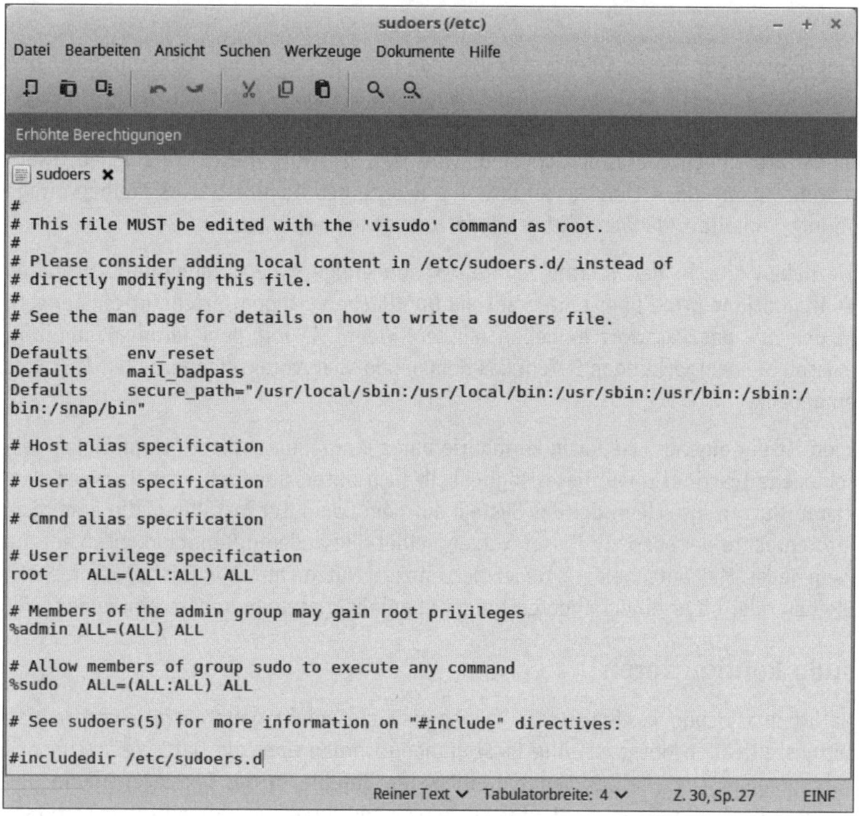

Abb. 6.1: In dieser Datei können Sie die Eigenschaften von sudo einstellen

sudo merkt sich beispielsweise das Administratorenpasswort 15 Minuten. Wenn Sie diese Zeit verändern wollen, können Sie diese Zeit mit der Eintragung

```
timestamp_timeout = 5
```

in fünf Minuten ändern. Tragen Sie eine Null ein, so gilt das Administratorenrecht einen Befehl lang.

Falls Sie über typischen Nerd-Humor verfügen, können Sie den ebenfalls in sudo ausleben: Suchen die Abteilung Defaults und tragen Sie hier den Satz

```
Defaults insults
```

ein.

Nun werden Sie bei jeder Falscheingabe des Passwortes nicht mehr mit dem langweiligen: »Sorry, falsches Passwort«, sondern einer kleinen, harmlosen Beleidigung (insult) wie: »And you want to be a rocketscient« empfangen.

6.3 Benutzerkonten verwalten

Über die Benutzerverwaltung

Die Benutzerverwaltung ist – im Hinblick auf die Zielgruppe – stark vereinfacht worden. Sie ist über die Systemeinstellungen und dann INFORMATIONEN / NUTZER aufrufbar. Um einen Benutzer anzulegen, müssen die Einstellmöglichkeiten zuerst durch einen Klick auf ENTSPERREN und die Eingabe des Passworts entsperrt werden.

Nach dem Entsperren können Sie neue Nutzer anlegen oder natürlich auch vorhandene löschen oder verändern.

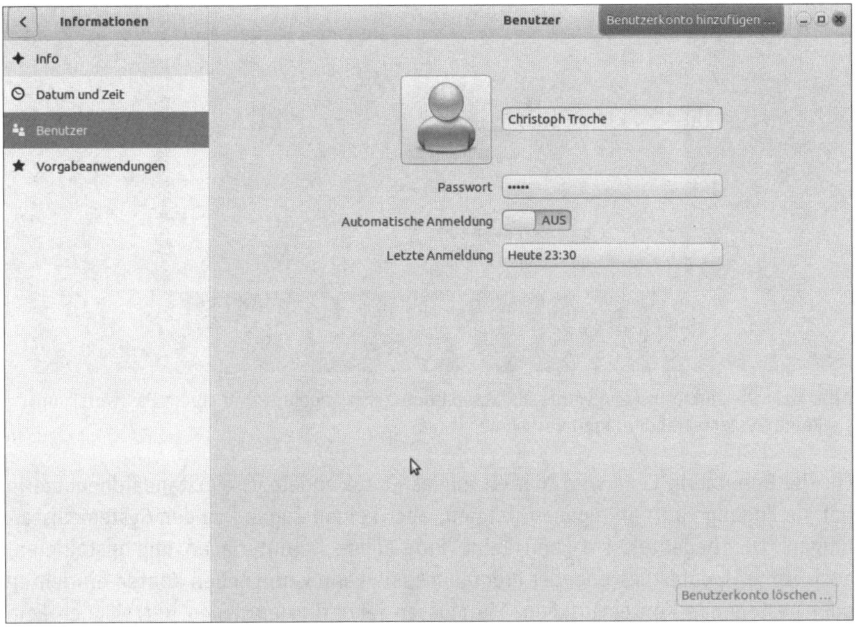

Abb. 6.2: Bisher ist nur ein Benutzerkonto vorhanden

Mit einem Klick auf den Button Benutzerkonten hinzufügen legt der Systemverwalter, also in der Regel Sie, ein neues Konto an. Hier tragen Sie dann den Namen und den gewünschten Nutzernamen ein. Weiterhin muss der neue Benutzer entweder dem Kontotyp Standard oder Systemverwalter zugeordnet werden. Der neue Nutzer erhält einen eigenen Persönlichen Ordner sowie eigene Profile bei Firefox und Thunderbird. Er muss oder kann sein eigenes E-Mail-Konto einrichten, das von niemandem ohne seine Erlaubnis eingesehen werden kann.

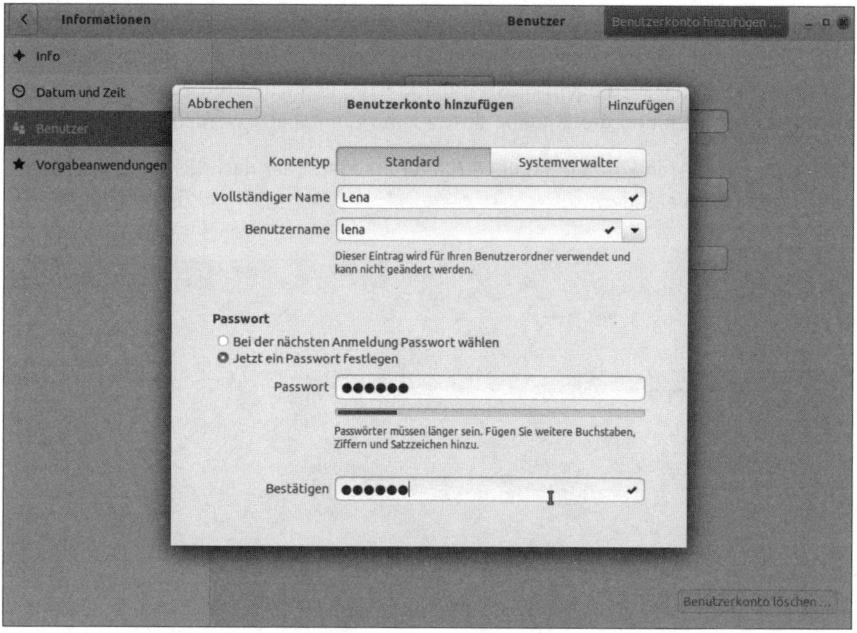

Abb. 6.3: Die Nutzerin Lena wurde als Standardnutzerin angelegt; mit ihrem Passwort kann sie keine Systemveränderungen vornehmen

Für die Benutzerin Lena wird hier ein neues Konto angelegt, als Standardbenutzerin hat sie Zugang zu ihren eigenen Dateien, aber keinen Zugang zu den Systemeinstellungen. Das bedeutet, sie kann keine Programme herunterladen und installieren, auch keine Updates bestehender Programme, sie kann keine neuen Konten einrichten oder bestehende Konten löschen. Sie müssen jetzt für den neuen Nutzer noch kein Passwort anlegen, Sie können auch festlegen, dass der neu angelegte Nutzer sein Passwort beim nächsten Systemstart in Ruhe selbst anlegen soll.

Abb. 6.4: Der Nutzer Pepe legt sein Passwort erst beim Systemstart fest

Um einen Nutzer zu löschen, wählt der Systemverwalter diesen zuerst aus und klickt dann auf den Button Benutzerkonten löschen. Daraufhin erscheint ein Dialog, in dem abgefragt wird, ob die Benutzerdaten, also alle erstellten Dokumente, ebenfalls gelöscht oder behalten werden sollen. Nach der Auswahl der entsprechenden Option wird das Benutzerkonto gelöscht.

Über das Terminal

Sie können natürlich einen neuen Nutzer mithilfe des Terminals anlegen, hierzu nutzen Sie den Befehl

```
sudo adduser [Nutzername]
```

Am Beispiel der Nutzerin Lena:

```
sudo adduser lena
```

Sie erhalten dann folgenden Ausdruck:

```
hristoph@christoph:~$ sudo adduser lena
sudo] Passwort für christoph:
Benutzer »lena« wird hinzugefügt …
Neue Gruppe »lena« (1001) wird hinzugefügt …
Neuer Benutzer »lena« (1001) mit Gruppe »lena« wird hinzugefügt …
Persönliche Ordner »/home/lena« wird erstellt …
Dateien werden von »/etc/skel« kopiert …
Geben Sie ein neues UNIX-Passwort ein:
Geben Sie das neue UNIX-Passwort erneut ein:
passwd: Passwort erfolgreich geändert
Benutzerinformationen für lena werden geändert.
Geben Sie einen neuen Wert an oder drücken Sie ENTER für den Standardwert
        Vollständiger Name []:
        Zimmernummer []:
        Telefon geschäftlich []:
        Telefon privat []:
        Sonstiges []:
Ist diese Information richtig? [J/N] j
```

Abb. 6.5: Nutzerin Lena wird im Terminal angelegt

Sie können bei den Abfragen über Zimmer- oder Telefonnummern etwas eintragen, müssen aber nicht.

Wenn Sie die Nutzerin Lena löschen wollen, verwenden Sie den Befehl

```
sudo deluser -- remove-home lena
```

Dieser Befehl löscht die Nutzerin Lena und ihr /home-Verzeichnis.

6.4 Benutzergruppen

Benutzergruppen vereinfachen dem Administrator das Leben, denn alle Mitglieder einer Benutzergruppe haben dieselben Rechte. Standardmäßig kreiert jeder Nutzer eine eigene Benutzergruppe, das heißt, der Nutzer `Christoph` ist (einziges) Mitglied der Benutzergruppe `christoph`, die Nutzerin Lena Mitglied der Gruppe `lena`. (Achten Sie darauf, dass die Gruppenbezeichnungen stets mit Kleinbuchstaben geschrieben werden.) Tatsächlich ist jeder Nutzer aber darüber hinaus Mitglied in einer ganzen Reihe von Gruppen, die allerdings nicht in der Benutzerverwaltung angezeigt werden. Diesen Benutzergruppen sind im Hintergrund Berechtigungen zugeordnet, z.B. kann nur ein Mitglied der Gruppe `scanner` auf ein solches Gerät zugreifen. Theoretisch können Sie diese Gruppenzugehörigkeit per Terminal verwalten, weiter unten erfahren Sie, wie Sie die Verwaltung auch per grafischer Nutzeroberfläche erreichen können.

`dialout`	Serielle Geräte, z.B. Modem nutzen
`fax`	Berechtigung, eingebautes Fax zu nutzen
`cdrom`	CD-ROM Laufwerk nutzen
`audio`	Audio-Geräte, z.B Soundkarte nutzen
`video`	Video-Beschleuniger oder TV-Hardware nutzen
`plugdev`	Auf externe Speicher zugreifen
`users`	Die Gruppe aller normalen Nutzer
`floppy`	Auf Diskettenlaufwerke zugreifen
`netdev`	Berechtigung, Netzwerke einzurichten
`scanner`	Berechtigung, auf Scanner zuzugreifen
`lp`	Drucker nutzen

lpadmin	Drucker einrichten
sudo	Administratoraufgaben mittels sudo ausführen
adm	Berechtigung, Logdateien anzusehen
shadow	Berechtigung, die gespeicherten Passwörter anzusehen
vboxsf	Auf eine virtuelle Umgebung (VirtualBox) zugreifen

Tab. 6.1: Benutzergruppen: Wer darf was?

Hinweis

Wenn Sie als Administrator einen Blick riskieren wollen, welche Gruppen es überhaupt gibt und welcher Nutzer welcher Gruppe zugeordnet ist, schauen Sie einmal in die Datei /etc/group. Dies ist eine schreibgeschützte Textdatei; Profis schreiben gleich in diese Dateien hinein, um ihr System zu verwalten. Sie müssen das nicht, können aber einen Einblick gewinnen, wie Linux sein eigenes System verwaltet.

6.5 Der Besitzer und seine Rechte

Während der Systemverwalter also eine Allmacht über das System hat und mit seinem Passwort das ganze System von der Festplatte verschwinden lassen kann, liegen alle Rechte über die Dateien, die jeder Nutzer in seinem persönlichen Ordner hat, ausschließlich bei diesem. Für die Distributoren von Ubuntu hat das Recht zur informationellen Selbstbestimmung oberste Priorität. Ubuntu ist so eingerichtet, dass jeder Benutzer zuerst einmal der Besitzer jeder Datei ist, die sich in seinem persönlichen Ordner befindet, unabhängig davon, ob er diese heruntergeladen oder selbst erstellt hat. Und jeder Besitzer hat das alleinige Entscheidungsrecht, ob und in welchem Umfang er andere Nutzer an seinen Dateien teilhaben lässt. Auch die Nutzerin Lena stellt diese Rechte selbst ein. Daher können diese Rechte auch nicht in der Benutzerverwaltung, die ja Domäne des Systemverwalters ist, vorgenommen werden, sondern nur in den Einstellungen des persönlichen Ordners, dem Terrain des Benutzers.

Nachdem sich die Nutzerin Lena eingeloggt hat, legt sie mittels ihres Passworts fest, welchen Zugriff auf Ordner oder einzelne Dateien die anderen Nutzer erhalten sollen. Dazu öffnet sie zuerst ihren persönlichen Ordner, markiert mit der rechten Maustaste den Unterordner oder die Datei, deren Zugriffsrechte sie festlegen möchte, und klickt auf EIGENSCHAFTEN.

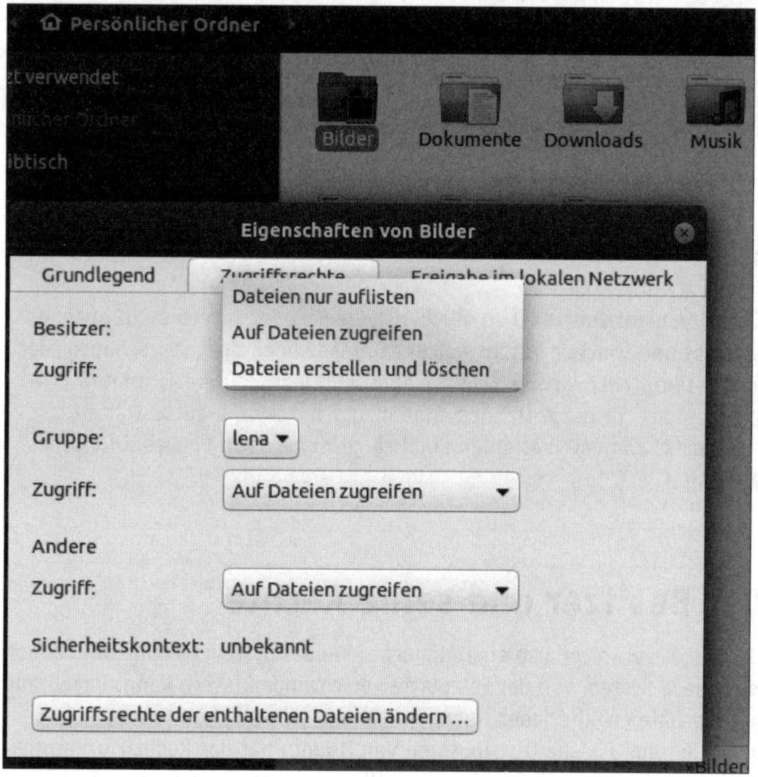

Abb. 6.6: Die Nutzerin Lena definiert hier, inwieweit andere Nutzer auf ihre Bilder zugreifen dürfen

Die Zugriffsoptionen

Die Besitzerin des Ordners BILDER ist Lena, sie darf selbstverständlich Dateien erstellen und löschen (Zeile BESITZER). Gleichzeitig ist sie Mitglied der Gruppe LENA und alle anderen Mitglieder dieser Gruppe dürften auf die Dateien zugreifen, das heißt, alle Mitglieder der Gruppe LENA dürfen die Bilder ansehen, können sie aber nicht verändern. Allerdings ist es bei Ubuntu nicht ohne Weiteres möglich, die Zugehörigkeit zu einer Gruppe zu verändern. Daher ist Lena das einzige Mitglied dieser Gruppe (Zeile GRUPPE).

Die Zeile Andere zeigt die Optionen für alle anderen Benutzer auf:

Zugriffsoption	Bedeutung
Keiner	Kein anderer Benutzer kann diesen Ordner öffnen, alle Inhalte bleiben verborgen. Höchste Diskretion.
Dateien nur auflisten	Alle anderen Nutzer können sich die Namen der im Ordner vorhandenen Dateien anzeigen lassen, aber die Dateien nicht öffnen.
Auf Dateien zugreifen	Alle anderen Benutzer können ein Bild ansehen, aber nicht bearbeiten.
Dateien erstellen und löschen	Alle anderen Benutzer können auf die Bilddateien von Lena zugreifen, diese bearbeiten, neue erstellen und löschen.

Tab. 6.2: Zugriffsoptionen für die Dateien eines Benutzers

Diese Einstellungen kann Lena für ihren gesamten persönlichen Ordner, einzelne Unterordner oder auch nur für einzelne Dateien vornehmen. Wie schon gesagt, handelt es sich bei dieser Benutzerverwaltung um eine sehr stark eingeschränkte, auf den Einsteiger abgestimmte Version. Es ist beispielsweise nicht möglich,

- neue Gruppen zu erstellen, zum Beispiel die Gruppe Kinder und Eltern, um die Nutzer hier zuzuordnen und die komplette Gruppe mit Rechten auszustatten.
- die Gruppenzugehörigkeit eines Nutzers zu ändern.
- als Besitzer eines Dokuments Zugriffsrechte differenzierter zu gestalten, z.B. der Nutzerin Hannah den Zugriff auf Bilder zu gewähren, dem Nutzer Pepe hingegen nicht.

Erweiterte Zugriffsoptionen

Sollte es für Sie dringend notwendig sein, die Zugriffsrechte differenzierter zu gestalten, können Sie sich die *gnome-system-tools* aus Ubuntu-Software herunterladen.

Nach der Installation müssen Sie sich einmal neu anmelden, um die Benutzerdaten des Systems einmalig einzulesen. Mit der stark erweiterten Funktionalität ist es möglich,

- neue Gruppen zu erstellen.
- einzelne Nutzer den Gruppen zuzuordnen.
- den Nutzern differenzierte Benutzerrechte zu erteilen.

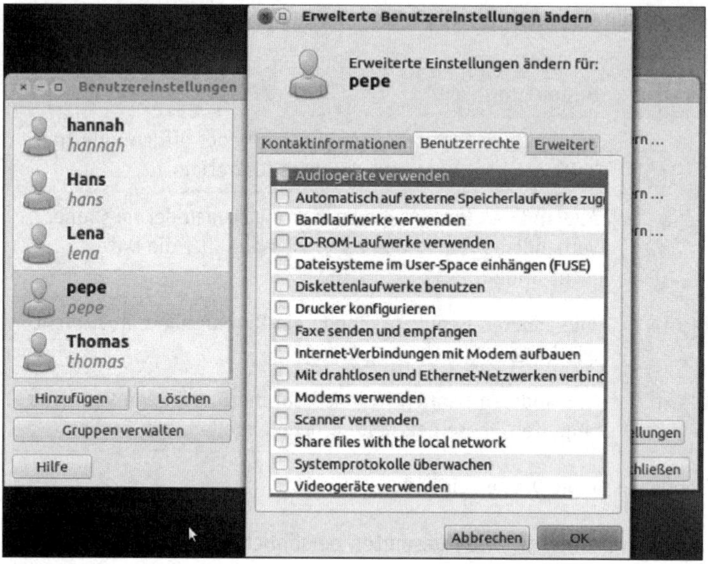

Abb. 6.7: Erweiterte Einstellmöglichkeiten für den Nutzer pepe

Im Unterschied zu den standardmäßigen Rechten können hier Zugriffsrechte individuell angepasst werden.

Darüber hinaus können Benutzergruppen angelegt und Nutzer individuell zugeordnet werden.

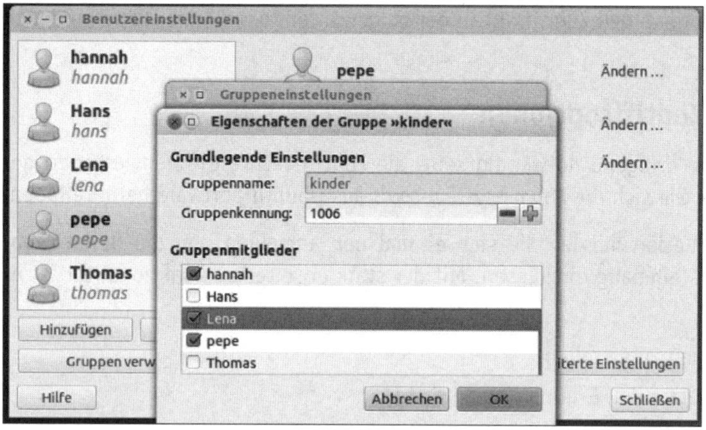

Abb. 6.8: Die neu erstellte Benutzergruppe `kinder`

Hier sind die Nutzer HANNAH, LENA und PEPE der Gruppe KINDER zugeordnet.

Jetzt ist es der Nutzerin Lena möglich, ihre Bilder oder Musikstücke der Gruppe KINDER zugänglich zu machen, aber allen anderen, auch der Gruppe ELTERN, nicht.

Gleichzeitig können Sie als Administrator es jedem einzelnen Nutzer individuell erlauben, auf Ressourcen des Systems zuzugreifen oder auch nicht. Als Systemverwalter können Sie beispielsweise dem Nutzer Pepe erlauben, auf den Scanner zuzugreifen, während die Nutzerin Hannah dies nicht darf.

Hinweis

Wenn Sie sich tiefer in diese Materie einlesen wollen, so finden Sie auf der Webseite

https://www.computerhope.com/unix/adduser.htm

weitere Informationen.

Kapitel 7

Ubuntu einmal anders

7.1 »Derivate« oder »Flavours« – Was ist das?

Als Windows-Nutzer ist Ihnen die Möglichkeit, ein und dasselbe Betriebssystem in vielen Varianten zu erleben, sicher völlig unbekannt. Die Arbeitsoberfläche, die mitgelieferten Systemprogramme – Sie müssen nehmen, was Sie kriegen.

Die Linux-Welt funktioniert anders. Wie ich mehrfach in diesem Buch beschrieben habe, ist Linux ein System mit einer offen einsehbaren Architektur. Dabei ist Linux eigentlich »nur« der *Kernel*, also der innerste Kern des Betriebssystems. Dieser stellt als elementarster und wichtigster Bestandteil eine Art Vermittlungsschnittstelle zwischen dem Rechner und der Software dar. Als Benutzer kommen Sie mit dem Kernel selbst gar nicht in Berührung.

Die offene Architektur hat zur Folge, dass, vereinfacht gesagt, jeder Entwickler, der sich dazu berufen fühlt, sein eigenes Linux zusammenstellen kann. Die Entwickler einer Distribution, wie auch die Entwickler von Ubuntu, können den Kernel nutzen, wie bei einem Baukastensystem einige Werkzeuge hinzufügen und mithilfe einer Desktop-Umgebung und einer Auswahl von Anwendungsprogrammen ihre Distribution zusammenstellen.

Installieren Sie also Ubuntu, so installieren Sie mehr als nur ein Betriebssystem: Sie installieren eine Arbeitsoberfläche, Werkzeuge, wie z.B. Fenstermanager und Soundserver, und schließlich eine Reihe von Programmen und Anwendungen. Diese unterscheiden sich natürlich in Umfang und Anspruch. Ein Brennprogramm beispielsweise kann sehr simpel und einfach sein und es kann jede Menge zusätzlicher Funktionen enthalten, z.B. die Möglichkeit, .mp3-Dateien zu decodieren und als Musik-CD zu brennen.

Da allerdings unpassende Programme schnell neu installiert und deinstalliert werden können, ist für den Nutzer die Arbeitsoberfläche viel interessanter als Auswahlkriterium. Das zweite Auswahlkriterium ist die vorhandene Hardware. Möchten Sie ein altes Netbook wieder in Betrieb nehmen, auf dem bereits Windows XP installiert war und das über wenig Arbeitsspeicher verfügt, oder haben Sie einen einigermaßen modernen PC mit schnellem Prozessor und ausreichend viel Arbeitsspeicher?

Bei den hier vorgestellten Derivaten handelt es sich also nicht um »Bastelware«, sondern um offizielle, von Canonical unterstützte Varianten. Die Langzeitunterstützung beträgt hier allerdings in der Regel drei statt fünf Jahre.

Laden Sie die Installationsdateien von der Ubuntu-Webseite *http://www.ubuntu.com/download* als sogenanntes *Flavour* herunter. Die Installationsroutinen unterscheiden sich nicht von der Vorgehensweise, die in diesem Buch beschrieben wird.

7.2 Kubuntu

http://www.kubuntu.org/

- 1-GHz-Prozessor
- 1.5 GB RAM
- 7 GB freier Festplattenspeicher
- 3D-fähige Grafikkarte
- Langzeitunterstützung: 3 Jahre

Kubuntu ist ein Derivat, das auf den Entwicklungen der KDE-Community basiert, insbesondere auf der Desktop-Umgebung *KDE Plasma*. Während Ubuntu die Einstellmöglichkeiten des Benutzers bewusst einschränkt, ist hier alles immer ein bisschen »mehr«. Mehr Einstellungsmöglichkeiten, sowohl im Grundsystem als auch in den von KDE entwickelten Anwendungen.

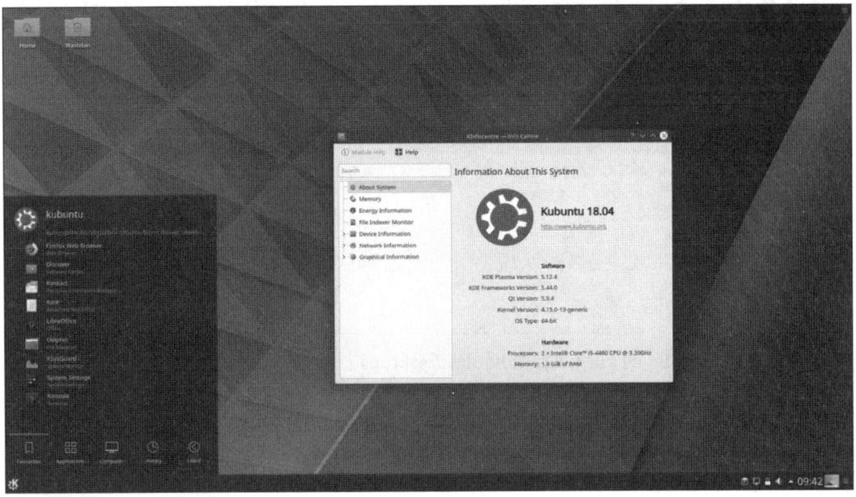

Abb. 7.1: Startbildschirm: Alle Programme auf einen Blick

Es ist beispielsweise sehr einfach, per Mausklick individuelle Arbeitsumgebungen zu schaffen, die die jeweils benötigten Programm-Icons vorhält: Eine Arbeitsumgebung für die Arbeit, eine für zu Hause, eine für die Schule. Zwischen diesen Arbeitsumgebungen kann selbstverständlich flexibel hin und hergewechselt werden. Sie können mit Miniprogrammen ausgestattet werden, die von der Wettervorhersage bis zur Gestaltung des Desktops alle Möglichkeiten bieten. Alleine mit dem Ausprobieren der unwahrscheinlich vielen Möglichkeiten kann man verregnete Samstage verbringen. Oder anders ausgedrückt: Wo Ubuntu die Motorhaube zugeschweißt hat, ist sie hier wieder aufgeflext worden.

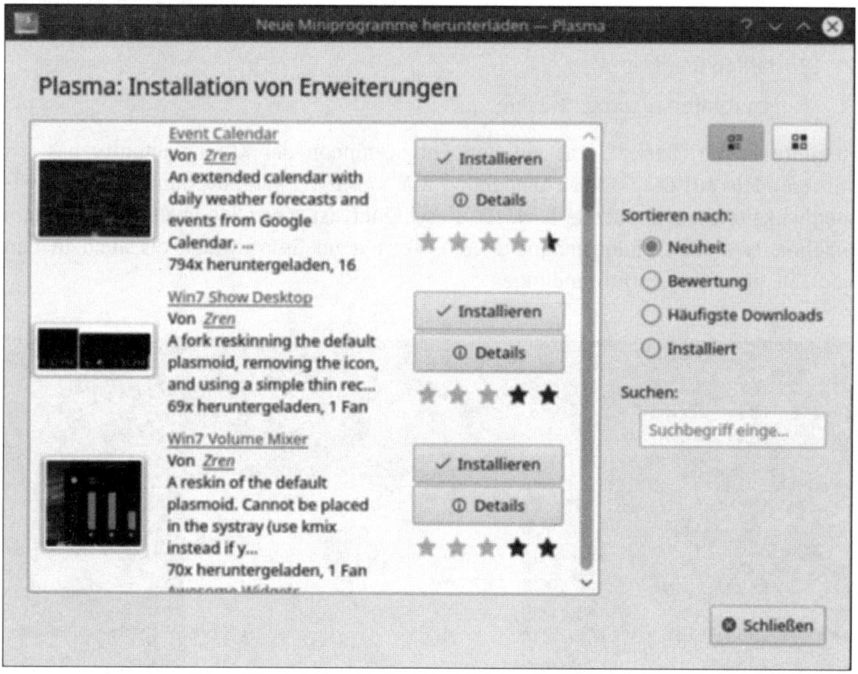

Abb. 7.2: Miniprogramme zur Gestaltung des Desktops

Nicht nur das Grundsystem, auch die meisten Programme bieten enorm viele Einstellmöglichkeiten. Die Aktualisierungsverwaltung beispielsweise macht die Möglichkeiten von *synaptic* nutz- und sichtbar, einzelne ausgewählte Bibliotheken zu installieren, anstatt alle vorgeschlagenen.

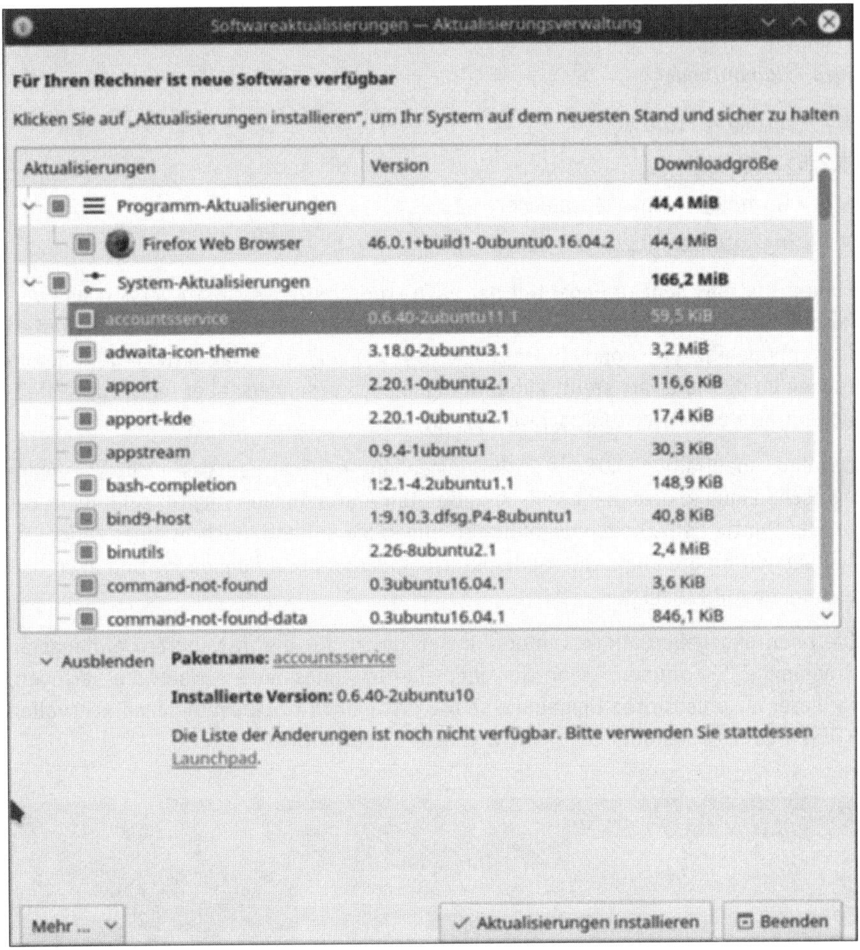

Abb. 7.3: Mehr Einstellmöglichkeiten innerhalb der KDE-Anwendungen

Kubuntu hat, wie Ubuntu ebenfalls, Firefox und LibreOffice an Bord, aber darüber hinaus sind die Programme alle von KDE entwickelt worden. So zum Beispiel *Kontact*, das nicht nur als E-Mail-Client auftritt, sondern gleich als kompletter persönlicher Assistent mit Kalender, To-do-Listen und so weiter. *K3b*, das Brennprogramm, verfügt über eine enorme Vielseitigkeit.

Es versteht sich von selbst, dass eine derartige Vielfalt eine etwas kräftigere Hardware benötigt.

7.3 Lubuntu

http://lubuntu.net/

- Pentium-4-Prozessor
- 512 GB RAM
- 4 GB freier Festplattenspeicher
- Langzeitunterstützung: 3 Jahre

Lubuntu ist das genaue Gegenteil der eben vorgestellten Kubuntu-Version und verkörpert das Leichtgewicht aller Derivate. Wichtig ist den Entwicklern Schnelligkeit und Energieeffizienz, wodurch das Betriebssystem verhältnismäßig niedrige Anforderungen an die Hardware stellt. Lubuntu eignet sich besonders, aber nicht ausschließlich für ältere oder leistungsschwächere Geräte.

Das eher unauffällige LXDE als Desktopumgebung repräsentiert das nüchterne, pragmatische Linux in dem die jeweils eingesetzten Anwendungen wichtig sind, nicht das »Klicki-Bunti« der Arbeitsumgebung. So finden Sie Lubuntu auch in einer angepassten Version für die Einplatinen-Computer *Raspberry Pi* und *Banana Pi*. Und auch hier leisten sie gute Dienste.

Die oben angegeben Mindestanforderungen gelten für die installierten einfacheren Programme. Sie können, wenn Sie über eine leistungsstärkere Hardware verfügen, in dieser anspruchslosen Umgebung selbstverständlich trotzdem die anspruchsvollen KDE-Programme installieren, sie sind völlig kompatibel.

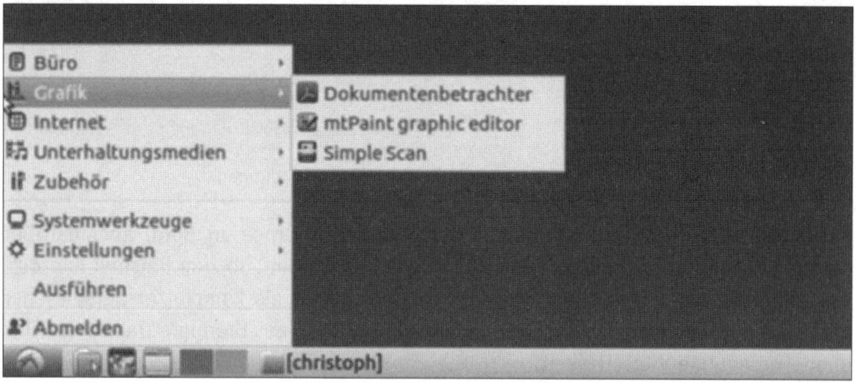

Abb. 7.4: Programme werden über einen klassischen Programmstarter ...

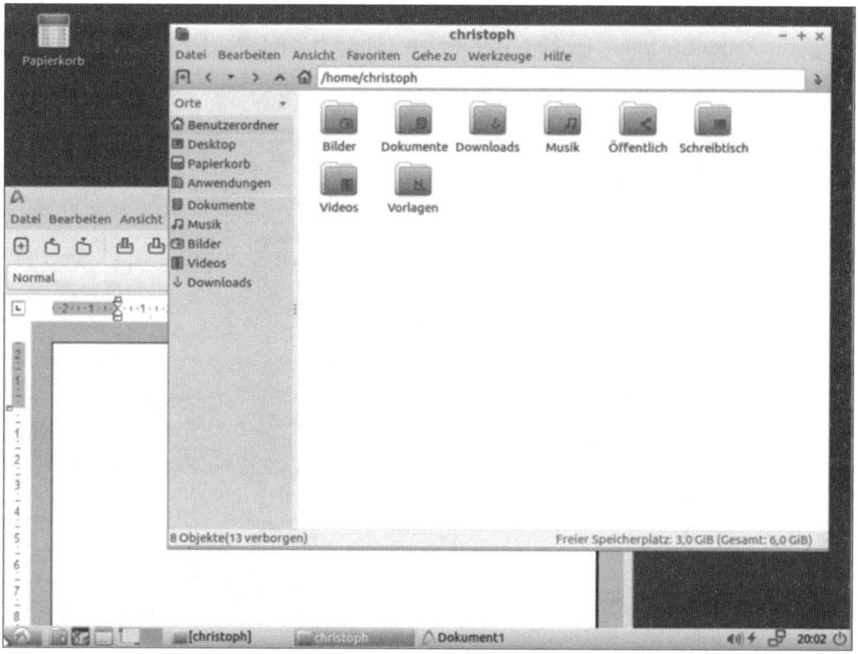

Abb. 7.5: ... oder über Desktop-Icons gestartet

Die Programme werden aus einem Startmenü heraus gestartet, es ist aber auch möglich, Icons auf dem Desktop zu hinterlegen. Auf der Leiste am unteren Bildschirmrand werden aktive Programme markiert, Programme, die eben zu den einfacheren zählen: Statt LibreOffice ist *AbiWord* an Bord, *Xfburn* statt Brassero.

7.4 Xubuntu

http://www.xubuntu.org/

- Pentium-4-Prozessor
- 512 GB RAM
- 4 GB freier Festplattenspeicher
- Langzeitunterstützung: 3 Jahre

Xubuntu ist die Variante von Ubuntu mit der Desktop-Umgebung *Xfce*. Das Hauptaugenmerk der Entwickler richtet sich auf einen Kompromiss zwischen traditioneller Desktop-Benutzung und Ubuntu-Komfort. Während der Desktop eigentlich verhältnismäßig moderate Anforderungen an die Hardware stellt, gilt das nicht zwingend auch für Xubuntu. Denn im Unterschied zu Lubuntu sind durchaus anspruchsvolle Programme installiert. Und die benötigen mehr Speicherplatz und Systemressourcen.

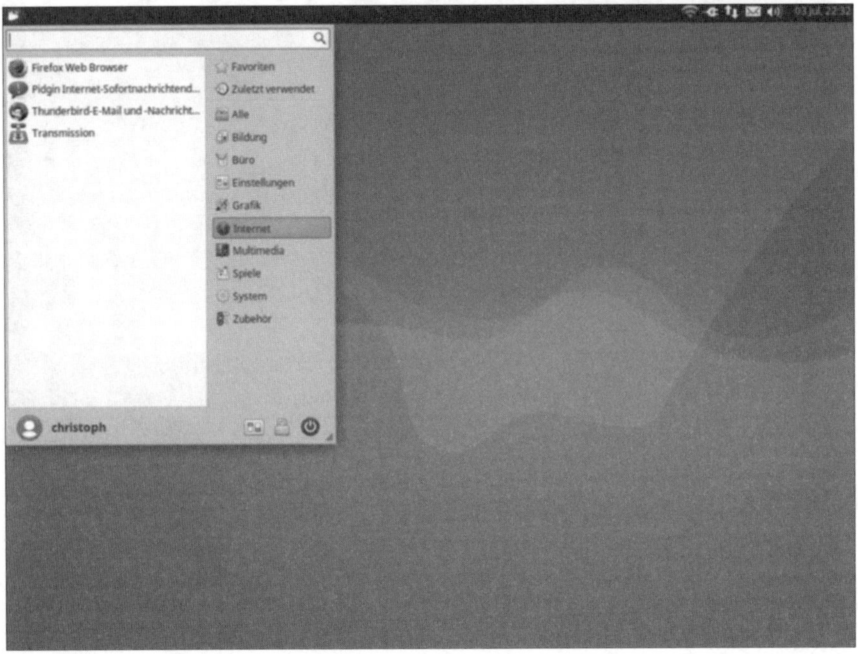

Abb. 7.6: Der Startbildschirm von Xubuntu

Wenn Sie sich beim Gnome-Desktop darüber ärgern, dass Sie keine Icons zum Schreibtisch hinzufügen können: Hier ist die Möglichkeit gegeben. Darüber hinaus bietet diese Leichtgewicht-Version durchaus Potenzial mithilfe sehr differenzierter Einstellparameter für Fenster, Startverhalten bis hin zum Design der Leisten. In diese Leiste, die den oberen Bildschirmrand einnimmt, lassen sich jede Menge Elemente einfügen, Schnellstarter, Wetterberichte, Wörterbuch ...

Ich halte Xubuntu nicht für eine Einsteigervariante, da sehr viele, teilweise schwer verständliche Einstellmöglichkeiten vorhanden sind.

7.5 Ubuntu MATE

https://ubuntu-mate.org

- Pentium-4-Prozessor
- 512 MB RAM
- 4 GB Festplattenspeicher
- 3 Jahre Langzeitunterstützung

MATE ist eine schnell zu erlernende Arbeitsoberfläche, die auf Gnome 2, dem Vorgänger der aktuellen Arbeitsoberfläche, basiert. Nach der Entwicklung des moderneren Gnome 3 hatte die Entwicklergruppe wohl keine Ressourcen, diesen bewährten Desktop weiterzuentwickeln. Dies rief eine Gruppe auf den Plan, die das dann eben, nach guter Linux-Manier, in Eigenregie übernahm.

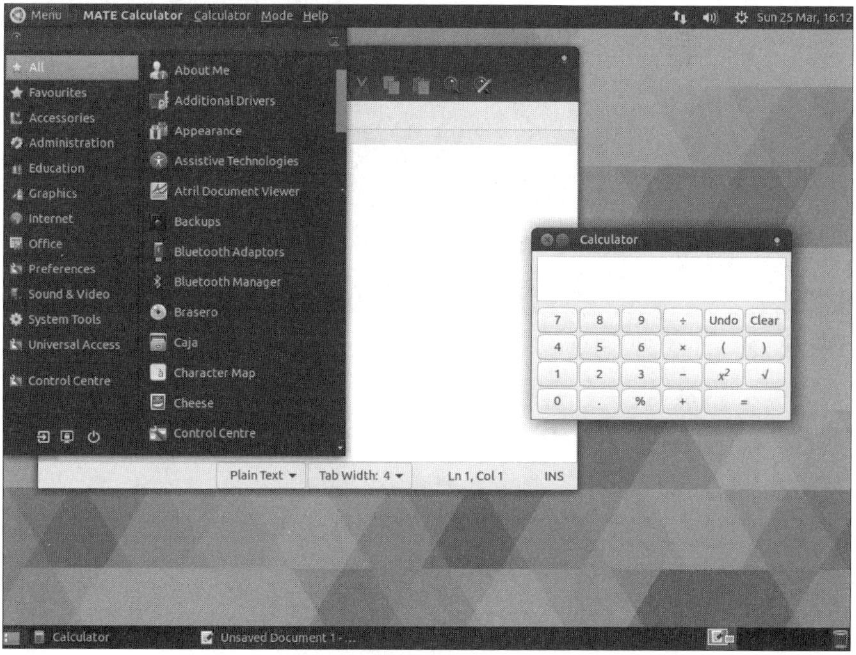

Abb. 7.7: Schnell und sehr komfortabel: Ubuntu-MATE

Die Projektgruppe selbst trägt das Motto »For a retrospective future«, was den Kern ganz gut trifft: Vom Bedienungskonzept her konservativ, die Optik allerdings modern und nicht ganz so nüchtern wie beispielsweise Lubuntu. Ich selbst habe MATE auf einem sehr alten Netbook und bin in der Lage, mit 512 MB zügig zu arbeiten, da die Hardwareanforderungen so moderat sind. MATE kann deswegen auch auf einen Einplatinen-Computer wie dem Raspberry Pi portiert werden.

Wenn Sie aufwändige 3D-Effekte möchten, können Sie sogar auf diese zugreifen, Sie müssen nur zum Fenstermanager *Compiz* wechseln.

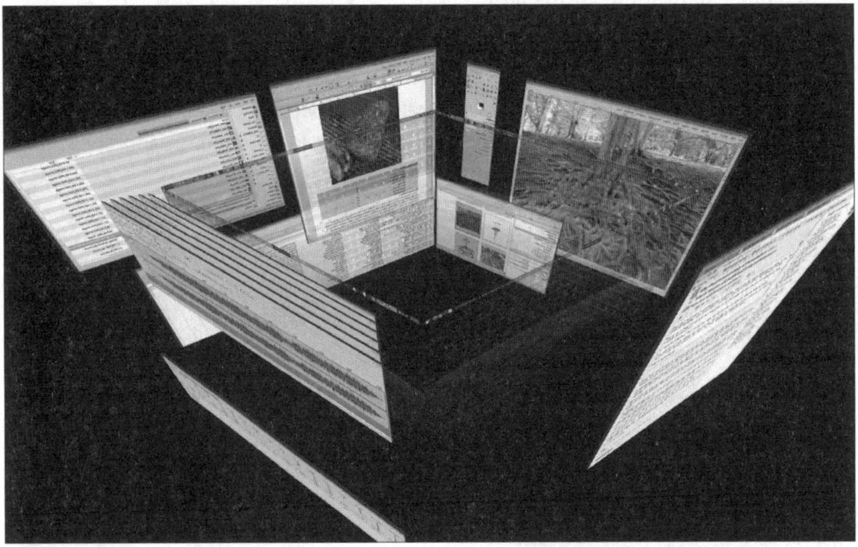

Abb. 7.8: 3D-Effekte mit Compiz

7.6 Ubuntu Budgie

http://ubuntubudgie.org

- Mindestvoraussetzungen:
- 1-GHz-Prozessor
- 3 GB RAM
- 60 GB freier Festplattenspeicher
- 3D-fähige Grafikkarte
- Langzeitunterstützung: 3 Jahre

Budgie ist der neueste Stern am Ubuntu-Himmel. Laut Eigenanspruch liegt der Fokus auf Einfachheit und Eleganz. Und elegant ist die Erscheinung auch wirklich, allerdings fehlt mir ein bisschen das Alleinstellungsmerkmal dieses Flavours. Die angewandten Programme finden Sie auch bei den Gnome-Oberflächen.

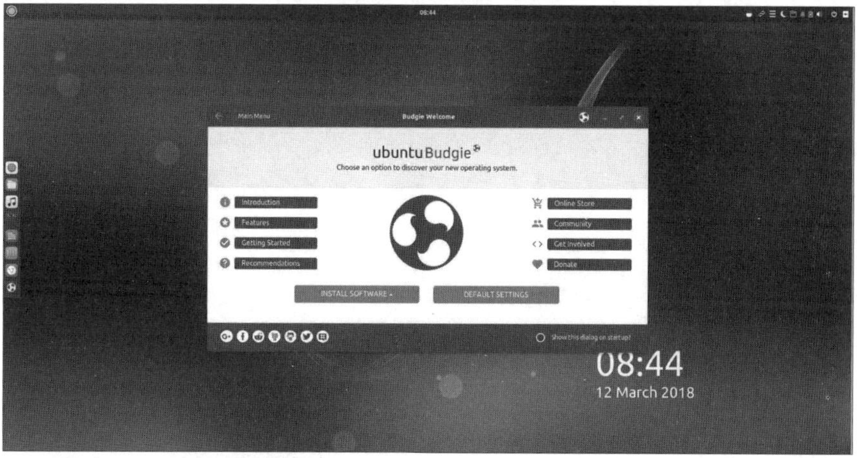

Abb. 7.9: Auswahl während des Anmeldevorgangs

7.7 Ubuntu Studio

http://www.ubuntustudio.org/

Sie schneiden intensiv aufwändige Videofilme, wollen Ihre Flohmarkt-E-Gitarre mal als Fender Stratocaster hören? Bearbeiten Fotos, Grafiken und entwerfen 3D-Modelle?

Ubuntu Studio ist auf Multimedia-Anwendungen spezialisiert und hält die entsprechenden, aufwändigen Programme bereit. Darüber hinaus ist der Kernel speziell für Multimedia-Anwendungen angepasst worden.

7.8 Edubuntu

http://www.edubuntu.org/

Edubuntu ist eine Ubuntu-Version, die nach didaktischen Gesichtspunkten zusammen mit Lehrern entwickelt wurde und für Kinder ab sechs Jahren bis hin zum Studentenalter geeignet ist. Zum einen sind Schul- und Lernprogramme wie die *KDE Education Suite* installiert zum anderen ist die Distribution mit dem *Linux Terminal Server Project* (LTSP) klassenzimmertauglich.

Leider geht die Langzeitunterstützung durch Canonical zu Ende, die Distribution wird (Stand Juni 2018) bis April 2019 unterstützt. Möglichweise finden sich jedoch wieder engagierte Zeitgenossen, die das Projekt weiterführen.

Kapitel 8

Mit Ubuntu in der Cloud

8.1 Die Cloud: Daten online speichern und aktualisieren

Ist das nicht eine schöne Vorstellung: Alle digitalen Fotos, die Musiksammlung und die Textdokumente würden ständig automatisch gesichert, ohne lästige Backup-Verfahren durchführen zu müssen, die man so oft vergisst und während deren Verlauf die Computerleistung in die Knie geht? Alle wichtigen Daten nicht nur sicher gespeichert zu wissen, sondern sie auch von überall aus abrufen zu können? Das ist eine ganz einfache Angelegenheit und nennt sich *Cloud Computing*.

Hinweis

Der Begriff Cloud Computing beschreibt, vereinfacht gesagt, IT-Dienste, die aus dem Internet heraus angeboten werden. Diese können Rechen- und Systemleistung sein, mit denen große Firmen Spitzenlasten bewältigen können, für den Privatanwender aber auch einfach nur Online-Speicherplatz, auf dem er seine Dateien speichern kann.

Cloud-Speicher sind teilweise kostenlose, teilweise kommerzielle Dienste, bei denen Ihnen im Internet Speicherplatz anboten wird. Die Vorgehensweise ist dabei völlig unkompliziert: Wenn Sie sich erstmalig mit dem Dienst verbinden, wird eine vollständige Kopie der von Ihnen freigegebenen Dateien in den Internetspeicher geladen. Das bedeutet natürlich, dass Sie nach wie vor das Original der Dateien auf Ihrem lokalen Rechner zu Hause behalten. Sie sollen Ihre Dateien ja nicht völlig aus der Hand geben! Verändern Sie nun eine Datei, z.B. die Textdatei Ihres ersten Romans, wird die Kopie, die auf dem Speicher im Internet liegt, ebenfalls automatisch verändert. Diesen Vorgang, der von einer sogenannten *Client-Software* automatisch besorgt wird, nennt man *Synchronisation*. Aber das ist nicht alles: Sie können von irgendeinem Computer auf der Welt, auch wenn hier dieser Client nicht installiert ist, auf Ihren Roman zugreifen. Es ist nämlich möglich, sich mithilfe eines Webbrowsers auf Ihrem Konto einzuloggen, Ihren Roman herunterzuladen und weiterzuschreiben. Und diese Veränderung, obwohl an einem anderen Computer vorgenommen, wird wieder mit dem Speicherort der Datei im Internet synchronisiert.

8.2 Server und Client

Zwei Begriffe tauchen dabei immer wieder auf: Server und Client. Unter einem *Server* (»Diener, Anbieter«) versteht man einen Computer und/oder eine Software, der bzw. die mit anderen Computern, den *Clients* (»Kunden«), kommuniziert, um Dienstleistungen anzubieten. In unserem Falle ist der Server ein Computernetzwerk, das irgendwo in einem Rechenzentrum steht und Speicherplatz anbietet. Auf diesen Speicher und die darauf abgelegten Dateien können Sie nach Ihrer Registrierung nicht nur mit Ihrem PC, sondern auch mit dem Smartphone oder Tablet zugreifen. Dies können Sie auf jeden Fall, wenn Sie sich mit einem Webbrowser auf der Serverseite einloggen, allerdings ist es sicherer und zuverlässiger, wenn Sie ein Programm diese Verbindung und die Synchronisation organisieren lassen. Dieses Programm bezeichnet man als Client. Ich stelle Ihnen hier einige Clients vor, die von unserem Computer aus die automatische Kommunikation mit den jeweiligen Servern übernehmen, um den Kontakt herzustellen und den Transfer von Daten zu überwachen. Der Autor hat keinerlei Werbevertrag mit einem dieser Anbieter, nur bieten diese (Stand Juni 2018) als einzige ein Client-Programm für Ubuntu an oder sind aufgrund von großem, kostenlosem Speicherplatz für uns interessant.

Bis Juni 2014 bot Ubuntu selbst eine Cloud-Lösung an, dieser Dienst wurde allerdings eingestellt. Damit ist bedauerlicherweise das wichtigste Open-Source-Programm verschwunden. Nahezu alle anderen Programme sind proprietäre Software, der Quellcode ist nicht einsehbar. Daher sind Aussagen über die Sicherheit nur schwer zu treffen.

Der kostenlose Speicherplatz variiert zwischen 2 und 15 GB. Diese Angebote können relativ leicht erweitert werden. Machen Sie Werbung bei Ihren Bekannten, die sich bei der Einrichtung ihres Onlinespeichers auf Sie beziehen, bekommen Sie zusätzlichen Speicherplatz. Angesichts der Tatsache, dass die Speicherkapazität Ihrer Festplatte ein Vielfaches dieser wenigen GB ist, könnte man sich schon die Frage stellen, ob das Verfahren denn überhaupt lohnt. Schauen Sie sich einmal den Umfang Ihres Dateispeichers, also der Texte und Fotos, an. Wenn Sie nicht gerade ein exzessiver Filmesammler sind, werden Sie feststellen, dass der allergrößte Teil der Festplatte mit Software belegt ist, mit dem Sie einen verschwindend kleinen Anteil an Daten produzieren.

Die Einrichtung und der Umgang mit der Client-Software sind überraschend einfach und setzen keinerlei Netzwerkkenntnisse voraus.

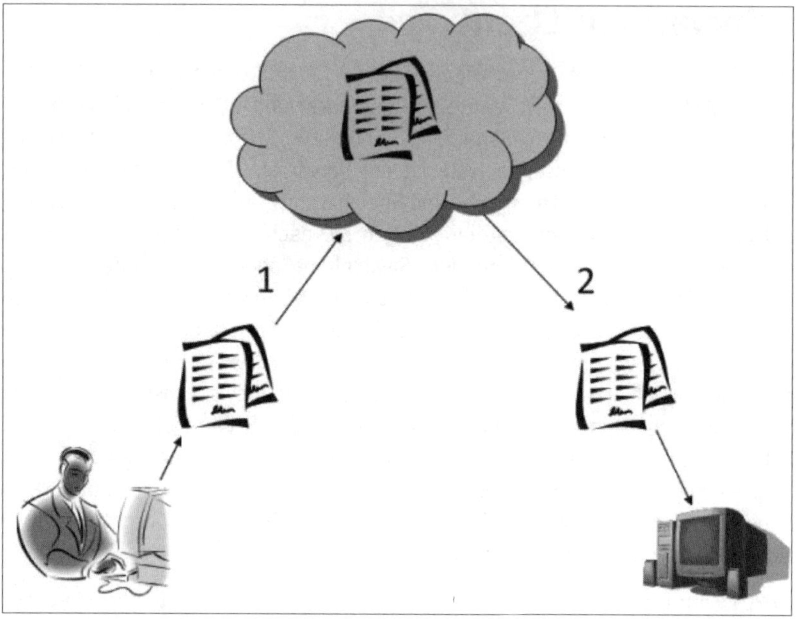

Abb. 8.1: Client/Server

Hier sehen Sie, wie einfach das funktioniert: Im ersten Schritt erstellt der Benutzer ein Dokument, das er in die Cloud, also per Internet auf einen Server, z.B. die *Dropbox*, kopiert. Im zweiten Schritt wird diese Datei automatisch auf den Computer 2 geladen, sobald eine Internetverbindung besteht. Diese Datei kann bei Bedarf vom anderen Computer aus weiter bearbeitet werden, wobei die Veränderung automatisch auf Computer 1 aktualisiert würde.

Cloud Computing kann Ihnen also bei drei wichtigen Dingen helfen:

- Ihre Dokumente online zu sichern
- Ihre Dokumente auf verschiedenen Computern stets auf dem gleichen Stand zu halten
- Ihre Dokumente von überall aus mit einem Webbrowser abzurufen, sofern eine Internetverbindung besteht

8.3 Sicherheit in der Cloud

Einige Tests renommierter Fachzeitschriften zeigten Sicherheitsmängel bei allen Cloud-Speicher-Anbietern auf. In den letzten Jahren ist jedoch stark nachgebessert worden. Trotzdem sollten Sie folgende Hinweise beachten:

Speichern Sie niemals streng vertrauliche Dateien auf einem Onlinespeicher, bei dem Sie nicht wissen, wo die Server stehen. Jeder Speicher, der sich auf dem Territorium der USA befindet, kann nach den Enthüllungen der letzten Jahre von Nachrichtendiensten ausgelesen werden, die erhaltenen Informationen können genutzt werden. Anders sieht es jedoch bei Servern aus, die in Deutschland oder der Schweiz stehen. Hier gelten sehr strenge Datenschutzrichtlinien. Wenn Sie vertrauliche Daten, und dies sind streng genommen ja auch Urlaubsbilder, auf denen sich andere Menschen befinden, verwenden Sie die eingebaute Verschlüsselung.

8.4 Cloud-Anbieter

Ich habe mich bemüht, bei der hier vorliegenden Auswahl von Cloud-Anbietern solche hervorzuheben, die eine möglichst nahtlose Einbindung in Ubuntu ermöglichen. Die Vorgehensweise der Installation und Synchronisation ist dabei allerding sehr unterschiedlich.

Ich möchte Sie aus gegebenem Anlass außerdem darauf hinweisen, dass ich keinerlei Verträge mit irgendeinem dieser Anbieter habe, meine Auswahl ist subjektiv, unvollständig und entspricht dem Stand Juni 2018.

Der Klassiker: Dropbox

https://www.dropbox.com

Die *Dropbox* ist so weit verbreitet, dass sie fast so etwas wie einen Standard darstellt. Dropbox ist nämlich plattformübergreifend, das heißt auf Linux, Windows, macOS und auch auf mobilen Geräten lauffähig. Kostenlos bekommen Sie zwei GB Festplattenspeicher, den Sie allerdings durch häufig inszenierte Aktionen leicht vergrößern können. Sie können die Dropbox über Ubuntu-Software installieren, sofern, wie in Kapitel 4 beschrieben, die ANDEREN PAKETQUELLEN freigeschaltet sind. Ansonsten bekommen Sie den Client auch auf der Webseite des Anbieters. Die Einrichtung ist völlig unproblematisch und selbsterklärend. Während der Installation des Clients wird ein Ordner namens /Dropbox erstellt und Dateien, die Sie in diesem Ordner speichern, werden automatisch auf den Server kopiert. Abgeschlossene Synchronisationsvorgänge erkennen Sie daran, dass dem Dropbox-Symbol ein Häkchen beigefügt ist.

Abb. 8.2: Ordner ist synchronisiert

Wenn Sie das folgende Symbol sehen ...

Abb. 8.3: Ordner wird gerade synchronisiert

... wird der Ordner gerade mit dem Onlinespeicher synchronisiert.

Abb. 8.4: Dieser Ordner kann nicht synchronisiert werden

Die Dropbox ist nahtlos im System Ubuntu integriert: Im oberen Panel wird ein Symbol platziert, mit dem Sie einen Schnellzugang zu den wichtigsten Funktionen der Dropbox haben, außerdem wird die Dropbox-App nahtlos in den Dateimanager *Nautilus* integriert:

Um auf Ihren Roman zurückzukommen: Sie haben im Urlaub an Ihrem Werk geschrieben und es per Dropbox in der Cloud gespeichert. Dabei überschreiben Sie die alte Version – es sei denn, Sie speichern den Roman unter `Ver1`, `Ver2` etc. Zu Hause fällt Ihnen aber ein, dass Sie sich in der Urlaubsstimmung zu einem Happy End haben hinreißen lassen, und Sie müssen Teile des Romans umarbeiten. Jetzt wäre es toll, eine ältere Version des Textes zur Verfügung zu haben. Dropbox scheint hier ein Herz für Romanciers zu haben, es speichert nämlich nur die Änderungen einer bereits bestehenden Datei. Einerseits reduziert dies die Menge der übertragenen Daten, andererseits können Sie ältere Versionen eines Textes ganz leicht wieder hervorzaubern.

Klicken Sie dazu mit der rechten Maustaste in Nautilus auf die Romandatei, die im Dropbox-Ordner liegt. Wählen Sie den Menüpunkt FRÜHERE VERSIONEN ANSEHEN aus und stellen Sie die Datei so wieder her, wie sie vor dem Urlaub ausgesehen hat.

Dateien zum Download freigeben

Ihr Roman ist fertiggestellt und Sie wollen die Datei Ihrem Verleger schicken. Nun ist sie aber so groß geraten, dass Ihr E-Mail-Provider einen Mail-Anhang dieser Größe nicht duldet. Oder Sie haben eine 50 MB große Sammlung Urlaubsbilder, die Sie einem Bekannten gerne schicken würden. Einen so großen Anhang werden Sie nicht als Mail-Anhang verschicken können. Sie können aber die Dropbox benutzen, um Ihrem Verleger oder Ihren Bekannten den Zugang zu großen Dateien zu ermöglichen.

Klicken Sie dazu mit der rechten Maustaste auf eine Datei oder ein Verzeichnis und wählen Sie aus dem Kontextmenü die Option DROPBOX-LINK freigeben. Dropbox erstellt nun einen Download-Link und speichert ihn in der Zwischenablage. Sie verschicken diesen Link, indem Sie eine E-Mail erstellen und den Link mithilfe der Tasten [Strg] + [V] einfügen. Öffnet Ihr Verleger die Mail und klickt auf den angezeigten Link, kann er den Roman von Ihrem Dropbox-Speicher herunterladen.

Tipp

Es empfiehlt sich der Übersichtlichkeit halber, die zum Download freigegebenen Dateien im `Public`-Ordner zu speichern. Möchten Sie nun den Zugriff auf die Datei rückgängig machen, entfernen Sie sie einfach aus dem `Public`-Ordner.

Dropbox bietet diesen Client auch für Android-Geräte oder iPhones an. Dies ermöglicht es Ihnen, Fotos, die Sie mit Ihrem Smartphone geschossen haben, bei bestehender Internetverbindung gleich online zu speichern und den knappen Speicherplatz auf dem mobilen Gerät zu schonen. Oder Sie laden den Roman auf Ihr Tablet und bearbeiten ihn hier weiter.

Speicherriese: MagentaCloud

https://cloud.telekom-dienste.de/

Auch wenn Sie kein Kunde der Telekom sind, stellt der größte deutsche Telefonanbieter Ihnen 10 GB Speicherplatz zur Verfügung. Als Telekom-Kunde sind es sogar 25 GB. Das reicht, um sehr viele Urlaubsfotos online zu sichern.

Eine Clientsoftware wie bei der Dropbox, die mit Ubuntu lauffähig wäre, gibt es allerdings nicht. Sie können aber ganz einfach mithilfe des Webbrowsers auf Ihre Dateien zugreifen. Geben Sie *https://webdav.magentacloud.de* in die Adresszeile ein und nach Abfrage von Benutzername und Passwort sehen Sie Ihre Dateien. Diese können Sie per Drag & Drop lokal auf Ihrem Computer speichern, per rechtem Mausklick teilen und vieles mehr. Eine automatische Synchronisation erfolgt so allerdings nicht und besonders komfortabel ist der Umgang mit dem Speicher so auch nicht. Investieren Sie allerdings ein paar Minuten und Sie bekommen einen nahtlos eingebundenen Cloudspeicher mit allem Komfort.

Gleichzeitig können Sie dies als Übung betrachten, wie man komplexe Einstellungen weit außerhalb der grafischen Nutzeroberfläche vornimmt. Wenn Sie sich an die Anleitung halten, machen Sie nichts kaputt, haben aber am Ende einen großen Onlinespeicher zusätzlich eingerichtet.

Cloudspeicher direkt in Ihre Dateiverwaltung Nautilus einbinden

Hierzu klicken Sie auf DATEI / MIT SERVER verbinden. Wählen Sie als Server-Typ SICHERES WEBDAV (HTTPS). Nun geben Sie als Serveradresse *davs://IHREEMAILADRESSE@webdav.magentacloud.de* ein. Das Kennwort wird dann beim Zugriff jedes Mal erneut abgefragt.

Den Online-Speicher direkt ins lokale Datensystem einhängen

Das ermöglicht es Ihnen, Ihren Cloudspeicher wie eine Festplatte zu nutzen, also Backups anzulegen, Dateien hin und her zu kopieren, ohne jedes Mal das Passwort eingeben zu müssen.

Zuerst installieren Sie `davfs2`, ein Programm das es ermöglicht, den WebDAV-Speicher als lokales Dateisystem zu installieren und einzuhängen. Am einfachsten geht dies mithilfe des Terminals. Hier geben Sie folgende Befehle ein:

```
sudo apt-get install davfs2

sudo chmod u+s /usr/sbin/mount.davfs
```

`sudo usermod -a -G davfs2 IHR BENUTZERNAME (hier kommt Ihr Ubuntu-Benutzername hin)`

Nun erstellen Sie ein neues Verzeichnis namens `Mediencenter`.

Dies können Sie mithilfe der Dateiverwaltung Nautilus tun, alternativ können Sie auch das Terminal benutzen mit dem Befehl

```
mkdir ~/Mediencenter
```

Nun geht es darum, eine Datei namens `/etc/fstab` zu bearbeiten: Wenn Sie dies mithilfe von Nautilus machen möchten, müssen Sie sich zuerst Systemadministratorenrechte zur Bearbeitung des Ordners beschaffen. Klicken Sie mit der rechten Maustaste auf die Datei und wählen aus dem Kontextmenü MIT EDITOR BEARBEITEN. Nun öffnet sich eine ganz einfache Textverarbeitung.

Schneller geht es mit dem Terminal. Geben Sie den Befehl

```
sudo gedit /etc/fstab
```

ein, bestätigen Sie und legitimieren Sie sich mit Ihrem Passwort.

Es öffnet sich die simple Textverarbeitung `gedit` und hier tragen Sie ganz am Ende der Textdatei

```
https://webdav.mediencenter.t-online.de/ /home/IHR BENUTZERNAME/
Mediencenter davfs rw,noauto,user 0 0
```

ein. Speichern Sie die Datei und schließen Sie den Editor.

Nun legen Sie eine Datei mit dem Namen `secrets` im Verzeichnis `/.davfs2` an, die gleich mit Zugriffsrechten versehen und bearbeitet wird:

```
cd ~

mkdir ~/.davfs2

touch ~/.davfs2/secrets

chmod 600 ~/.davfs2/secrets
```

Die Bearbeitung dieser Datei können Sie natürlich über Nautilus und DATEI / MIT DEM EDITOR BEARBEITEN anstoßen oder schneller im Terminal:

```
gedit ~/.davfs2/secrets
```

Nun öffnet sich wieder der Texteditor und Sie fügen Folgendes ein:

`/home/IHR BENUTZERNAME/Mediencenter anmeldung@t-online.de PASSWORT` (hier kommt Ihr Passwort hinein, mit dem Sie sich bei der Telekom-Cloud anmelden).

Speichern Sie und schließen Sie den Editor.

Nun kopieren Sie die Datei `davfs2.conf` aus dem Verzeichnis `/etc/davfs2` in das Verzeichnis `/.davfs2`. Wenn Sie das im Terminal machen wollen, tragen Sie ein:

```
cp /etc/davfs2/davfs2.conf ~/.davfs2/
```

Auch diese Datei wird nun bearbeitet. Entweder mit den Editor unter Nautilus oder per Terminal mit dem Befehl `gedit ~/.davfs2/davfs2.conf`.

Im Texteditor suchen Sie in der Abteilung WebDAV Related Options die Zeilen, die folgenden Text enthalten, und entfernen die #-Zeichen am Anfang der Zeilen. Damit aktivieren Sie die Kommandos. Außerdem tragen Sie die Ziffern 0 oder 1 entsprechend der Anleitung ein.

```
use_locks 0

if_match_bug 1

cache_size 1 # MiByte

table_size 4096

delay_upload 1

gui_optimize 1
```

Speichern Sie die Veränderungen und fahren Sie den Computer herunter.

Nach einem Neustart finden Sie in Nautilus unter Geräte den neuen Eintrag Mediencenter. Dieser hat eine kontinuierliche Verbindung zu Ihrem Cloudspeicher und Sie können den Speicher gleich einer lokalen Festplatte nutzen.

Speicherriese: Mega

https://www.mega.nz

Mega (Mega Encrypted Global Access) ist ein Projekt, das aus dem ehemaligen illegalen Sharehoster Megaupload hervorging. Hinter dem Anbieter stand die schillernde Figur des Kim Dotcom, nach dem das FBI wegen Urheberrechtsverletzung fahndet. Mega bietet 50 GB kostenlosen Speicher an, der entweder über ein Browserplugin oder einen Client namens *MegaSync* verwaltet wird. MegaSync ist dabei etwas langsamer, aber komfortabler. Einen Haken hat die Sache jedoch: Anders als in den kostenpflichtigen Modellen erhalten Sie kein festes Datenvolumen für den Transfer. Es passt sich dynamisch an und ändert sich alle 30 Minuten. Sie können also nie sicher sein, wie viel Volumen Ihnen noch bleibt. Falls Sie sehr häufig mit dem Cloudspeicher arbeiten möchten, könnte sich dies als Nachteil erweisen. Für die gelegentliche Nutzung sollte es allerdings ausreichen

Mega gehört zur Gruppe der sogenannten Filesharer, das bedeutet, dass die Dateien mit anderen Nutzern geteilt werden können. Daran ist per se gar nichts auszusetzen, Mega und Megaupload wurden und werden jedoch auch zum illegalen Verteilen von Raubkopien benutzt. Ich kann daher nicht beurteilen, ob der Hoster vom Schließen bedroht ist und welche Datensicherheit hier herrscht.

Microsoft OneDrive

https://onedrive.live.com

Der Marktführer für Betriebssysteme aus Redmond bietet selbst einen Cloudspeicher an, den Sie auch mit Ubuntu uneingeschränkt nutzen können. In der kostenlosen Grundversion stehen Ihnen 5 GB Speicherplatz zur Verfügung. Da Microsoft und seine Firmenpolitik der natürliche Gegner von Linux ist, wird wohl eher die Hölle zufrieren, als dass jemals ein Ubuntu-Client angeboten werden wird.

Dennoch ist der Speicherplatz über den Webbrowser jederzeit erreichbar. Über die Sicherheit des Speicherplatzes kann man keine sichere Aussage treffen.

Verschlüsselt: TeamDrive

http://www.teamdrive.com/de/

Teamdrive ist ein deutscher kommerzieller Anbieter für Onlinespeicher, der 2 GB Speicherplatz kostenlos anbietet. Können Sie weitere Nutzer gewinnen, werden Ihnen 250 MB zusätzlicher Speicher zur Verfügung gestellt. So können Sie bis zu 10 GB Speicherplatz erwerben.

TeamDrive stellt den Linux-Client *Teamdrive4* zur Verfügung, den Sie von der Webseite als .deb-Datei herunterladen und installieren können. Alle Dateien werden von der Software vor dem Hochladen auf die Server mit der Chiffre AES-256 verschlüsselt, was dazu führte, dass die Software mit dem Datenschutzgütesiegel des Landes Schleswig-Holstein ausgezeichnet wurde. TeamDrive legt einen eigenen Ordner, ähnlich wie Dropbox, an, der über mehrere Systeme, also PC, Smartphone, Laptop synchron gehalten wird.

Sie können den Client also auch auf Ihren mobilen Geräten installieren, um Bilder oder Filme direkt sicher online zu speichern.

Sicher: Seafile

https://www.seafile.com

Der deutsche Anbieter *Seafile* erregte im Juni 2016 Aufmerksamkeit, als er der Aufforderung des US-Bezahlservice *PayPal* eine Absage erteilte, Nutzerdaten preiszugeben. PayPal drohte mit Kontosperrung, Seafile kündigte die Nutzung eines alternativen Bezahlservices an. Seafile stellt zurzeit 2 GB kostenlosen Speicherplatz zur Verfügung. Dabei wird auch ein Open-Source-Client-Programm angeboten, das von der Website heruntergeladen und installiert werden muss.

Im Unterschied zu den anderen hier vorgestellten Clients wird kein Ordner oder Laufwerk erstellt, der bzw. das online gespeichert wird, sondern Sie können als Nutzer immer wieder per Kontextmenü bestimmen, welche Ordner oder Dateien online gespeichert werden sollen.

Die Speicher werden dann verschlüsselt und auf Viren gescannt auf Servern in Deutschland abgelegt.

OwnCloudbasiert: Blaucloud

https://www.blaucloud.de

Neu auf dem Gebiet wirbt der Anbieter gleich mit 5 GB kostenlosem Speicherplatz, dieser steht dann beliebig vielen Nutzern zur Verfügung. Für jeden zusätzlich geworbenen Account winken zusätzliche 500 MB Speicherplatz.

Blaucloud basiert auf *ownCloud*, einer Software, mit der Sie auch einen eigenen Cloudserver aufsetzen können, das nötige Know-how vorausgesetzt. Dieses Programm wird bei der Anmeldung und Installation gleich mitinstalliert.

In diesem Falle übernimmt Blaucloud die Administration des Servers, die übrigens alle in Deutschland beheimatet sind und daher den strengen deutschen Datenschutzrichtlinien unterliegen.

WINT.global

https://wint.global/ocloud/

Um diesen Dienst nutzen zu können, laden Sie erst den Desktop-Client unter

https://owncloud.org/download/#owncloud-desktop-client-linux

herunter. Nach der Anmeldung stehen Ihnen ebenfalls 5 GB Speicherplatz zur Verfügung, auf den Sie mithilfe der entsprechenden Apps auch mit mobilen Geräten zugreifen können. Ideal, um Filme und Bilder zu speichern.

OwnCube

https://owncube.com/index_de.php

Basiert sowohl auf ownCloud als auch auf Nextcloud (s. folgenden Abschnitt).

Sie erhalten hier 25 Gigabyte für 1,50 Euro pro Monat, können das Angebot aber fünf Tage kostenlos testen.

Die links zur Desktop-App und zu den Apps zur Synchronisation Ihrer mobilen Geräte finden Sie auf der Webseite.

Nextcloudbasiert: Wolkesicher

http://www.wolkesicher.de

Ähnlich wie bei Blaucloud et al. liegt hier ein sogenanntes gemanagtes Hosting vor, d.h., theoretisch könnten Sie den Speicher auch selbst einrichten, dieser Service wird allerdings von Wolkesicher übernommen. Grundlage ist die Software Nextcloud, die in Sicherheit und Komfort der ownCloud in nichts nachsteht. Auch hier installieren Sie einen Client, allerdings diesmal von der Projektseite Nextcloud. Um das Repository einzufügen, geben Sie den Befehl

```
sudo add-apt-repository ppa:nextcloud-devs/client
```

```
sudo apt-get update
```

ins Terminal ein.

Eine Alternative: SpiderOak

https://spideroak.com

Einen Dienst, den ich nur noch kurz vorstellen möchte, ist *SpiderOak*. Der Anbieter, der Ihnen 2 GB kostenlosen Festplattenspeicher zur Verfügung stellt, wirbt mit maximaler Sicherheit, weil die Dateien beim Upload verschlüsselt werden. Da der Server Ihr Passwort nicht im Klartext speichert, ist ein unbefugter Zugriff zuerst einmal nicht möglich. Allerdings befindet sich der Sitz des Unternehmens in den USA, sodass amerikanisches Recht gilt und ein Schutz der Inhalte vor dem interessierten Blick der US-Behörden nicht gegeben ist. Ob die dann allerdings mit Ihren Daten etwas anfangen können, hängt wohl auch von der Stärke Ihres Passwortes ab.

Die Installationsdatei für den Client laden Sie von der Internetseite des Anbieters *https://spideroak.com/opendownload/* herunter. Es handelt sich um eine `.deb`-Datei, die sich automatisch mit Ubuntu-Software installieren lässt.

Danach installiert sich ein Icon im Panel, mit dessen Hilfe Sie alle Einstellungen vornehmen können. Die Handhabung ist identisch mit Dropbox etc.

Kapitel 9

Safety first – Sicherheit im System

9.1 Ist Ubuntu eigentlich sicher?

Als ich vor sechs Jahren mein erstes Buch über Linux, das Buch zu Ubuntu 12.04, schrieb, hätte niemand auch nur im Entferntesten geglaubt, in welchem Umfang Geheimdienste und Behörden Daten sammeln und dabei ungeniert auch auf die Daten unbescholtener Bürger zugreifen. Eine vermutlich russische Hackergruppe kaperte Anfang 2018 Rechner der deutschen Bundestagsverwaltung, Geheimdienste interessieren sich für die Handys von Staatsoberhäuptern. Aber auch unsere eigenen Sicherheitsorgane sind nicht faul: Die Erstellung eines »Staatstrojaners«, der sich auf die Computer von Verdächtigen einschleusen und Daten auslesen soll, ist mittlerweile Realität. Gleichzeitig steigt die Anzahl krimineller Schadsoftware exponentiell an, täglich entstehen Tausende von mehr oder weniger gefährlichen Viren, Würmern oder Trojanern.

Trojaner, Viren, Ransomware

Ransomware ist eine Schadsoftware, die zunächst ohne Wissen und Einverständnis des Nutzers auf einen Computer geschleust wird und dann den Zugang zum Computer oder auch nur zu einem Teil der Daten verschlüsselt. Das Opfer kann dann nicht mehr auf seinen Computer oder seine Daten zugreifen, erst wenn ein Lösegeld bezahlt wurde, wird, vielleicht, ein Entsperrcode zugesandt. Opfer dieser kriminellen Aktion kann prinzipiell jeder werden: vom Privatanwender bis zum DAX-Unternehmen ist grundsätzlich niemand sicher.

Viren stellen die größte Gruppe von Schadsoftware dar. Ein Virus ist ein kleines Programm, das, ganz nach dem Vorbild des natürlichen Virus, für sich genommen gar keine Funktion hat. Erst wenn ein Virus auf bestimmte Programm-Codes trifft, erwacht es zum Leben und richtet Schaden an. Meist besteht der Schaden in sinnloser Zerstörung, der Programmierer hat, außer Renommee in Hackerkreisen, keinen Nutzen.

Bots sind Programme, die im Internet angemeldete Computer kapern, um deren Rechenleistung anzuzapfen. Hierbei installieren Betrüger so genannte Bots (von Robots, Arbeiter) ohne das Wissen der Nutzer auf dem Computer und versklaven den Rechner. Tausende von mit Bots infizierten Computern werden zu Botnetzen zusammengefügt und zum Bitcoin-Mining, zu Massenangriffen auf Webseiten oder zum massenhaften Versenden von E-Mails verwendet. Der Nutzer bemerkt nicht viel, nur einen außergewöhnlichen Abfall der Performance.

Trojaner ermöglichen es dem Angreifer, sensible Daten wie Passwörter, aber auch die Tastenanschläge und damit die getippten Texte auszuspähen. Diese Daten werden dann im Darknet für hohe Summen gehandelt. Aber selbst der Staat nimmt das Recht für sich in Anspruch, einen Trojaner auf die Computer Verdächtiger zu schleusen.

Sinistre Elemente erforschen auf diese Art Passwörter für Onlinekonten und räumen so Bankkonten leer oder tätigen Großeinkäufe. Die Angriffe auf den Deutschen Bundestag 2015 und 2017 waren Trojaner-Angriffe, die Sicherheitsprogramme versagten.

Bis heute werden Schadprogramme fast ausschließlich für die Windows-Umgebung programmiert, dies hat mehrere Gründe:

Windows in seinen verschiedenen Versionen ist das am weitesten verbreitete, fast monopolartige Betriebssystem. Diese Tatsache macht es zum bevorzugten Angriffsziel für Programmierer, denn um ein erfolgreiches Schadprogramm zu konstruieren, das sich dann möglichst schnell verbreitet, benötigt man eine Monokultur.

Hier hat Ubuntu einen Vorteil, der schon alleine darin besteht, mehr oder weniger als Nischenprodukt zu existieren.

Aber auch wenn Ubuntu weiter verbreitet wäre, wäre es für einen kriminell veranlagten Entwickler schwierig, ein Schadprogramm zu erstellen, das auf einem Linux-System großen Schaden anrichten und das System zerstören könnte. Dies liegt unter anderem im Privilegien-System von Linux begründet.

9.2 Die Privilegien bei Ubuntu

Jedes Programm hat die gleichen Rechte wie sein Benutzer. In einer Windows-Umgebung bedeutet das nahezu den vollen Zugriff auf das ganze System. Denn unter Windows ist jeder Benutzer zugleich Administrator, d.h., er hat Zugang zu allen Daten, auch zu den Systemdaten. Das ist gewollt, unter anderem, damit Microsoft automatische Updates einspielen kann und der Benutzer ohne Probleme eigene Programme installieren oder Einstellungen am System vornehmen kann. Zwar müssen Sie sich auch unter Windows nicht zwingend als Administrator anmelden, doch dann sind die Einschränkungen so enorm, dass man sich sehr bald, trotz der damit verbundenen Risiken, wieder als Administrator anmelden möchte.

Das Ubuntu-Nutzersystem, das eine bevorzugte Nutzung als normaler User ohne Administratorenrechte vorsieht, habe ich in Kapitel 6 beschrieben. Ein Benutzer unter Ubuntu hat nur Zugang zu seinen eigenen Daten, er kann auch nur diese verändern oder löschen. User können keine Programme installieren und keine Veränderungen an Systemdateien vornehmen. Und genau deswegen wird eine Schadsoftware auch nicht aktiv. Selbst wenn Sie sich einen Schädling einfangen würden, der unter Ubuntu aktiv werden könnte: Solange Sie keine Administratorenrechte annehmen und das Schadprogramm nicht bewusst installieren, passiert nichts, eine automatische Installation ohne Einverständnis und Legitimation gibt es bei Linux nicht.

1. Regel

Nutzen Sie Ihr Ubuntu als User, wechseln Sie nur, wenn es unbedingt nötig ist, per sudo in den Administratoren-Modus.

9.3 Virenscanner

Sicher kann man sein Windows-System auch mittels Viren-Scannern und Firewalls schützen. Virenscanner sind jedoch lückenhaft und davon abhängig, dass der Benutzer die Viren-Definition täglich auf dem neuesten Stand hält. Außerdem sind auch diese Programme durch ein Schadprogramm, das bereits ins System eingedrungen ist, relativ leicht deaktivierbar, das Virus hat ja Administrator-Rechte, genau wie der Benutzer. Zudem reagieren Antiviren-Programme nur, das heißt, ein Virus, dessen Code in die Definition aufgenommen wurde, hat bereits Schaden angerichtet. Leistungsschwächere Computer werden zudem durch einen aktiv im Hintergrund mitlaufenden Scanner noch langsamer. Auch für Ubuntu gibt es Antiviren-Programme, allerdings nicht für Linux-Viren, denn die gibt es so gut wie nicht, sondern um Windows-Viren zu eliminieren.

9.4 Firewall

Ebenso benötigen Sie in der Standard-Installation keine Firewall. Sofern Sie sich hinter einem Router befinden, sind Sie sowieso sicher, denn im Router ist eine effiziente Hardware-Firewall eingebaut.

Firewalls blockieren den Zugriff aus dem Internet auf Dienste, die auf Ihrem Computer laufen. Bei der Standard-Installation von Ubuntu werden solche Dienste gar nicht angeboten, es gibt also nichts zu blockieren.

Firewalls blockieren darüber hinaus unerwünschte Zugriffe vom Computer aus auf das Internet mittels Schadprogrammen. Solange Sie Ihre Programme über die bereitgestellten Server beziehen, brauchen Sie hier keine Sorge zu haben, diese Programme sind definitiv frei von Schadprogrammen.

9.5 Ubuntu-Ökosystem

Sie haben über Ubuntu-Software Zugriff auf eine Unzahl von Programmen, die für die tägliche Arbeit am Computer geeignet sind. Diese Programme sind mit an Sicherheit grenzender Wahrscheinlichkeit frei von Schadprogrammen. Somit sind Sie nicht auf Downloads aus einer möglicherweise gefährlichen Quelle angewiesen. Die Übertragung ist mit Schlüsseln gesichert, sollte das Programmpaket verändert werden, verändert dies den Sicherheitsschlüssel und das Programm wird nicht installiert.

2. Regel

Beziehen Sie Ihre Programme, wenn immer möglich, über die Repositorien und meiden Sie es, Programmpakete von nicht unbedingt vertrauenswürdigen Seiten zu beziehen.

Ein weiterer Sicherheitsvorteil von Ubuntu ist der Open-Source-Gedanke. Da die Architektur des Betriebssystems und fast der gesamten Software, die für Ubuntu angeboten wird, offenliegt, werden Sicherheitslücken im Quellcode oft gleich erkannt und können geschlossen werden. So etwa 2014 im Fall »Heartbleed«, als ein Teil des Verschlüsselungs-Protokolls Open-SSL durch einen Programmierfehler angreifbar wurde. Dieser Fehler, durchaus katastrophalen Ausmaßes, wurde bei der Überprüfung des Quellcodes durch andere Software-Entwickler entdeckt und in der Zwischenzeit behoben. Bei einer proprietären Software wäre dieses Verfahren so nicht möglich gewesen. Die Quellcodes werden fast wie Staatsgeheimnisse gehütet und Sicherheitslücken werden eigentlich immer erst bekannt, wenn bereits ein Schaden entstanden ist.

3. Regel

Vermeiden Sie proprietäre Programme und greifen Sie, wenn immer möglich, auf Open-Source-Programme zurück.

9.6 Spectre und Meltdown

Ende 2017 wurde ein Super-GAU bekannt. Einem Team von Forschern war es gelungen, Angriffsszenarien zu entwickeln, die Schwachstellen in der Hardware-Architektur von Prozessoren ausnutzen konnten. Angreifer konnten durch das Ausnutzen dieser Sicherheitslücken mit einem Schadcode alle Daten auslesen, die der jeweilige Computer im Speicher verarbeitet – also auch Passwörter und geheime Zugangscodes. Schnell stellte sich heraus, dass nahezu alle Prozessoren der Hersteller Intel und AMD betroffen waren.

Diese Sicherheitslücke ist hardwareseitig und tritt unabhängig vom Betriebssystem auf. Das bedeutet, das Windows, Linux, Solaris, macOS, iOS, Android gleichermaßen betroffen sind.

Ein Windows-Update, dass die Lücke »patchen«, also flicken sollte, musste bereits einige Tage später wieder zurückgenommen werden, da es zu unkontrollierbaren Abstürzen führte.

Im Januar 2018 wurde der neue Linux-Kernel 4.15 veröffentlicht, der einen Teil dieser Sicherheitslücke schließen soll; ob ein vollständiges Schließen der Lücke überhaupt möglich ist, ist zurzeit (Stand April 2018) unklar.

Wenn Sie herausfinden wollen, ob und inwieweit Ihr System gegen die Sicherheitslücken gewappnet ist, laden Sie sich das Tool `spectre-meltdown-checker.sh` von der Webseite

https://raw.githubusercontent.com/speed47/spectre-meltdown-checker/master/spectre-meltdown-checker.sh

herunter. Klicken Sie mit der rechten Maustaste auf die Datei und machen Sie sie ausführbar. Nach dem Starten können Sie lesen, ob und inwieweit Ihr Computer angreifbar ist.

4. Regel

Sorgen Sie für regelmäßige Updates Ihrer Programme und der Systemdateien.

9.7 Sichere Passwörter

Das größte Sicherheitsrisiko sitzt immer vor dem Computer. Ich meine dabei nicht so sehr das Surfverhalten im Internet, sondern den nachlässigen Umgang mit Passwörtern. Wenn Sie in manchen Büros Einblick in vertrauliche Daten nehmen wollen, schauen Sie unter der Tastatur oder der Schreibtischunterlage nach. Hier finden sich genauso oft Zettel mit Passwörtern wie Ersatz-Hausschlüssel unter der Fußmatte.

Wenn nicht gerade der System-Administrator das Passwort vorgegeben hat, sind diese manchmal von erschreckender Einfachheit. Die häufigsten Passwörter 2017 waren `12345678`, `passwort` und `qwertz`.

Der Hackerangriff heutzutage wird vollautomatisiert mit 2 Milliarden Schlüsseln pro Sekunden gefahren. Dabei gibt es grob gesagt zwei Methoden:

Bei der ersten werden komplette Wörterbücher als Passwort durchprobiert. Diese Methode zielt darauf ab, dass der Benutzer einen Namen oder einen feststehenden Begriff als Passwort benutzt. Nutzen Sie den Namen Ihres Hundes als Passwort, läuft der Rechner nicht einmal warm, bis das Passwort geknackt ist.

Die zweite Methode heißt *Brute Force* (brutale Kraft). Hierbei handelt es sich um eine Methode, die versucht, Passwörter oder Schlüssel durch automatisiertes, wahlloses Ausprobieren herauszufinden. Kurze, einfache Passwörter können so schnell geknackt werden. Hieraus ergeben sich folgende Regel:

Dabei sollte ein Passwort mindestens zehn Zeichen lang sein. Zehn Zeichen bedeuten 713.342.911.662.882.601 mögliche Kombinationen, wenn nur Groß- und Kleinbuchstaben und die Ziffern 0–9 (= 62 Zeichen) verwendet werden. Ein gewaltsamer Angriff auf Ihren Computer mit einem leistungsfähigen Werkzeug dauert dann bis zu 15 Jahre. Das ist natürlich der Maximalwert, im Extremfall kann der Hacker natürlich auch schon nach Sekunden fündig werden.

Bei 2 Milliarden Schlüsseln, die ein durchschnittlich ausgestatteter Laptop pro Sekunde generieren kann, dauert es maximal , ein Passwort mit zehn Zeichen zu knacken:

- Nur Kleinbuchstaben (26 Zeichen): 19 Stunden
- Groß- und Kleinbuchstaben (52 Zeichen): 2 Jahre und vier Monate
- Groß- und Kleinbuchstaben plus Zahlen (62 Zeichen): 15 Jahre.
- Alle Zeichen plus Sonderzeichen (72 Zeichen): ca. 58 Jahre.

Hinweis

Die Stärke Ihres Passwortes steigt exponentiell an, je mehr Zeichen Sie verwenden. Als einigermaßen sicher gilt ein Passwort erst, wenn es in der Lage ist, einen Brute-Force-Angriff mehrere Jahre lang auszuhalten.

Nur, wie löst man den Widerspruch, ein Passwort zu generieren, dass nicht zu entschlüsseln, aber dennoch gut zu merken oder immer wieder herzuleiten ist? Ich stelle Ihnen im Folgenden zwei Methoden vor:

Buchstaben-durch-Zahlen-ersetzen-Methode

Das beste Passwort ist ein rein zufälliges Kennwort, bestehend aus allen Zeichen und Sonderzeichen, die Ihre Tastatur hergibt. Und dieses Passwort werden Sie dann natürlich auch gleich wieder vergessen. Wenn es sich aber um wirklich wichtige Daten handelt, sollten Sie trotzdem ein rein zufällig generiertes Wort wie z.B. `geK7{m(6$ci` benutzen. Etwas sicherer sind zwar Passwort-Kombinationen aus Buchstaben und Zahlen, z.B. ist `Marion67` besser als `Marion`, aber auch diese Kombination ist bei Weitem nicht sicher.

Ersetzen Sie doch einfach Buchstaben durch Ziffern. Wenn Sie Ziffern verwenden, die Buchstaben ähnlich sehen, z.B. `E` durch die `3`, `O` durch die `0`, `I` durch eine `1` und die `5` durch das `S`, entstehen schwer zu knackende Kennworte, die man sich trotzdem merken kann. Dann wird aus `Marion67` schnell `Mar1On67`. Das Wort `Sommer` kann man sehr leicht knacken, das Wort `S0mm3er` schon etwas weniger leicht, und wenn Sie den besonders heißen Sommer 2003 `502Xm3r03` als Passwort nehmen, sind Ihre Daten schon besser geschützt. (Wobei `mm` durch `2Xm` ersetzt wurde).

Noch weiter steigern können Sie das Verfahren, indem Sie auf Sonderzeichen zugreifen, dann wird aus dem `502Xm3r03` der `$02Xm3r03`.

So weit, so gut. Nun sollten Sie aber kein Passwort zwei Mal verwenden. Also müssen Sie sich eine Methode ausdenken, Ihr »sicheres Passwort« `$02Xm3r03` dem jeweiligen Zweck zuzuordnen. Die einfachste Methode ist, sie hängen diesen Zweck einfach an das Kennwort hinten dran: Aus `$02Xm3r03` wird dann, für die Benutzung des großen Internet-Auktionshauses `$02Xm3r03/ebay`. Und für Facebook eben `$02Xm3r03/facebook`. Das macht es einem Hacker noch etwas schwerer, ist allerdings auch irgendwie vorhersehbar.

Nicht mehr lösbar wird es, wenn Sie die Buchstaben des Zieles im Wort verstecken, z.B. an 2., 4., usw. Position. Dann heißt das eBay-Passwort auf einmal `$e0b2aXym3r03`.

Und Facebook wird mit `$f0a2cXemb3oro0k3` erreicht und ist dann selbst für Hacker mit normalen Methoden nicht mehr zu knacken.

Die Anfangsbuchstaben-Methode

Mit Eselsbrücken können Sie sich die schwierigsten Passwort-Kombinationen leicht einprägen! Jeder kennt Sprichwörter wie »Das Spiel dauert neunzig Minuten und am Ende gewinnen die Deutschen«. Indem Sie nur die Anfangsbuchstaben und Satzzeichen hernehmen, erstellen Sie daraus das Kennwort `dSd90M,uaEgdD`. Aus »Besser einen Spatz in der Hand, als eine Taube auf dem Dach! « wird `B1SidH,a1TadD!`.

14 Zeichen aus Groß- und Kleinbuchstaben, Ziffern und Sonderzeichen ergeben ein Passwort, das einem Angriff ungefähr 1,6 Milliarden Jahre standhält.

Nehmen Sie einen Gedichtanfang, ein Sprichwort, irgendeinen Spruch. Damit können Sie wunderbare Passwörter generieren, die Sie sich, wenn es nötig ist, immer wieder herleiten können.

Können Sie sich vorstellen, welcher Spruch sich hinter `MHdh3E,3EhmH` verbirgt? (Lösung am Ende des Kapitels)

5. Regel

Benutzen Sie niemals ein real existierendes Wort als Passwort. Auch nicht die Namen der Liebsten, der Haustiere oder der Topfpflanze.

Und gleich hinterher:

6. Regel

Nutzen Sie möglichst lange und komplexe Passwörter, mit Groß- und Kleinbuchstaben, Ziffern und Sonderzeichen.

Das ist schön und gut, aber möchten Sie jedes Mal ein solches Passwort eintippen? Eigentlich nicht, und so bietet Firefox auch einen eigenen Passwortsafe an, der Ihre Nutzernamen und Passwörter speichert und gegebenenfalls in Login-Seiten einträgt. Da können Sie sich irgendwelche phantastischen Passwörter einfallen lassen, und das funktioniert auch, solange der Safe sicher ist. Und wenn nicht? Ubuntu bietet hier eine gute Passwort-Verwaltung an. Das ist eine sehr sicher verschlüsselte Datenbank, die mit einem Masterpasswort gesichert wird.

In dieser Distribution ist das Programm *Seahorse* als Passwortverwaltung installiert. Sie finden es allerdings nicht unter diesem Namen, sondern unter *Passwörter und Verschlüsselung*. Und wie der Name schon sagt, dient es zu mehr als nur zur Verwaltung von Passwörtern.

Der Begrüßungsbildschirm ist zunächst einmal sehr schlicht, und es gibt bereits einen Eintrag: einen Schlüsselbund namens ANMELDUNG.

Ein Schlüsselbund ist eine Sammlung von Passwörtern und PGP-Schlüsseln. Wahrscheinlich ist dieser noch leer. Um ein neues Passwort zu speichern, klicken Sie bitte auf DATEI / NEU und es erscheint folgendes Fenster:

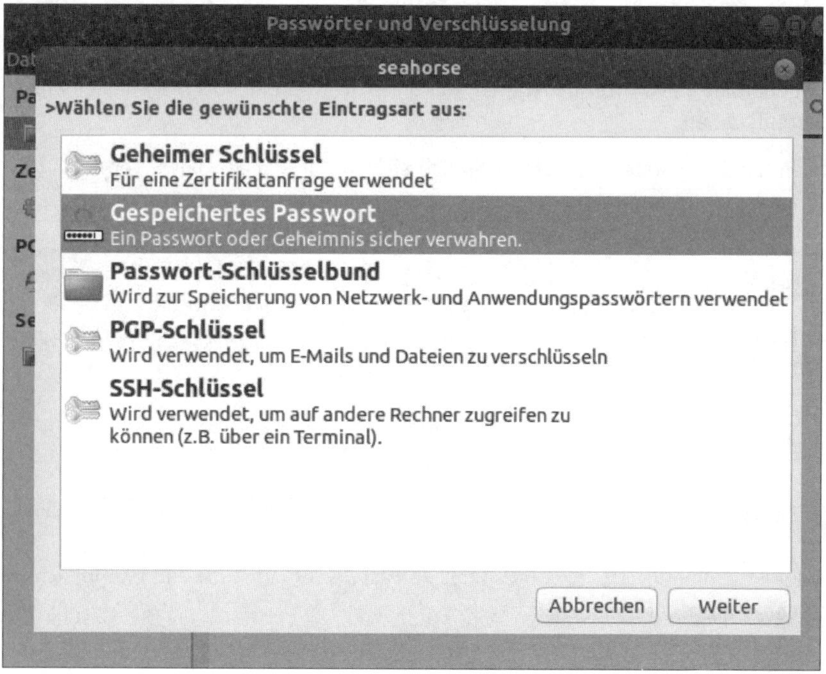

Abb. 9.1: Einen neuen Eintrag in seahorse speichern

Sie können nun ein Passwort speichern. Das ist so weit nicht schwierig, ein Doppelklick auf den Eintrag GESPEICHERTES PASSWORT öffnet ein Dialogfeld, in dem Sie ein neues Passwort samt Beschreibung hinterlegen können.

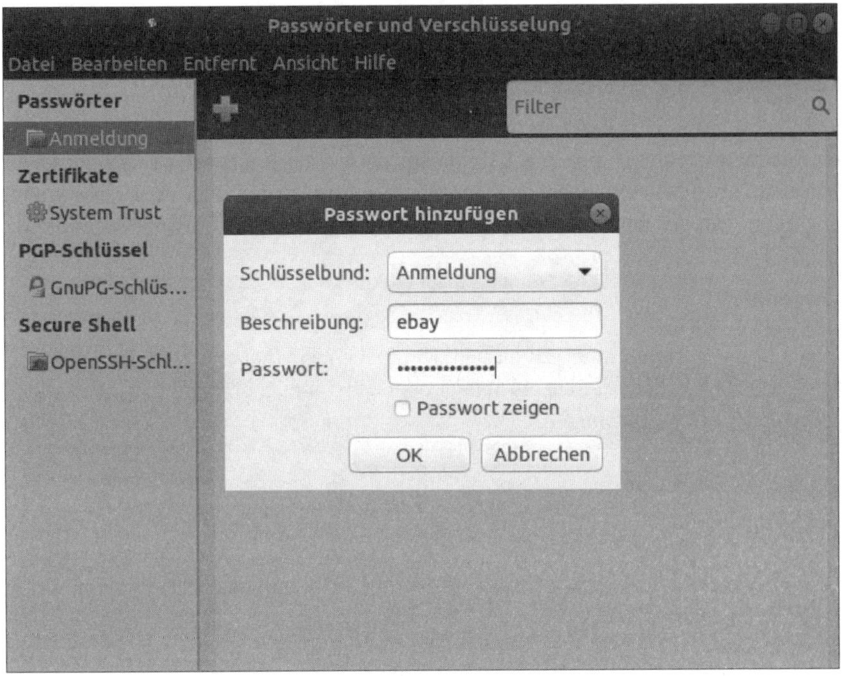

Abb. 9.2: Hier hinterlegen Sie Login-Daten, Passwörter und, wenn nötig, eine Beschreibung mit weiteren Informationen.

Wichtig!

Dieser Dialog wird mit Ihrem Anmeldepasswort gesichert. Daher ist das Geheimnis auch nur so gut gesichert, wie Ihr Anmeldepasswort stark ist.

Eine höhere Sicherheit erreichen Sie, wenn Sie das Passwort ändern. Klicken Sie dazu mit der rechten Taste auf den Schlüsselbundeintrag und geben Sie zuerst das alte, und dann das neue Passwort ein. Nun hat ein Schnüffler immerhin schon zwei Passwörter vor sich.

Aber das auch nur, wenn Sie mittels Kontextdialog den Schlüsselbund sperren. Sonst ist es auch hier durch einen einfachen Klick möglich, die Passwörter zu lesen. Eine Option, dass sich der Schlüsselbund automatisch sperrt, gibt es leider nicht.

Die Optionen, die SSH- und PGP-Schlüssel betreffen, sind recht kompliziert. Sie dienen dazu, sich per Remote mit einem anderen Computer zu verbinden oder E-Mails zu verschlüsseln.

Wenn Sie auf eine Festplattenverschlüsselung verzichtet haben, ist es doch mithilfe von Seahorse möglich, einzelne Dateien im persönlichen Ordner zu verschlüsseln. Dazu muss über das Modul *Seahorse-Nautilus* heruntergeladen und installiert werden, dann kann man per Rechtsklick auf eine Datei die Option Verschlüsseln auswählen.

Hinweis

Umfassende Informationen zu diesem weitreichenden Thema bieten die Webseiten *http://wiki.ubuntuusers.de/GnuPG* oder verständlicher *https://www.datenschutzzentrum.de/technik/*

7. Regel

Speichern Sie niemals Passwörter in Textform auf Ihrem Computer, sondern nutzen Sie Passwortsafes.

9.8 Start absichern

Wenn Sie wirklich sicher sind, dass niemand auf Ihren Computer räumlich zugreifen kann, also tatsächlich vor ihm sitzt, wenn der Rechner startet, brauchen Sie diesen Abschnitt nicht zu lesen. Aber: Können Sie ausschließen, dass Ihr Laptop niemals verloren geht? Dass Einbrecher niemals Ihren Computer stehlen werden?

In Kapitel 2 haben Sie gelesen, wie Sie mithilfe einer Live-Installation leicht auf die bestehenden Daten eines Computers zugreifen können. Sie müssen dazu lediglich eine kleine Veränderung am BIOS vornehmen. Nur: Wenn Sie das können, dann kann jeder andere das auch. Jeder, der sich räumlich Zugang zu Ihrem Computer verschaffen kann, kann beim Starten das BIOS so anpassen, dass ein Live-System Zugang zu Ihren Daten verschafft.

Richten Sie also Ihre Festplatte als erstes Startlaufwerk ein und sperren Sie Ihr BIOS mit einem Passwort ab. Das ist schnell und einfach auf der Oberfläche unter dem Menüpunkt SECURITY passiert.

8. Regel

Versperren Sie Ihr BIOS/UEFI.

9.9 Daten verschlüsseln

Wenn auf Ihrer Festplatte sensible Dateien lagern, ist eine Verschlüsselung unabdingbar. Prinzipiell lassen sich einzelne Dateien verschlüsseln, Sicherheit erlangen Sie aber nur durch eine systematische Verschlüsselung der gesamten Festplatte. Sie haben bei den allermeisten Distributionen bereits während des Installationsvorganges die Möglichkeit, die Festplatte zu verschlüsseln. So kann sie dann, falls der Computer, die Festplatte oder – dies ist wohl die wahrscheinlichste Variante – Ihr Laptop gestohlen wird, niemand die Daten der Festplatte mittels eines Live-Systems auslesen. Dieses Verfahren verlangsamt die Performance des Computers und empfiehlt sich eigentlich nur dann, wenn sich wirklich geheime Daten auf dem Computer befinden, die auch professionellen Hackversuchen standhalten müssen.

Sollten Sie auf eine solche Verschlüsselung angewiesen sein und die von Ihnen favorisierte Distribution bietet die Verschlüsselung während der Installation nicht an, sollten Sie auf eine andere Distribution zugreifen.

9. Regel

Verschlüsseln Sie sensible Daten.

9.10 Sicherheit und Datenschutz im Internet

»Du bist der Herr Deiner Worte, einmal ausgesprochen, beherrschen sie Dich.«

Dieser alte arabische Spruch zeigt sehr deutlich, inwieweit Sie selbst durch Ihr Verhalten Daten preisgeben, die Sie besser für sich behalten.

Denn wie oben beschrieben, ist es sehr schwierig, einen Ubuntu-PC vom Internet aus zu kapern, um vertrauliche Informationen auszulesen, und ernsthafter Schaden durch Schadprogramme ist zurzeit nicht zu erwarten. Aber trotz aller Systemsicherheit ist Ihr Recht auf informationelle Selbstbestimmung, also das Recht, von Ihren persönlichen Daten nichts preiszugeben, was Sie nicht preisgeben möchten, ununterbrochen gefährdet. Denn dieses Recht wird im Internet sehr flexibel ausgelegt. Ohne dass

Sie es bemerken, hinterlassen Sie im Internet eine digitale Fährte, aus der sich Benutzerprofile erstellen lassen. Diese werden für viel Geld verkauft, weshalb Amazon, Facebook und Alphabet (der Mutterkonzern von Google) zu den teuersten Firmen der Welt zählen.

Man mag in den Zeiten des Internets den Verlust der Kontrolle über seine Daten als notwendiges Übel betrachten, was hat man denn schon groß zu verbergen? Tatsächlich werden diese Datensätze aber in Zukunft viel invasiver eingesetzt werden, beispielsweise zur Bonitätsprüfung bei Banken und Versicherungen. Krankenkassen und auch potenzielle Arbeitgeber können sich Profile eines Bewerbers kaufen

Nun posten Sie in sozialen Netzwerken Ihre Daten freiwillig und hätten wenigstens ansatzweise die Kontrolle darüber, welche Informationen Sie freigeben. Vor einigen Jahren lasen Einbrecher noch Traueranzeigen, um herauszufinden, wann ein Haus leer war, weil die Bewohner mit Sicherheit auf dem Friedhof waren. Heutzutage posten Menschen auf Facebook, wann Sie im Urlaub sein werden. Eine schönere Arbeitsplanung für Einbrecher kann es fast nicht geben. Überlegen Sie also, ob es nötig ist, der ganzen Welt mitzuteilen, in welchem Zeitraum Ihre Wohnung unbewacht sein wird.

Etwas anderes ist es mit der digitalen Spur, die Sie unbemerkt im Internet hinterlassen. Hier müssen Sie aktiv werden, damit Ihr Surfverhalten nicht oder doch zumindest schwer nachvollzogen werden kann.

9.11 Firefox absichern

Der Firefox ist als Standardbrowser bei Ubuntu integriert, ob er tatsächlich der beste Browser ist, sei dahingestellt. Die große Stärke von Firefox ist die Möglichkeit, mit Plug-ins seine Funktionsvielfalt massiv zu erweitern und damit das Surfen sicherer und weniger transparent machen. Sie müssen allerdings einige Einstellungen selbst vornehmen.

Öffnen Sie den Dialog Bearbeiten / Einstellen. Hier finden Sie übersichtlich die Optionen, mit denen Sie den Datenschutz verbessern können.

Im Bereich **Datenschutz** möchte ich Ihnen folgende Einstellungen empfehlen:

Lassen Sie Firefox Ihre **Login-Daten und Passwörter** speichern, dies erleichtert es Ihnen, sehr lange und komplexe Passwörter für die jeweiligen Webseiten zu generieren. Schützen Sie die Passwörter aber unbedingt mit einem guten Masterpasswort.

Die Einstellungen zum Thema **Chronik** können Sie vornehmen, indem Sie im Dropdown-Menü die benutzerdefinierten Einstellungen aktivieren. Aus einer Chronik lässt sich Ihr Surfverhalten perfekt herauslesen. Daran sind nicht nur Firmen im Internet interessiert, sondern u.U. auch Familienmitglieder oder Chefs.

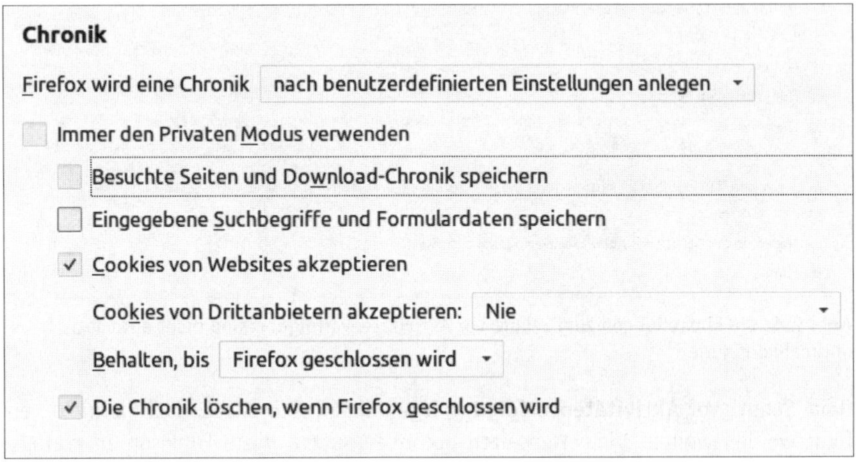

Abb. 9.3: Die Chronik-Einstellungen optimieren

Lassen Sie Firefox die Chronik löschen; wenn Sie es beenden, speichern Sie so keine besuchten Seiten. Download-Chroniken und eingegebene Suchbegriffe gehen einfach niemanden etwas an.

Wenn Sie das Schaltkästchen Immer den privaten Modus verwenden aktivieren, können Sie unter dem Reiter Sicherheit auch keine Passwörter speichern; ich empfehle, diese Option nicht zu nutzen.

Hinweis

Ein Cookie ist eine kleine Textdatei, die ein Webserver auf Ihrem Rechner anlegen darf. Die Bedrohung, die von Cookies ausgeht, betrifft das informationelle Selbstbestimmungsrecht.

Cookies ganz zu verbieten ist leider oft nicht praktikabel, da diese auch für legitime Zwecke verwendet werden, zum Beispiel um Voreinstellungen öfters besuchter Webseiten nicht immer wieder erneut vornehmen zu müssen. Daher sollten Sie Cookies grundsätzlich akzeptieren, aber löschen lassen, wenn Sie Firefox schließen. Damit verringern Sie die Gefahr, dass diese Dateien unbefugt ausgelesen werden. Cookies von Drittanbietern sollten Sie allerdings niemals akzeptieren.

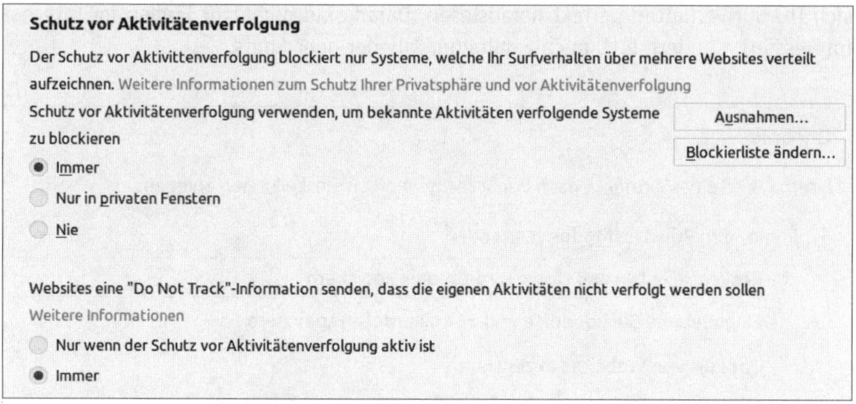

Abb. 9.4: Die Einstellungen zum Schutz vor Aktivitätenverfolgung sind nicht automatisch optimal konfiguriert.

Beim Schutz vor **Aktivitätenverfolgung** legen Sie zunächst fest, dass Sie nicht verfolgt werden wollen. Viele Webseiten-Betreiber nutzen diese Funktion zu statistischen Zwecken. Aktivieren Sie hier beide Male die Option IMMER.

Die Berechtigungen, Ihren **Standort** zu erfahren, Ihr Mikrofon oder die Webcam einzuschalten, sollten Sie allerdings deaktivieren, damit Sie nicht im Hintergrund ausgespäht werden können.

Add-ons von Webseiten installieren zu lassen, öffnet Missbrauch Tür und Tor und selbstverständlich sollten Sie Firefox anweisen, gefährliche Inhalte zu blockieren, indem die Option GEFÄHRLICHE UND BETRÜGERISCHE INHALTE BLOCKIEREN aktiviert ist.

Firefox ermöglicht es Ihnen, andere Suchmaschinen als die Datenkrake *Google* als Standard zu definieren. Öffnen Sie dazu den Reiter SUCHE. *DuckDuckGo* und *Startpage by Ixquick* sind hierbei zwei Empfehlungen, die den Datenschutz sehr ernst nehmen. Die Suchergebnisse sind vielleicht nicht so üppig wie bei Google, reichen jedoch meist völlig aus. Bei Startpage ist zudem ein Familienfilter aktiv, der jugendgefährdete Inhalte nicht anzeigt.

Heimlich, still und leise sind die Einstellmöglichkeiten für **JavaScrip**t aus den Menü-Einstellungen verschwunden. Hierbei handelt es sich um eine Programmiersprache, die den Funktionsumfang einer Webseite sehr stark erweitert. Mit JavaScript können Animationen, Menüs oder Geräusche dargestellt werden. Leider kann JavaScript aber auch nervig bis neugierig werden. Wenn Sie es vollständig abschalten, können Sie unter Umständen bestimmte Internetseiten nicht in vollem Umfang nutzen.

Diesem Problem können Sie mit einem Add-on namens *NoScript* begegnen.

Darüber hinaus möchte ich Ihnen noch einige Add-ons empfehlen, die den Browser sicherer machen:

- *AdBlock Plus*: Zum Blockieren von Werbung und zum Blockieren bösartiger Webseiten.
- *Better Privacy*: Löscht Langzeit-Cookies, die durch die Cookie-Verwaltung nicht erkannt werden.
- *NoScript*: JavaScript und andere Plug-ins nur bei vertrauenswürdigen Quellen.
- *anonymoX*: Ermöglicht das anonyme Surfen im Internet, indem Sie eine virtuelle Identität aus einem anderen Land annehmen.
- *Browser Protect*: Verhindert, dass jemand über das Internet die Kontrolle über Firefox übernimmt.
- *Blur* (formerly DoNotTrackMe): Verhindert, dass Firmen Ihre Aktivitäten im Netz aufzeichnen können.
- *AdNauseam*: Geht einen ganz anderen Weg. Es wird nicht nur Werbung nach einer Liste blockiert, im Hintergrund wird buchstäblich jede Werbung auch angeklickt. Dadurch wird es für die Werbenetzwerke unmöglich, Ihr Interessensprofil zu erstellen.

Diese Plug-ins schützen Ihren Computer und Ihre persönlichen Daten. Sie hindern allerdings niemanden daran, seinen gesunden Menschenverstand auszuschalten. Die größte Verantwortung für die Sicherheit im Netz liegt bei Ihnen.

10. Regel

Überprüfen Sie, ob Ihr Browser alle verfügbaren Datenschutz-Einstellungen aktiviert hat.

9.12 Social Engineering / Phishing

Phishing ist der Versuch, über gefälschte Webseiten an Ihre geheimen Daten, zum Beispiel die Zugangsdaten für Ihr Onlinebanking, zu gelangen und sie dann »abzufischen«. Die Techniken dabei sind zum Teil enorm ausgefeilt.

Im unteren Beispiel habe ich eine Mail vom angeblichen »Kundenservice Postbank« bekommen, mit der Aufforderung, einen Link anzuklicken und meine Zugangsdaten einzugeben. Es erschien eine täuschend echt aussehende Fälschung der Webseite meiner Bank. Hätte ich nun hier meine Zugangsdaten eingegeben, wäre mit Sicherheit mein Konto geplündert.

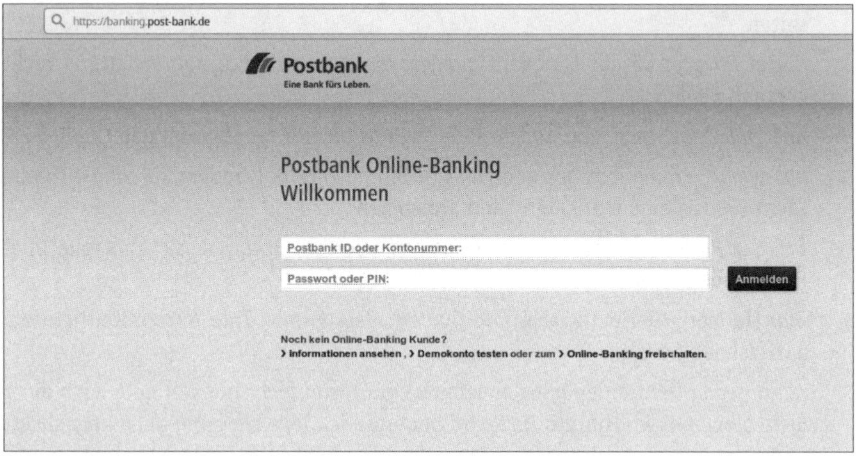

Abb. 9.5: Täuschend echt ...

Das Bild zeigt eine täuschend echt gestaltete Internetseite, die nur auf das Abfischen von Zugangsdaten abzielt. Erkennbar ist die falsche URL `post-bank.de`.

Bei anderen Angriffsformen befindet sich die Schadsoftware auf einer infizierten Webseite. Diese wird dann schon durch den Besuch der Website auf dem Computer des Internetnutzers installiert.

Ein gesundes Misstrauen gegenüber dem Medium E-Mail und das aufmerksame Lesen der Phishing-E-Mails sind hilfreich. Die Seiten sind oft so täuschend ähnlich zu den Originalseiten aufgebaut, dass man schon sehr genau hinschauen muss, um die Unterschiede zu erkennen.

Wenn Sie sich an zwei simple Regeln halten, wird das Abfischen Ihrer Daten unmöglich:

1. Keine Bank verlangt von ihren Kunden per E-Mail, die Zugangsdaten preiszugeben. Niemals. Löschen Sie solche E-Mails, mit denen Ihre Bank Sie angeblich anschreibt.
2. Öffnen Sie niemals die in der E-Mail angegebene Webseite, bereits diese könnte infiziert sein. Der Schadcode würde auf einem Ubuntu-PC zwar keinen Schaden anrichten, Sie würden ihn allerdings möglicherweise mit eigenen E-Mails weiterverbreiten.

11. Regel

Geben Sie niemals Zugangsdaten auf Seiten ein, die Sie nicht selbst angewählt haben. Seien Sie misstrauisch und rufen Sie lieber einmal zu viel als zu wenig beim vermeintlichen Geschäftspartner an.

9.13 Ihre Dateien sichern

Festplatten haben, wie alle Industrieprodukte, eine begrenzte Lebenszeit. Nur ignorieren die meisten Menschen diese Tatsache, was zu regelmäßigen Datenverlusten und verzweifelten Schwüren führt, ab jetzt aber wirklich die Dateien regelmäßig zu sichern, wenn es bereits zu spät, die Festplatte defekt ist. Alle Bilder, Filme, Dokumente sind verloren und kein Betriebssystem kann sie mehr wiederherstellen.

Wichtig!

Es ist wirklich unverzichtbar, seine Daten regelmäßig zu sichern.

Hierfür ist bei Ubuntu ein übersichtliches und einfaches Instrument vorgesehen: *Déjà Dup*. Dieses Programm hat sich als sehr stabil und zuverlässig herausgestellt, es ist mit dem Dateimanager verknüpfbar und erlaubt per Voreinstellung eine automatisierte Sicherung zu bestimmten Zeiten. Es ist in Ubuntu in den Distributionen, die auf dem Gnome-Desktop basieren, bereits integriert. Die Hauptaufgabe besteht in der Speicherung des /home-Ordners, es lassen sich aber auch alle anderen Ordner in die Sicherung mit einbeziehen.

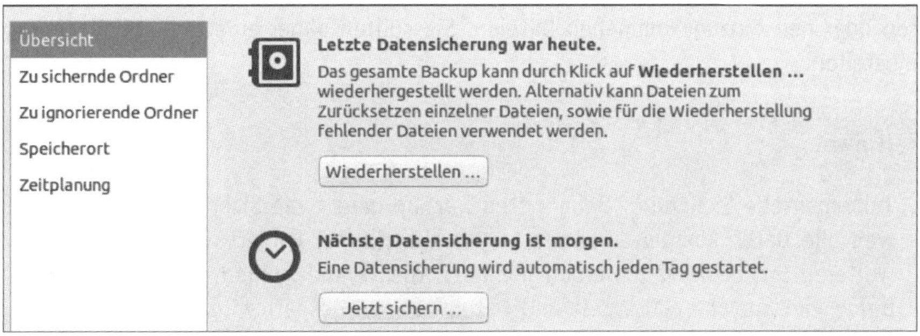

Abb. 9.6: Einfache Datensicherung unter Ubuntu

Schieben Sie im Übersichtsfenster den Regler auf AN, so wird eine Sicherung automatisch nach Ihren Vorgaben vorgenommen.

Wählen Sie aus, welche Ordner Sie sichern möchten, dies wird in der Regel Ihr persönlicher Ordner sein, Sie können allerdings auch jeden anderen Ordner zur Sicherung vorschlagen, solange Sie Zugriff darauf haben. Fügen Sie über die Schaltfläche + Ordner hinzu und schließen Sie mit der Schaltfläche - Ordner von der Sicherung aus.

Der dritte Reiter zeigt an, welche Dateien ignoriert werden sollen. Sie brauchen normalerweise nicht den Mülleimer und das kurzlebige Downloadverzeichnis zu sichern. Sie sollten auch überlegen, sehr große Dateien, wie Filme und die VM-Dateien der VirtualBox auszunehmen, denn diese Sicherung dauert unverhältnismäßig lange.

Im vierten Fenster wählen Sie den Speicherort aus. Es werden Ihnen Möglichkeiten angeboten, die Daten auf einem Netzwerkserver zu sichern, aber auch ein Cloudspeicher ist, sofern Sie sich registriert haben, nutzbar. Da bei einer Sicherung der komplette Datensatz aller Dateien gesichert wird, ist der Datendurchsatz sehr groß. Es empfiehlt sich, die Sicherung auf einer externen Festplatte, wie man sie heute für wenig Geld und mit enormen Kapazitäten kaufen kann, zu speichern.

Im letzten Reiter geben Sie neben dem Sicherungsintervall an, wie viele Datensicherungen aufbewahrt werden sollen. Theoretisch benötigt man immer nur die jeweils letzte Sicherung, damit sich bei Bedarf der Datenbestand wieder reproduzieren lässt. Déjà Dup bietet hier als kürzeste Aufbewahrungsdauer zwei Monate an.

Sichern Sie Ihre Daten nun mit der Taste JETZT SICHERN. Abschließend können Sie noch auswählen, ob Sie Ihre Daten verschlüsseln wollen, was Sie auf jeden Fall tun sollten, wenn Sie vertrauliche Dateien sichern.

Der erste Sicherungsvorgang wird sehr lange dauern, da alle Dateien einzeln geprüft und gespeichert werden. Die zweite Sicherung, die Sie durchführen, wird dagegen vergleichsweise schnell fertig, denn Déjà Dup speichert dann nur noch die veränderten oder neu hinzugekommenen Dateien. Sie sollten daher eine tägliche Sicherung einstellen.

Hinweis

Inkrementelle Sicherung: Beim ersten Backup dauert die Sicherung sehr lange, weil alle Daten komplett auf den Sicherungsspeicher kopiert werden. Bei allen weiteren Speicherungen werden nur noch die Veränderungen gespeichert, wodurch viel Speicherplatz, Zeit und Datenvolumen gespart wird. Diese Form der Sicherung ist bei Déjà Dup voreingestellt.

Mit der Schaltfläche WIEDERHERSTELLEN können Sie eine Datensicherung ganz leicht wieder zurückspielen. Zuerst wird Ihnen der Speicherort, dann ein Datum der Sicherung angeboten. In der Regel werden Sie die letzte Datensicherung auswählen, Sie können aber auch auf ältere Versionen zurückgreifen.

12. Regel

Sichern Sie Ihre Daten. Täglich.

9.14 VPN einrichten

Stellen Sie sich bitte vor, Sie sitzen mit Ihrem Laptop in einem Café, das einen kostenlosen WLAN-Hotspot zur Verfügung stellt. Sie rufen Ihre E-Mails ab, überprüfen einmal kurz den Stand der Dinge im großen Internetauktionshaus und erledigen schnell noch ein paar Bankgeschäfte. Außerdem posten Sie noch einige Nachrichten im bevorzugten sozialen Netzwerk.

Ein paar Tage später erhalten Sie einen Anruf, wann Sie denn die Yacht, die Sie ersteigert haben, in der Karibik abholen, Ihr Konto ist geplündert und mithilfe Ihres E-Mail-Accounts sendet jemand Stalking-Mails an einen beliebten Schauspieler. Was ist passiert? Ganz einfach: Jemand hat Sie bei Ihrer Internetsitzung belauscht und mit den gewonnenen Informationen Unfug getrieben.

Oder Sie sitzen im Urlaub abends auf der Veranda und möchten über Sky Go die Champions League oder Ihren Verein der Bundesliga verfolgen. Sie werden dies aber mit dem örtlichen WLAN nicht können, da eine Verbindung aus dem Ausland nicht möglich ist. Sky wird die IP-Adresse, mit der Sie sich eingewählt haben, als ausländische identifizieren und Ihnen den Zugang verwehren.

Abb. 9.7: Ganz schlecht: Die direkte Verbindung ins Internet mithilfe eines unbekannten offenen Hotspots

Zugegeben, das erste Beispiel ist möglicherweise übertrieben. Aber Fakt ist: Wenn Sie sich mit einem PC oder Smartphone mittels eines öffentlichen Hotspots ins Internet begeben, sind alle Ihre Internetaktivitäten ungeschützt und ganz leicht lesbar. Alle Seiten, die Sie aufrufen, alle Passwörter, die Sie eingeben, alle Texte, die Sie posten, werden aufgezeichnet (»geloggt«) und in einer Datei auf dem Router, den der Caféhausbesitzer zur Verfügung stellt, zwischengespeichert. Darüber hinaus kann jeder, der auch nur oberflächliche Ahnung von Netzwerktechnik, aber die richtige Software auf seinem Computer hat, Ihre Internetaktivitäten in Echtzeit mit verfolgen. Diese Hackerprogramme sind nicht einmal illegal, gehören sie doch zur Standardausrüstung eines Netzwerkadministrators.

13. Regel

Vermeiden Sie es, Geldgeschäfte über öffentliche Hotspots zu tätigen.

Natürlich gibt es auch eine Möglichkeit, mithilfe eines offenen Hotspots sicher ins Internet zu gelangen oder die Bundesliga zu verfolgen: die Einrichtung eines virtuellen privaten Netzwerks (VPN). Diese Methode ermöglicht es Ihnen, sich zunächst unverschlüsselt mit dem Hotspot in besagtem Internetcafe zu verbinden. Danach sorgt das VPN für eine verschlüsselte Verbindung bis zu Ihrem heimischen Netzwerkrouter. Die eigentliche Internetverbindung erfolgt dann über Ihr heimisches Netzwerk, mit all den Sicherheitsvorkehrungen, die Sie zu Hause eben auch haben.

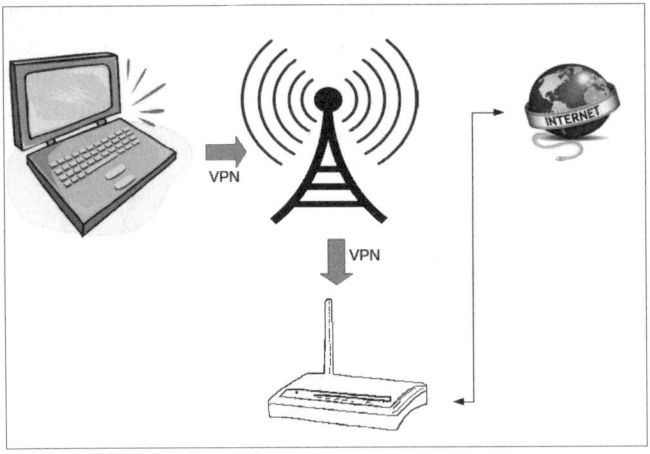

Abb. 9.8: Besser: Der Hotspot dient nur dazu, die Verbindung zum heimischen Netzwerkrouter aufzubauen

Sie können – die notwendigen Netzwerkkenntnisse vorausgesetzt – Ihr gesamtes heimisches Netzwerk, also auch Drucker und Faxgeräte, Netzwerkfestplatten usw., benutzen, hier geht es aber um die Internetverbindung. Dieses System ist so sicher, dass sogar die NSA eingestehen musste, kein Mittel zum systematischen Abhören von VPN gefunden zu haben.

Die Einrichtung ist nicht ganz einfach, sollte aber mit der Schritt-für-Schritt-Anleitung gelingen. Sie beinhaltet drei Teile:

1. Als Erstes müssen Sie einen sogenannten *DynDNS-Server* einrichten. Wenn Sie nämlich im Café sitzen, können Sie gar nicht wissen, mit welcher IP-Adresse Ihr heimischer Router gerade mit dem Internet verbunden ist.
2. Als Zweites müssen Sie den heimischen Router so einrichten, dass er die Anfrage per VPN überhaupt zulässt und Ihrem Linux-Laptop Zugang zum Netzwerk gewährt.
3. Als Drittes müssen Sie den VPN-Client am Ubuntu-Laptop einrichten.

Hinweis

Die Einrichtung eines VPN kann nur dann gelingen, wenn Sie einen klassischen DSL-Anschluss zu Hause haben. Wenn Sie zu Hause per Kabelanschluss ins Internet gehen, wird es sehr schwierig bis unmöglich. Dann hilft nur noch ein Businesszugang, der aber ganz ordentlich ins Geld geht.

Die Einrichtung eines DynDNS-Servers

Die dynamische IP-Adresse

Wenn Sie sich zu Hause über Ihr DSL-Modem mit dem Internet verbinden, läuft dies ungefähr so ab:

»Hallo Internetanbieter, hier ist Lieschen Müller, ich will gerne ins Internet.«

»Hallo Lieschen Müller, wenn du mir deine Anmeldedaten gibst, gerne.«

»Ja, meine Anmeldedaten sind (...).«

»Schön, du bekommst für diese Sitzung die Adresse ... lass mal sehen ... Die IP-Adresse mit der Nummer 88.152.8.42 ist gerade frei geworden.«

Diese Zahlenkombination identifiziert die Computer, die für das Internet benutzt werden, bei allen Webseiten, die diese besuchen. Für diese Internetsitzung wird

Lieschen mit dieser IP-Adresse im Internet angemeldet. Diese Identifikation ändert sich bei jeder neuen Einwahl oder aber spätestens nach 24 Stunden, weil es gar nicht so viele IP-Adressen gibt wie Internetnutzer. Sobald sich ein Nutzer aus dem Netz abmeldet, wird seine IP-Adresse wieder frei und an einen anderen Nutzer, der sich gerade einwählt, weitergegeben.

DynDNS-Server

Wenn Sie also mit Ihrem Laptop im Café sitzen, können Sie sich nicht ohne Weiteres mit dem heimischen Router verbinden, da Sie ja gar nicht wissen, mit welcher IP-Adresse Ihr Heim-Netzwerk gerade mit dem Internet verbunden ist. Aber der heimische Router ist ja immer online, also muss es nur irgendeine Instanz geben, über die Sie die Box im Internet finden können. Dann können Sie auf alle Netzwerkressourcen zugreifen, also auch auf die Internetverbindung, ganz so, als wären Sie zu Hause. Einige Internetdienste bieten hier eine Lösung: Sie behalten, nachdem Sie sich angemeldet haben, Ihre IP-Adresse im Blick. Möchten Sie aus dem Internet heraus auf Ihr Heimnetzwerk zugreifen, wählen Sie diesen Dienst an, der Sie dann sicher zu Ihrem Netzwerk weiterleitet.

Anbieter solcher sogenannter dynamischer DNS-Server:

https://www.dyn.com

http://www.selfhost.de

https://www.no-ip.com

http://www.dnsexit.com

http://www.dyns.cx

https://fritzbox.dyndns.org

Einige dieser Anbieter sind kostenlos, verlangen aber für höhere Übertragungsgeschwindigkeiten einen monatlichen Beitrag.

Wählen Sie einen Anbieter aus und rufen Sie mit dem Browser die Internetseite auf, um sich bei dem Dienst anzumelden. Der Anmeldeprozess ist dabei schnell erledigt. Am Ende erhalten Sie eine sogenannte Domain: Im Falle dieses (nicht realen) Beispiels habe ich eine Domain namens `troche.ddns.net` erstellt. In der Regel werden Sie eine Bestätigungsmail an die angegebene E-Mail-Adresse erhalten, die einen Link enthält. Diesen Link müssen Sie anklicken, jetzt ist Ihre Anmeldung komplett.

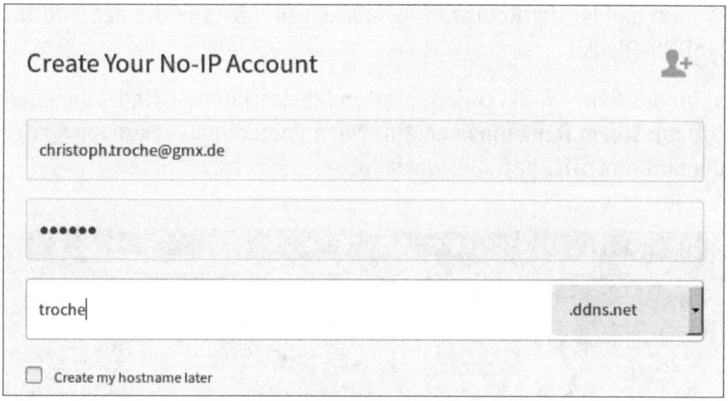

Abb. 9.9: Das Anmeldefenster von No-IP

Den Router einrichten

Nun müssen Sie Ihren heimischen Router instruieren, Ihre jeweils aktuelle IP-Adresse regelmäßig an den Dienstanbieter zu melden. Die meisten modernen Router haben diese Funktion bereits eingebaut.

Rufen Sie die Arbeitsoberfläche Ihres Routers auf. In unserem Beispiel handelt es sich um eine Fritz!Box, das Verfahren funktioniert aber analog mit Routern anderer Hersteller. Dazu geben Sie in die Adresszeile des Webbrowsers `fritz.box` ein und loggen sich mit dem Passwort in die Konfigurationsoberfläche ein. Hier öffnen Sie den Reiter INTERNET / FREIGABEN / DYNAMIC DNS.

Aktivieren Sie die Option DYNAMIC DNS BENUTZEN, suchen Sie aus dem Drop-down-Menü Ihren Anbieter aus und geben Sie die Anmeldedaten ein.

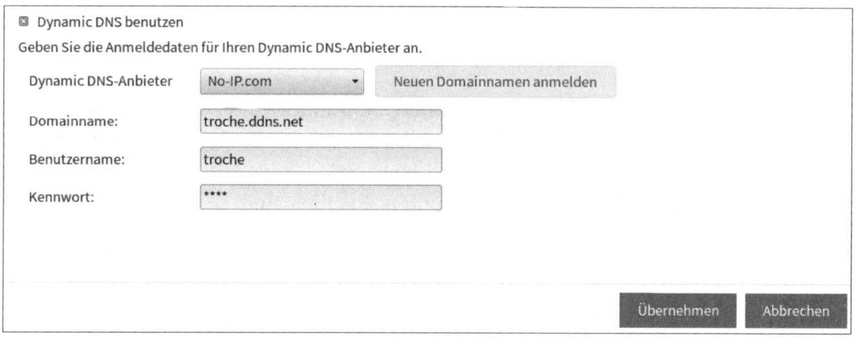

Abb. 9.10: Geben Sie Anbieter und Anmeldedaten ein

Das wars zunächst, nun meldet der Router in regelmäßigem Abstand die aktuelle IP-Adresse an den DynDNS-Dienst.

Um zu überprüfen, ob das Ganze funktioniert, starten Sie das Terminal und geben den Befehl `ping` gefolgt von Ihrem Domainnamen ein. Wenn dann einige Sekunden später die Antwort der Domain eintrifft, hat alles geklappt.

```
christoph@christoph-EP43-UD3L:~$ ping christophtroche.ddns.net
PING christophtroche.ddns.net (192.168.0.14) 56(84) bytes of data.
64 bytes from 192.168.0.14: icmp_req=1 ttl=63 time=0.454 ms
64 bytes from 192.168.0.14: icmp_req=2 ttl=63 time=0.385 ms
64 bytes from 192.168.0.14: icmp_req=3 ttl=63 time=0.391 ms
64 bytes from 192.168.0.14: icmp_req=4 ttl=63 time=0.390 ms
64 bytes from 192.168.0.14: icmp_req=5 ttl=63 time=0.391 ms
```

Abb. 9.11: Alles hat geklappt: Dynamic DNS funktioniert

Hinweis

Je nach verwendetem Router kann es sein, dass Sie gar keine Auswahl an DynDNS-Servern vorfinden oder dass Sie diese Funktion gar nicht finden. Hier hilft nur ein Blick in das Handbuch Ihres Routers oder eventuell ein Firmware-Update. Fruchtet dies alles nichts, sollten Sie über den Neukauf eines Routers nachdenken.

Falls Ihr Router die Einrichtung und Organisation eines DynDNS-Servers nicht unterstützt, stellen einige Dienstanbieter auch Software-Tools zur Verfügung. Diese setzen dann allerdings voraus, dass ein PC rund um die Uhr innerhalb des heimischen Netzwerks läuft und die IP-Veränderungen an den Dienstanbieter sendet. Ob Sie im Falle eines mehrwöchigen Urlaubs stets einen PC zu Hause laufen lassen wollen, dessen einzige Aufgabe es ist, die aktuelle IP-Adresse zu melden, müssen Sie entscheiden.

Als zweiten Schritt müssen Sie Ihrem Router beibringen, dass er eine VPN-Anfrage zulassen soll. Denn vor Zugriffen aus dem Internet soll Ihr Router bzw. die eingebaute Firewall Sie ja eigentlich schützen. Und hier wird es kompliziert, da die Modalitäten der verschiedenen Router-Hersteller unterschiedlich sind.

Ich möchte dies anhand der Fritz!Box erklären. Diese Boxen und ihre Derivate stellen einen Großteil der in Privathaushalten verwendeten Router. Die Chance, lieber Leser, dass ich hiermit Ihren Hersteller treffe, ist am höchsten. Andere Hersteller haben andere Verfahren, ihren Routern die VPN-Verbindung zu ermöglichen, oft hilft schon ein Blick ins Handbuch.

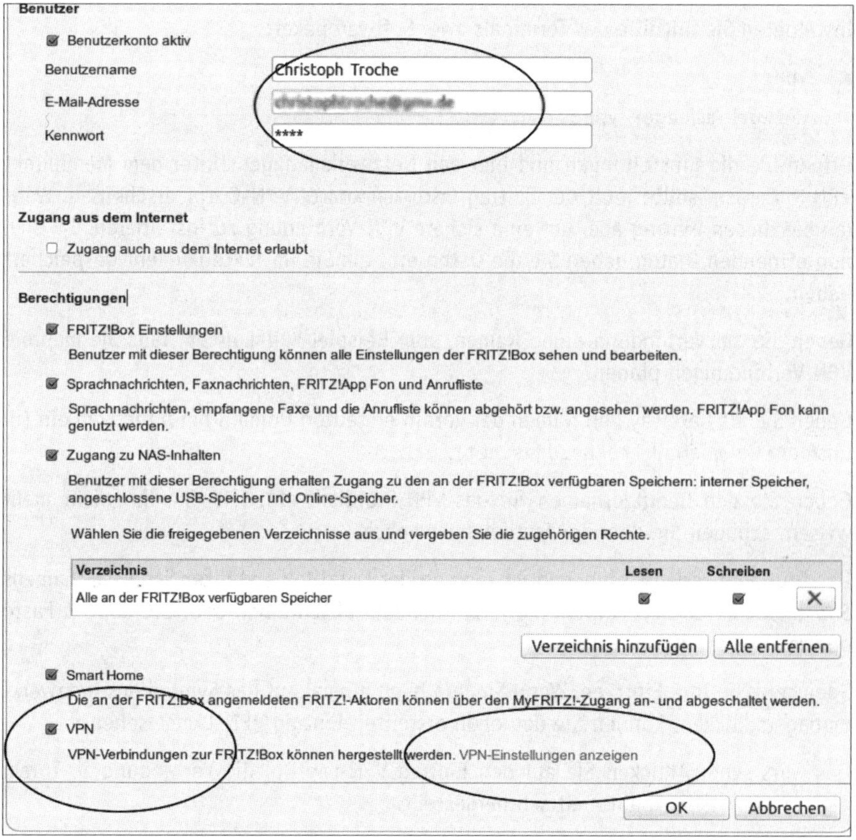

Abb. 9.12: Schnell eingerichtet: VPN-Zugang

Öffnen Sie das Menü INTERNET / FREIGABEN / VPN und klicken Sie auf den Button VPN HINZUFÜGEN. Hier wählen Sie nun die Funktion FERNZUGANG FÜR EINEN BENUTZER EINRICHTEN. Aktivieren Sie die Option VPN-VERBINDUNGEN ZUR FRITZ!BOX KÖNNEN HERGESTELLT WERDEN. Klicken Sie zum Schluss auf den Eintrag VPN-EINSTELLUNGEN ANZEIGEN. Nun öffnet sich ein Pop-up-Fenster, in dem die Einstell-Daten für die Box angezeigt werden. Diese Einstellungen sollten Sie sich ausdrucken, kopieren oder notieren, die Daten brauchen Sie später bei der Einrichtung des Clients auf dem Laptop.

Die Einrichtung des VPN-Clients im Linux-PC

Im dritten Schritt richten Sie Ihren Laptop so ein, dass er automatisch eine VPN-Verbindung aufbaut. Sehr bewährt hat sich die Verschlüsselung mit vpnc. Hierzu installieren Sie mithilfe des Terminals zwei Softwarepakete:

- `vpnc`
- `network-manager-vpnc`

Öffnen Sie die Einstellungen und hier den Netzwerkmanager. Unter dem Menüpunkt VPN HINZUFÜGEN sollte jetzt der Eintrag CISCO-KOMPATIBLER VPN-CLIENT erscheinen. Wählen Sie diesen Eintrag aus, um eine sichere VPN-Verbindung zu installieren. Im sich nun öffnenden Dialog geben Sie die Daten ein, die Sie im Textdokument gespeichert haben.

Geben Sie der Verbindung einen Namen, zum Beispiel `VPN-Laptop`, falls Sie mehrere VPN-Verbindungen planen.

Geben Sie als Gateway den Namen der vorhin erstellten Domain bei *no-ip.com* ein (in unserem Beispielfall `troche.ddns.net`).

Geben Sie den Benutzernamen für das VPN-Protokoll ein, falls Sie ihn nicht mehr wissen, schauen Sie doch im Textdokument nach.

Das Gruppenpasswort hingegen ist ein von der Fritz!Box erstellter Schlüssel namens *Shared Secret*. Diesen können Sie jetzt entweder abschreiben oder per Copy & Paste aus der Textdatei importieren.

Speichern Sie Ihre Einträge. Wenn Sie nun noch einmal auf das Symbol des Netzwerkmanagers klicken, können Sie den eben erstellten Eintrag VPN-LAPTOP sehen.

Das wars schon. Klicken Sie auf den Eintrag VPN-Laptop, die Verbindung zu Ihrem eigen Netzwerk wird automatisch hergestellt.

Hinweis

Die Einstelldaten aus dem Textdokument können Sie tatsächlich auch dazu benutzen, mit Ihrem Smartphone oder iPhone eine VPN-Verbindung zum heimischen Router aufzubauen. Das ermöglicht Ihnen, auch mit den mobilen Geräten sicher aus öffentlichen Hotspots ins Internet zu gehen.

Sollte Ihr heimischer Router die Prozeduren des DynDNS und VPN nicht unterstützen, denken Sie über einen Neukauf nach. Ich kann in diesem Zusammenhang die

Router von AVM empfehlen, die Einrichtung sicherheitsrelevanter Programme ist hier bedienungsfreundlich und sicher gestaltet. Und nein, ich habe keinen Werbevertrag mit AVM.

Lösung

Der Spruch, der dem Passwort zu Grunde liegt heißt: **M**ein **H**ut **d**er **h**at **3** **E**cken, **3** **E**cken **h**at **m**ein **H**ut. Leicht zu merken, nicht zu knacken, oder?

Kapitel 10

Der Linux-Verzeichnisbaum: Eine etwas andere Logik

Jetzt geht es also los, jetzt wird Linux doch kompliziert? Ja und Nein. Bis hierher haben wir es ohne besondere Kenntnisse des Verzeichnisbaums geschafft und Ubuntu ist eben so ausgelegt, dass dies weiterhin so bleiben kann. Trotzdem möchte ich Ihnen diese Einführung geben, schon weil in vielen Hilfsforen von Ihnen erwartet wird, dass Sie bestimmte Angaben machen, die eben nur mit dem Terminal erstellt werden können und die zumindest oberflächliche Kenntnisse des Verzeichnisbaums voraussetzen.

Eine Besonderheit zeichnet Linux gegenüber anderen Betriebssystemen aus: Aus Sicht des Betriebssystems ist alles, wovon gelesen und in das geschrieben wird, eine Datei. Das gilt, merkwürdig genug, nicht nur für Laufwerke, Festplatten und Partitionen, sondern auch für alle Geräte. Der Monitor, die Soundkarte und der Drucker sind in diesem Sinne Dateien, in die das Betriebssystem hineinschreibt. Gelesen wird beispielsweise von der Tastatur, dem Scanner und der Maus.

10.1 Die wichtigsten Verzeichnisse

Dateien aber müssen in Verzeichnissen zu finden sein und so ist es auch hier. Der Verzeichnisbaum unter Linux folgt einer anderen Hierarchie als der Baum unter z.B. Microsoft und er ist viel stringenter.

Steht bei Microsoft der Laufwerksbuchstabe am Anfang der Hierarchie, so ist dies bei Linux das sogenannte *Root-Verzeichnis*. Dieses wird symbolisiert durch einen Slash /.

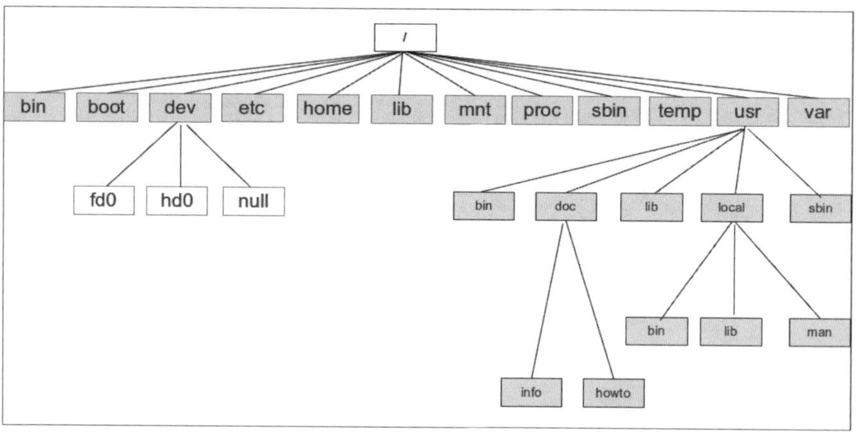

Abb. 10.1: Verzeichnishierarchie unter Linux

Vorsicht!

Bitte beachten Sie die korrekte Schreibweise: Während bei Microsoft-Systemen ein Backslash (\) verwendet wird, benutzt man bei Linux einen Slash (/).

Schauen wir uns die wichtigsten Verzeichnisse einmal an:

- `/`: Das Haupt-, Root- oder Wurzelverzeichnis. Hier am Beginn des Verzeichnisbaums sollten keine Dateien, sondern nur Verzeichnisse liegen.
- `/bin`: Hier befinden sich wichtige Programme (binaries) zur Systemverwaltung, die immer verfügbar sein müssen. Diese Programme können von jedem Benutzer verwendet werden. Anwendungen wie z.B. LibreOffice findet man hier nicht.
- `/boot`: Hier befindet sich der Kernel, das Herz des Betriebssystems. Der Normaluser hat hier keinen Zugang.
- `/dev`: In diesem Verzeichnis findet man die Gerätedateien, also die Zugangspunkte zur peripheren Hardware (devices) `/fd0` beispielsweise stellt den Zugang zur Floppydisk her.
- `/etc`: Hier befinden sich die Konfigurationsdateien des Systems. Dabei handelt es sich um einfache Textdateien, die mit dem Editor verändert werden können. Wenn Sie in Internetforen aufgefordert werden, eine bestimmte Konfigurationsdatei anzupassen, um ein Problem zu lösen, werden Sie hier fündig.
- `/home`: Das wohl meistgenutzte Verzeichnis. Für jeden Benutzer wird ein eigenes `home`-Verzeichnis angelegt, in dem er Dateien anlegen, ändern und löschen kann. In den Unterverzeichnissen werden beispielsweise die Thunderbird- und Firefox-Profile abgelegt.
- `/lib`: Enthält die Programmbibliotheken (libraries). Die Bibliotheken enthalten Funktionen, die von mehreren Programmen gleichzeitig genutzt werden. Ein wichtiges Unterverzeichnis lautet `/lib/modules`. Hier sind weitere Kernel-Module gespeichert.
- `/lost+found`: Dieses Verzeichnis sollte normalerweise leer sein. Befinden sich trotzdem Dateien hierin, handelt es sich um Dateifragmente, die nicht mehr zugeordnet werden konnten. Diese können entstehen, wenn Linux nicht heruntergefahren wird, sondern nur vom Strom getrennt wurde, oder ein USB-Stick beim Kopieren von Dateien zu früh entfernt wurde.
- `/media`: Hier werden die Unterverzeichnisse für Speichermedien gelistet. Speichermedien können CD-Laufwerke, USB-Sticks, aber auch die Windows-Partition sein, die sich eventuell auch noch auf der Festplatte befindet.

- /mnt: Das Standard-Mount-Verzeichnis unter Linux. Es wird bei Ubuntu nicht genutzt, ist aber trotzdem vorhanden, da sich die Laufwerke anderer Betriebssysteme hier einhängen sollen.
- /proc: Hier werden Informationen über die laufenden Prozesse (process) gespeichert.
- /sbin: Ähnlich wie im Verzeichnis /bin sind hier Kommandos gespeichert, die allerdings nur mit Administrator-Rechten ausgeführt werden können.
- /temp: Hier werden vorübergehend Programmdateien ausgelagert.
- /usr: In diesem Verzeichnis werden die zusätzlich installierten Programme, die nicht zur regulären Distribution gehören, gespeichert. Die meisten davon findet man im Unterverzeichnis /usr/bin.
- /var: In diesem Verzeichnis lagern die sich laufend verändernden Informationen, wie zum Beispiel die Zwischenablage und Druckaufträge.

Sie haben zwei Möglichkeiten, den Inhalt dieser Verzeichnisse zu betrachten: Zum einen, indem Sie sich mit Nautilus, dem Dateimanager, durch die Verzeichnisse klicken, aber auch mit dem Terminal, auch Konsole genannt. Hier müssen Sie dann aber die entsprechenden Befehle kennen.

Sie werden feststellen, dass Sie längst nicht alle Verzeichnisse öffnen oder auch nicht alle Dateien verändern können, denn nur der Systemverwalter hat die Zugriffsrechte auf die Systemdateien. Allerdings melden Sie sich für gewöhnlich nicht als Systemverwalter, sondern als normaler Benutzer im System an. Der Grund ist im Kapitel 9 »Sicherheit des Systems« beschrieben.

10.2 Geräte im Verzeichnisbaum

Wie bereits erwähnt, werden alle peripheren Geräte als Dateien im Verzeichnisbaum abgebildet. Damit Linux ein Gerät ansprechen kann, muss eine Datei vorhanden sein, die dieses Gerät abbildet. Diese Dateien finden Sie im Verzeichnis /dev. Die Namen der Dateien sind standardisiert, so lautet beispielsweise das Äquivalent zum Laufwerk C:\ von Microsoft unter Linux /dev/hd0.

Gelegentlich kann man anhand des Dateinamens sogar erkennen, welches Gerät sich hinter der Datei versteckt.

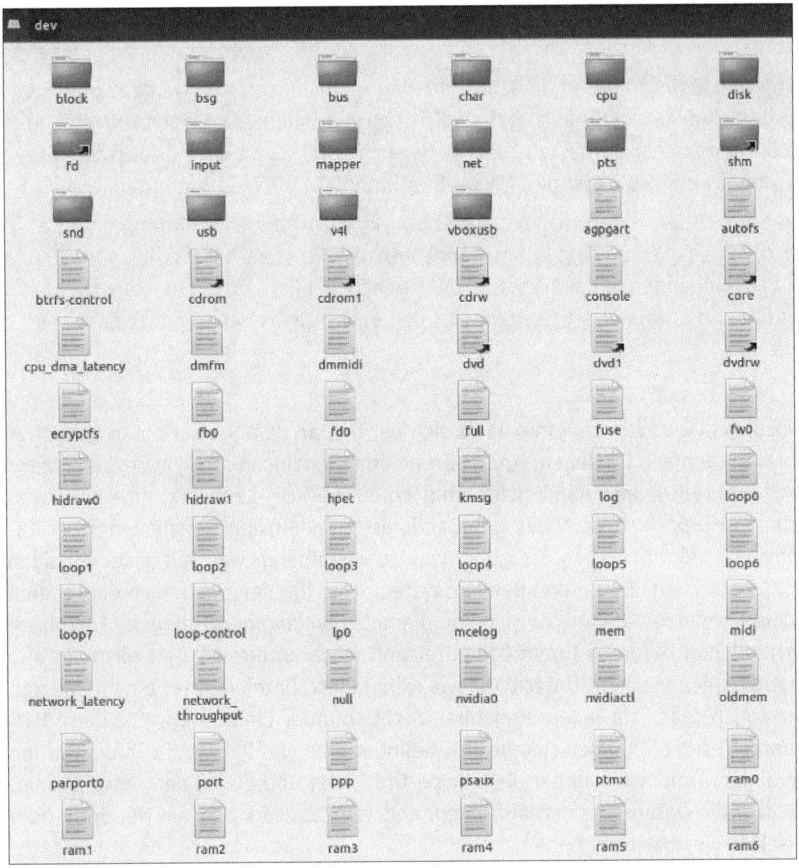

Abb. 10.2: Der Verzeichnisbaum von /dev. Hier sind alle peripheren Geräte als Datei gelistet

Das Ein- und Aushängen von Verzeichnissen war bis vor einiger Zeit noch mit Befehlen im Terminal verbunden. Einhängen bedeutet dabei »im Dateisystem nutzbar machen«. Nautilus listet alle erreichbaren Geräte und andere Dateisysteme, wie zum Beispiel ein parallel laufendes Windows-Verzeichnis, in der Seitenleiste auf. In aller Regel sind diese Verzeichnisse automatisch eingehängt. Sie können ein Laufwerk sehr einfach aushängen, indem Sie mit der rechten Maustaste auf das entsprechende Symbol klicken und aushängen wählen.

Wichtig!

Solange ein Datenträger eingehängt ist, darf er nicht entfernt werden. Bei CDs wird die Schublade verriegelt, bei USB-Sticks und externen Festplatten müssen Sie allerdings selbst aufpassen. Klicken Sie immer mit der rechten Maustaste auf das Symbol im Starter und bestätigen Sie: Datenträger sicher entfernen.

Wenn Sie ein Gerät einfach nur ausstecken, können Dateien verloren gehen; es kann sogar passieren, dass das eingehängte Dateisystem beschädigt wird und dass das Einhängen beim nächsten Mal gänzlich misslingt. Dann müsste der Datenträger neu formatiert werden, was den endgültigen Datenverlust bedeuten würde.

Aber wozu das Ganze? Unter Linux lässt sich der Ort, an dem Sie auf einen Datenträger zugreifen, einfach festlegen. An der Stelle eines Verzeichnisses `/home/benutzer/geheimnisvoller Ordner` kann sich technisch ein CD-ROM-Laufwerk, eine Windows-Partition, ein Drucker oder etwas ganz anderes befinden. Ein Beispiel: Bei der Installation von Ubuntu haben Sie alles, was zu installieren war, auf einer einzigen Partition gespeichert: Daten und Betriebssystem, Ihre Dateien, aber auch die Dateien der anderen Benutzer. Stellen Sie sich vor, Sie haben noch eine zusätzliche Festplatte mit vertraulichen Daten in Ihrem Computer und möchten diese Daten nicht für alle Nutzer zugänglich machen. Unter Windows wären diese Dateien unter einem anderen Laufwerksbuchstaben für jeden erreichbar. Nicht so unter Linux. Wenn Sie diese Partition unter /home einhängen (mounten), befinden sich alle Dateien in Ihrem Ordner, für alle anderen nicht einsehbar. Der /home-Ordner ist und bleibt der /home-Ordner, egal ob sich die Daten physisch auf einem anderen Laufwerk oder im Netzwerk oder auf derselben Festplatte befinden.

So können Sie Laufwerke, Partitionen, komplette Windows-Dateisysteme als *Datei* in Ihren /home-Ordner einhängen. Die Daten gehören dann Ihnen. Um eine Datei in ihrem /home-Ordner einzuhängen, benötigen Sie zwei Informationen:

1. den Namen der Datei
2. den Ort, an dem die Datei eingehängt werden soll

Wenn man einmal herausgefunden hat, unter welchem Namen das zweite Laufwerk im Dateisystem geführt wird, ist es ein Leichtes, dieses in Ihren /home-Ordner einzuhängen.

Gehen wir zu dem Beispiel der zweiten Festplatte in Ihrem Computer, die Sie für in Ihrem System einbinden möchten: Klicken Sie mit der rechten Maustaste einmal auf das Symbol der zweiten Festplatte, hier als `Volume` bezeichnet. Man erfährt, dass das Laufwerk im Ordner `/media` liegt und `Volume` heißt.

Öffnen Sie nun das Terminal und geben den Befehl `mount –l` ein. Jetzt werden die vorhandenen eingehängten Laufwerke aufgelistet. Wir suchen den Eintrag `media/Volume` und erfahren, dass diese Datei (wir erinnern uns, auch Laufwerke werden als Datei geführt) unter `/dev/sdb1` aufgeführt ist.

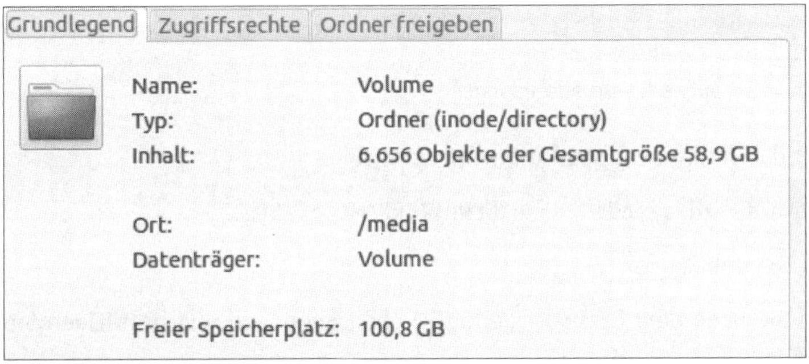

Abb. 10.3: Wir suchen den Eintrag `media/Volume`

Nun müssen wir einen Einhängepunkt schaffen: Da dieser Punkt in unserem /home-Ordner liegen und nicht die bereits dort vorhandenen Dateien überschreiben soll, erstellen wir einen leeren Ordner mit Namen `platte`.

Dazu klicken wir mit der rechten Maustaste in das Fenster des persönlichen Ordners und wählen aus dem Kontextmenü den Eintrag Neuen Ordner anlegen aus und benennen den so erstellten Ordner um in `platte`.

Jetzt haben wir nicht nur den Namen der einzuhängenden Datei, wir haben auch einen Einhängepunkt erstellt.

Hängen Sie nun das Volume aus, indem Sie mit der rechten Maustaste auf das Symbol Volume klicken und Aushängen wählen. Jetzt ist die Festplatte für das System nicht mehr verfügbar.

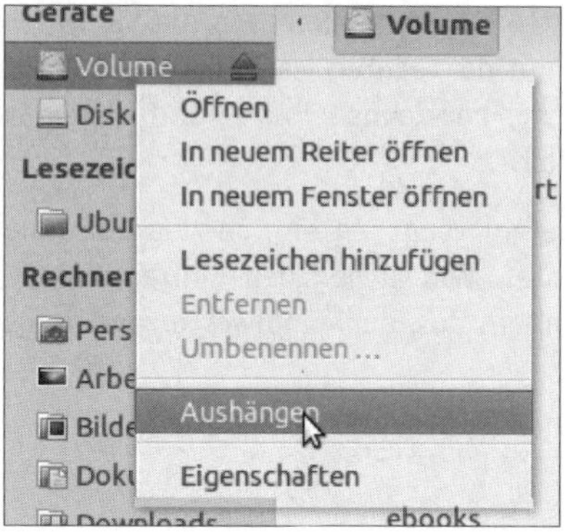

Abb. 10.4: Das zweite Laufwerk wird ausgehängt

Starten Sie nun das Terminal, tippen die Kommandozeile

```
sudo mount –t ntfs /dev/sbd1 /home/BENUTZERNAME/platte
```

und bestätigen Sie mit `Enter`.

Danach werden Sie nach dem Passwort gefragt. Geben Sie es ein und bestätigen Sie mit `Enter`.

Was bedeuten diese Eingaben und wie wende ich sie auf mein System an?

- `sudo` ist der Befehl, mit dem Sie sich für ganz kurze Zeit Systemverwalterrechte geben.
- `mount` ist der Befehl, mit dem Sie das System anweisen, eine Datei einzuhängen, und zwar eine Datei vom Typ `(–t) ntfs`. Diese Datei befindet sich unter dem Pfad /dev/sdb1 und soll eingehängt werden unter /home/BENUTZERNAME/ in den Ordner `platte` (dort, wo groß BENUTZERNAME steht, gehört dann Ihr Benutzername in Kleinbuchstaben hinein).

Jetzt sollte das Symbol des Volumens aus Nautilus verschwunden sein, alle Dateien befinden sich jetzt im Ordner `platte`.

Was aber unterscheidet diesen Vorgang davon, dass Sie die Dateien ganz einfach auf Ihre eigene Festplatte verschieben? Nun, die Daten haben sich physisch nicht verändert und liegen immer noch auf der zweiten Festplatte. Sie können dies auch mit einzelnen Ordnern oder Ordnern, die sich im Heimnetzwerk befinden, praktizieren. Die Daten bleiben dort, wo sie sind, werden aber in Ihren persönlichen Ordner eingehängt und sind somit für die anderen Benutzer unsichtbar.

10.3 Das Terminal

So ganz nebenbei haben Sie im Laufe dieses Buches und auch dieses Kapitels immer wieder mit dem Terminal auf der Kommandozeile gearbeitet. Und Sie haben wohl erlebt, dass das Terminal kein Hexenwerk ist. Wozu aber braucht man ein Terminal? Kann man nicht einfach alle Programme mit einer intuitiv zu bedienenden Oberfläche versehen? Im Prinzip kann man das schon, aber viele Programmierer sehen darin keinen Sinn und lassen es einfach. Ursprünglich wurde Linux ausschließlich auf der Kommandozele bedient, und die Profis tun das immer noch.

Es ist zum Beispiel genau dasselbe, ob Sie ein Programm über Ubuntu-Software installieren oder im Terminal den Befehl

```
sudo apt-get install PAKETNAME
```

eingeben, das Ergebnis ist ein installiertes Programm. Wissen muss man eigentlich nur, dass Ubuntu-Software nur ein sogenanntes *Front-End* ist, eine Bedienoberfläche für ein Programm, das in den Tiefen des Systems arbeitet, und nicht das Programm an sich.

Ich werde Ihnen einige Befehle auflisten, die Sie gefahrlos im Terminal ausprobieren können.

- Die Pfadangabe zu Ihren Dateien lautet:
  `/home/BENUTZERNAME/ORDNER/DATEI`
- Verzeichnisinhalt anzeigen:
  `dir /home/BENUTZERNAME/ORDNER`
- Eine Datei kopieren:
  `cp /home/BENUTZERNAME/ORDNER/DATEI /home/BENUTZERNAME/ZIELORDNER/`
- Eine Datei verschieben:
  `mv /home/BENUTZERNAME/ORDNER/DATEI /home/BENUTZERNAME/ZIELORDNER/`
- Datei löschen:
  `rm /home/BENUTZERNAME/ORDNER/DATEI`
- Alle Anwendungen aktualisieren:
  `sudo apt-get upgrade`
- Programm deinstallieren:
  `sudo apt-get remove PAKETNAME`
- .deb-Datei installieren:
  `sudo dpkg DATEI.deb`

Sollten Sie in einem Forum um Hilfe nachfragen, weil eine Komponente nicht richtig funktioniert, so müssen Sie einige Daten angeben, damit die Hilfeleistenden Hinweise über Ihre Hardware bekommen:

- Um die USB-Geräte zu überprüfen, geben Sie ein:
  `lsusb`
- Um die Netzwerkkarte zu überprüfen, geben Sie ein:
  `ifconfig`
- Um die WLAN-Karte zu überprüfen, geben Sie ein:
  `iwconfig`
- Um eine Übersicht über die gesamte Hardware zu liefern:
  `sudo lshw`

Sie können die Ausgabe wie in einer üblichen Textverarbeitung markieren, kopieren und mithilfe des Editors in eine Text-Datei umwandeln.

Bitte achten Sie auf die Groß- und Kleinschreibung. Ihr Benutzername wird beispielsweise immer kleingeschrieben.

10.4 Nautilus

Der Dateimanager *Nautilus* wurde in den letzten Jahren einer radikalen Kur unterzogen, der Funktionsumfang stark reduziert.

Die Kenntnis des Kopierens und Verschiebens von Dateien setze ich an dieser Stelle einfach einmal voraus. Leider ist es nicht mehr möglich, eine 2-Fenster-Ansicht zu erstellen, die diese Funktion per Drag-&-Drop erlaubt. Möchten Sie eine Datei per Drag & Drop verschieben, müssen Sie zwei Instanzen von Nautilus öffnen.

Das Funktionsmenü versteckt sich hinter den drei kleinen Symbolen rechts oben Hier können Sie sich die Dateien in verschiedenen Größen oder Sortierungen anzeigen lassen oder Ordner als Lesezeichen in die linke Spalte aufnehmen.

Lesezeichen

In der linken Spalte des Dateimanagers sehen Sie die sogenannten Lesezeichen. Einige Anwendungen installieren hier automatisch ein eigenes Lesezeichen, so zum Beispiel die Dropbox.

Sie können Lesezeichen für häufig genutzte Ordner aber auch selbst anlegen. Erstellen Sie einen Ordner an einer beliebigen Stelle und öffnen Sie ihn. Klicken Sie nun im

Menü von Nautilus auf Lesezeichen für diesen Ort anlegen und schon taucht dieser Ordner bei den Lesezeichen auf.

Verborgene Dateien ansehen

Es ist ursprünglich nicht vorgesehen, dass der Nutzer die Systemdateien sieht, also auch diese Dateien nicht versehentlich verändert. Gelegentlich ist dies allerdings nötig, da sich in den versteckten Dateien Konfigurationsdateien verbergen. Die Option, verborgene Dateien sichtbar zu machen, können Sie ebenfalls in diesem Funktionsmenü aktivieren.

Verborgene Dateien und Ordner erkennen Sie immer am Punkt vor dem kleingeschriebenen Namen. Statt `Mozilla` heißt der verborgene Ordner also `.mozilla`.

Nautilus als Systemadministrator nutzen

Im Kapitel 8 habe ich Ihnen gezeigt, wie Sie die MagentaCloud in Nautilus binden. Dazu war es nötig, einige Konfigurationsdateien wie beispielsweise die Datei `/etc/fstab` zu öffnen und einige Angaben hinzuzufügen. Ubuntu erlaubt dies allerdings nicht so ohne Weiteres, denn die Veränderung dieser Datei erfordert root-Rechte. Im Terminal ist dies kein großes Problem, hier genügt der Befehl sudo und die Legitimation mit dem Administratoren-Passwort.

In Nautilus ist dies so nicht vorgesehen. Um die Möglichkeit zu bekommen, Dateien ausnahmsweise mit Administratorenrechtenzu bearbeiten, müssen Sie zuerst ein kleines Addon namens *nautilus-admin* installieren. Im Terminal geben Sie dazu bitte den Befehl

```
sudo apt-get installnautilus-admin
```

ein. Das Add-On ist sehr klein, die Installation in Sekunden geschehen. Nun können Sie im Kontextmenü mit der rechten Maustaste auch die eigentlich geschützten Dateien und Ordner anklicken und mit dem Menüpunkt als Administrator öffnen, bearbeiten oder löschen.

Alternativ gehen Sie in Nautilus zunächst zu dem übergeordnet Ordner, in diesem Beispiel den Ordner /etc. Nun nutzen Sie die Tastenkombination [Strg] + [L], um die Pfadleiste anzuzeigen. Hier tragen Sie den Befehl `admin:///etc/` ein um sich die Administratorenrechte für den Ordner /etc zu verschaffen.

Den Funktionsumfang von Nautilus erweitern.

Unter allen Dateimanagern ist Nautilus sicher einer der einfachsten, denn mit Version 3.6 wurde der Funktionsumfang stark minimiert. Es bleibt dem Nutzer überlassen, zusätzliche Funktionen, die er benötigen könnte, selbst nachzuinstallieren. Dabei bieten sich zwei Möglichkeiten:

Die erste haben Sie gerade kennen gelernt. Ubuntu bietet in den eigenen Paketquellen Erweiterungen an, die Sie mit Hilfe des Terminals installieren können.

Admin	Erlaubt Administratorenzugriff	`sudo apt-get install nautilus-admin`
Sent-to	Dateien nahtlos über den E-mail-Client versenden	`sudo apt-get install nautilus-sendto`
Image-converter	Bildgrößen per Rechtsklick verändern	`sudo apt-get install nautilus-image-converter`
Nautilus-wipe	Sicheres löschen von Dateien	`sudo apt-get install nautilus-wipe`
Seahorse-nautilus	Verschlüsselung einzelner Dateien	`sudo apt-get install seahorse-nautilus`

Eine zweite Möglichkeit stellt das Programm Nautilus-Actions dar. Dieses Programm wird per

```
sudo apt-get install nautilus-actions
```

und

```
sudo apt-get install nautilus-actions-extra
```

installiert.

Hierbei handelt es sich um eine grafische Nutzeroberfläche zur Installation und Einbindung von Scripten und ein Metapaket, in dem eine Reihe vorgefertigter Scripte vorhanden sind.

Natürlich hat sich auch hier eine ganze Community auf den Weg gemacht und erstellt Erweiterungen, die vermisste Funktionen erstellen. Auf der Webseite *https://www.gnome-look.org* finden Sie eine reichliche Auswahl.

Nachwort

So, lieber Leser, schön, wenn ich Sie bis hierhin begleiten konnte. Sie haben die meisten Hürden geschafft, Ubuntu läuft wahrscheinlich stabil auf Ihrem System und vielleicht haben Sie schon angefangen, sich mit Ihrer Arbeitsumgebung vertraut zu machen. Wenn Sie nicht ganz zufrieden mit Ihren Einstellungen sind, machen Sie sich keine Sorgen, Sie müssen hier nicht alles annehmen, was man Ihnen vorsetzt: Probieren Sie ruhig weitere Flavours und Einstellungen aus, Sie wissen ja jetzt, was zu tun ist.

Ansonsten können Sie sich von nun an mit dem guten Gefühl, einen stabilen und sicheren Computer zu nutzen, an die Arbeit begeben. Die meisten Sicherheitsprobleme des Internet gehen Sie nun nichts mehr an, und das Geld, das Sie nicht für Betriebssystem oder Office-Programme ausgegeben haben, ermöglicht sicher einen schönen Wochenendausflug.

Und falls Sie Lob, Fragen, konstruktive Kritik und Anregungen für mich haben, hierfür bin ich Ihnen natürlich dankbar, der Verlag wird diese an mich weiterleiten.

Index

G

H

I

K

L

R

S

T

U

ISBN 978-3-95845-844-4

Christoph Troche

FRITZ!Box

Von der optimalen Einrichtung bis zum Heimnetzwerk

3. Auflage

Schritt-für-Schritt-Anleitungen und praxisnahe Beispiele

Telefonzentrale, Cloud und VPN einfach einrichten

Sicherheit mit der FRITZ!Box: WLAN verschlüsseln, Kindersicherung einrichten, Firmware aktualisieren

Die FRITZ!Box ist der unangefochtene Marktführer unter den Netzwerklösungen für den privaten Gebrauch – egal ob Sie nur einen Telefon- und Internetanschluss einrichten oder ein komplexes Netzwerk mit mehreren Teilnehmern aufbauen wollen.

Der Autor Christoph Troche zeigt Ihnen in diesem praktischen Handbuch, wie Sie die FRITZ!Box ganz einfach Ihren Wünschen entsprechend konfigurieren können. Am Beispiel von Peter, Paul und Marie, die in einer Wohngemeinschaft zusammenleben und ganz unterschiedliche Ansprüche an die FRITZ!Box haben, erklärt er leicht nachvollziehbar und praxisnah alle Möglichkeiten der Heimzentrale und die dafür notwendigen Einrichtungsschritte.

Im ersten Teil behandelt Troche den Anschluss und die Einrichtung der Box, den Aufbau eines Medienservers und die Konfiguration eines virtuellen persönlichen Netzwerkes (VPN), um zum Beispiel auch zwei Arbeitsplätze miteinander zu verbinden.

Im zweiten Teil werden die Funktionen der FRITZ!Box voll ausgenutzt: Sie optimieren die Sicherheitseinstellungen, entdecken nützliche Zusatzsoftware, richten sich einen eigenen Webserver ein, stellen einen Gastzugang zur Verfügung, aktualisieren die Firmware und vieles mehr.

Vorkenntnisse sind für die Umsetzung dieser Aufgaben nicht nötig, aber auch erfahrene Nutzer kommen mit diesem Buch auf ihre Kosten.

ISBN 978-3-95845-522-1

Probekapitel und Infos erhalten Sie unter:
www.mitp.de/522